기묘한
중국사

기묘한 중국사

알면 알수록 놀라운 고대인의 일상생활

왕레이王磊 지음 | 고상희 옮김

차례

1부 | 생활

2부 | 음식

5부 | 사회

서문

시간을 뛰어넘어 옛날로 간다면

이 책은 옛날 사람들의 일상생활에 관한 이야기다. 학교에서 역사를 배운 지도 오래되어 중국의 역대 왕조 순서조차 기억이 가물가물한 분들을 위해, 먼저 "옛것을 익히고溫故" 나서 "새로운 것을 배우는知新" 것으로 하겠다.

중국 문명은 인류 역사에 등장한 고대 문명 가운데 유일하게 단절된 적이 없는 문명으로, 지층이 퇴적되듯 왕조와 세대가 면면히 이어져 내려왔다. 그 역사 또한 왕조마다 상세하게 기록되어 관청에서 남겨놓은 정사正史만 해도 '24사史' 또는 '25사'나 된다. 이렇게 많은 왕조의 순서는 어떻게 기억해야 할까? 우선 왕조의 특징에 따라 크게 구분하여 선진先秦, 진한秦漢, 삼국三國·위진魏晉·남북조南北朝, 수당隋唐, 오대五代·요송遼宋·하금夏金, 원명청元明清까지 여섯 시기로 나눠볼 수 있다.

첫 번째 선진 시대는 진나라가 중국 대륙을 통일하기 전 시대를 이르는 말로, 하夏·상商(또는 은殷)·주周 왕조가 이 시대에 포함된다. 하왕조가 실제로 존재했는지에 관해서는 역사학계에서도 여전히 논란이 되고 있으나, 존재했다는 전제 아래 중국 문명의 역사를 따져보면 대략 4000년 세월을 헤아린다. 흔히들 '중화 5000년'이라 표현하기도 하는데, 이는 하나라 이전의 상고上古 시대와 역사가 존재하기 전 원시사회 시대까지 아우르는 것이다. 그러나 일반적으로 문명의 탄생 여부를 판단하는 중요한 기준은 문자의 출현이므로, 갑골문이 등장한 후의 중국 역사만을 문명사로 분류해야 논쟁의 여지가 없을 것이다. 갑골문은 상나라 때 탄생했으니 그 시기를 기준으로 삼아도 중국 문명은 3000년이 넘는다. 선진 시대는 문명의 기틀이 잡힌 시기로, 말하자면 유아기와 유년기에 해당한다.

두 번째 진·한 시대는 천하를 통일했으나 겨우 2대로 멸망한 진나라와 뒤이어 흥기한 한나라 시대다. 한나라는 왕망王莽이 왕권을 찬탈하는 사건이 발생한 시점을 기준으로 전한前漢과 후한後漢으로 나뉜다. 중국 역사상 처음으로 대륙이 통일된 이 시기에 1000년간 이어지게 되는 수많은 제도가 탄생했다. 이 시기는 중국 문명의 소년기로, 그만큼 호르몬이 왕성하고 생기가 넘쳤다.

세 번째는 삼국·위진·남북조 시대다. 당시 중국은 사분오열된 상태여서 북방의 소수민족이 중원에 자리를 잡았다. 중원 문명은 민족의 대통합을 추진하는 한편 '사대부의 남쪽 이동衣冠南渡'에 따라 남쪽으로 거점을 옮겼는데, 덕분에 창장長江강 이남의 강남 지역이 개발되기 시작했다. 이 시기는 중국 문명이 소년에서 청년으로 넘어가는 과도기로, 소년의 고민과 청년의 조급함이 공존했다.

네 번째 수·당 시대에 중국 대륙은 또 한 번 통일을 이루었고 문명 또한 찬란하게 꽃을 피웠다. 수·당 시대의 문화는 자신감 넘치고 개방

적이며 포용적이었다. 전 세계의 모든 문물을 받아들이는 동시에 자기 문화를 만방에 퍼뜨렸고, 후세에 영향을 끼칠 만한 업적을 세웠다. 이 시기의 중국 문명은 패기 넘치는 청년기로, 시적 정취가 충만했고 멀리 내다보는 식견도 지니고 있었다.

다섯 번째 오대·요송·하금 시대에 중원 지역은 통일되어 있었으나 주변에는 소수민족이 세운 정권들이 난립해 있었다. 이 가운데 중국 문명의 절정기에 도달한 것은 송나라 시기로서 경제의 부강함, 문화의 번영, 정치의 발전은 이미 근대화 직전의 수준이었다. 중국 문명사에서 송나라가 차지하는 역사적 지위는 사업에 성공하고 정신적으로도 성숙한 중년기에 속한다. 그러나 여기저기서 들고일어나는 소수민족 왕조들을 제대로 제압하지 못해 '중년의 위기'를 자초하고 말았다.

여섯 번째 원·명·청 시대에는 나라의 통일이 고도화되면서 황실의 권력이 가장 막강한 상태에 이르렀다. 그러나 강압적인 정책을 쓰면서 사회가 억눌렸고 기술력도 서구 사회에 뒤처지기 시작했다. 이 시기는 중국 문명의 황혼기에 해당한다. 정신은 흐릿해지고 몸은 서서히 쇠약해지다가 서구 근대 문명의 견고한 함선과 성능 좋은 대포 앞에 중국의 전통사회는 결국 최후를 맞는다.

이와 같은 여섯 시기의 문명 과정에서 우리는 분열과 통일이 교대로 나타나는 규칙 현상을 발견할 수 있다. 선진 시대는 분열되어 있었으나 진·한 시대는 통일 시대였고, 삼국·위진·남북조 시대에 다시 분열 양상을 보이다가 수·당이라는 통일 왕조가 들어섰으며, 다시 오대·요송·하금에 분열되었다가 원·명·청 시대에는 통일 왕조를 이루고 있다. "천하의 대세는 분열하면 반드시 합쳐지고, 합쳐지면 반드시 분열한다"고 한 『삼국지』의 서문을 입증이라도 하는 듯하다.

수천 년의 중국사를 돌아보노라면 시간을 뛰어넘어 과거로 돌아가고 싶다는 충동이 일기도 한다. 어느 시대로 돌아가야 행복할까? 어떤 시대든 왕후장상은 행복하다. 특권 계층이니까. 그러나 일반 민중은 때로는 기쁘고 때로는 슬프다. 우리 모두는 일반 서민이니 쓸데없이 특권 계층 걱정할 것 없이 자기 자신의 행복만 신경 쓰면 된다.

인간의 행복에 영향을 끼치는 요소는 대체로 사회의 안정, 경제적 발전, 정치적 교양, 문화의 번영, 이 네 가지를 들 수 있다. 가장 불운했던 왕조에서는 인간의 기본적인 생존조차 보장받지 못했다. 해마다 전쟁이 끊이지 않아 백성은 하루도 편안할 날이 없었던 진秦, 삼국·위진·남북조, 5대 시기의 대부분이 이에 해당한다. 오늘 병사로 징집되어 내일이면 전쟁터에서 죽을 수 있는 현실이었으니 백성은 목숨을 부지하기 쉽지 않았다. 삼국 시대에 관한 책을 읽을 때 우리는 많은 영웅이 탄생했다는 데 주목할 뿐 정치적으로 매우 혼란스러웠다는 사실은 미처 생각하지 못한다. 시대가 영웅을 만드는 것이 아니라 난세가 영웅을 만든다. 백성이 먹고살 만하고 나라가 화평하고 안정된 시대라면 영웅이 나설 필요가 있을까? 세상이 어지러울수록 영웅이 나타나는 법이다. 그리고 그들이 모두 멋진 영웅이라 할 수도 없다. 대부분은 효웅梟雄이다. 혼란한 시대에는 사회와 경제가 피폐하기 마련이고 지배층은 전쟁을 치르기 위해 백성의 수중에 있던 돈과 물자를 모조리 징발한다. 『한서漢書』에 보면 진나라 때 "안으로는 토목 사업에 힘쓰고 밖으로는 오랑캐를 정벌하기 위해 태반을 세금으로 걷었다"는 기록이 있다. '태반의 세금'이란 전체 수입의 3분의 2에 가까운 물자를 징수했다는 뜻이다. 운 좋게 전쟁터에서 살아난 백성은 세금 수탈에 시달리다 한낱 잡초처럼 베어지기 일쑤였다. 이런 시대에 정치 발전이란 헛된 꿈이었다. 기만과 약육강식의 정치판에서는 폭력과 죽음이 난무했고 백성은 두려움에 떨며 복종했다. 그러나 삼국·위진·남북조 시대에도 좋은 점이 전무했던 건 아니다. 적어도 문화적으로는 자유로웠다. 이런 자유가 가능했던 것은 대체로 황실의 통치 능력이 부족했기 때문이다.

군주의 전제 정치가 극에 달했던 원·명·청 시대는 앞선 시대보다는 안정된 편이었다. 문화적으로는 억눌렸지만 사회질서가 자리를 잡고 경제도 발전할 수 있었다. 백성은 자유롭지는 못해도 생활하는 데 큰 문제는 없었다. 원나라 때는 4등급의 신분제가 있었고 청나라는 만주족이 통치했으니, 소수민족이 지배하던 두 왕조보다는 명나라가 훨씬 낫다고 생각하는 사람이 많겠지만 실제로는 그렇지 않았다. 소수민족이 세운 나라가 민족 불평등 정책을 실시한 것은 사실이지만 기층 사회에서는 그런 불평등이 두드러지지 않았다. 일반 백성은 영원한 하층민이기 때문에 어떤 봉건 왕조가 집권해도 권력층의 노예일 수밖에 없기 때문이다. 원, 명, 청, 이 세 왕조의 차이라면 권력을 잡은 민족이 달랐다는 것뿐이다. 노예의 현실은 변함없는데 주인만 바뀐다고 해서 행복해지겠는가?

한나라와 수·당 시대는 상대적으로 행복한 시대였다. 중국 문명은 개방적이고 자신감이 넘쳤다. 세계만방에서 중국 대륙으로 몰려들어 중화문화권의 기틀을 닦았다. 이들 왕조는 경제적으로도 꽤 부유했으며, 수나라와 당나라 시대에 태평성세를 이룰 때는 특히 풍요로웠다. 두

보가 기억하는 개원성세開元盛世¹는 "하얗고 윤기 나는 쌀과 조가 나라와 개인의 곳간마다 넘쳐나는" 시대였다. 여기서 정부와 서민 모두가 부유했다는 대목을 눈여겨볼 필요가 있다. 집권층은 부유한데 백성은 배를 곯던 청나라 강희제나 건륭제 시절과는 다르다. 그러나 시간을 거슬러 한 무제 때로 돌아가고 싶은 사람이 있다면 신중해져야 한다. 당시는 "장군의 성공은 수만 백성의 백골 위에 이루어지는" 시대였으니까. 자신이 전쟁터에 나가기만 하면 변경을 개척하여 수많은 땅을 소유한 제후가 될 수 있다는 기대는 하지 마시길. "잡초 사이에 널브러진 백골"로 끝날 가능성이 더 크다.

가장 행복한 시대는 송나라였다. 상업을 중시한 몇 안 되는 왕조 중 하나였던 이 시기에 나라는 부유하고 백성은 편안했다. 송나라의 통치자는 인간미까지 갖추었으며 조정은 문인과 사대부를 죽이지 못하도록 하는 훈령을 정하는 등 정치적 교양을 중시했다. 또한 이 당시 도시가 발달했으며 야시장도 있었다. 밤에는 함부로 바깥출입을 할 수 없었던 당나라 이전 시대와 비교해보라. '와자瓦子'라 불리는 여가 시설도 있을 만큼 삶이 여유로웠다. 사학자인 천인커陳寅恪 선생은 화하華夏 문명이 "송나라 태평성세에 이르러 절정에 달했다"라고 말했다. 정말 시간을 뛰어넘어 과거로 돌아갈 수 있다면 나는 송나라 시대로 가고 싶다.

---

1 개원은 당나라 6대 황제인 현종이 즉위하면서 사용한 연호로, 당 현종 재위 시절의 태평성대를 일컫기도 한다.

01

옛날 화장실은 어떻게 생겼을까?

통계에 따르면 성인 한 명은 하루에 6~8번 화장실에 간다. 1년으로 치면 무려 2500번이다. 화장실에 머무는 시간을 평균 2분이라 치면 평생 1년 가까운 시간을 화장실에서 보내는 셈이다. 이토록 우리 삶과 긴밀한 관계인 화장실의 옛날 모습은 어떠했을까?

상고 시대의 화장실은 보잘것없었다. 야외 한구석에 커다란 구덩이를 파고 구덩이 가장자리에 쭈그려 앉아서 볼일을 봤다. 시간이 흐르면서 사람들은 구덩이 주변에 벽과 지붕을 얹기 시작했다. 노천에서 볼일을 보다가 거센 바람이라도 불어 닥치면 똥구덩이에 빠질 수 있기 때문이다. 그 시절 화장실에 가는 것은 확실히 위험한 일이었다. 자칫하면 똥구덩이에 빠져 죽거나 익사하기 십상이었으니 말이다. 웃을 일이 아니다. 실제로 그런 일이 있었다. 『춘추좌전春秋左傳』 성공成公 10년 조條에는 진晉나라 경공景公이 "볼일을 보다가 똥구덩이에 빠져서 죽었다"라는 기록이 있다. 경공의 죽음은 화장실에서 급작스러운 병증이 발생했기 때문이라는 분석도 있기는 하나 어쨌든 그는 화장실에서 순직한 역사

전한 시대, 붉은 도기 화장실(네이멍구박물관 소장)

상 최초의(어쩌면 유일한) 군주가 되었다.

한나라 때는 대개 집의 뒤쪽에 지대로부터 높게 떠워 화장실을 지었으며 그 아래 공간은 돼지우리로 쓰였다. 돼지우리로 떨어진 사람의 배설물은 돼지의 먹이가 되는데, 이런 화장실을 '혼圂(돼지우리)' 또는 '혼측圂廁(돼지우리 뒷간)'이라고 한다. 혼측은 세 가지 장점이 있다. 첫째, 화장실과 돼지우리라는 두 더러운 공간을 하나로 묶어서 오염원을 줄이고 사람과 가축의 똥을 한데 모아 사용할 수 있다. 여기서 말하는 '사용'이란 비료로 쓰는 것을 뜻한다. 화학 비료가 없던 옛날에 똥은 최고의 농업용 비료였다. 둘째, 사람의 똥을 돼지의 보조 사료로 사용할 수 있으니 자원을 재활용하는 이점이 있다. 마지막으로, 돼지우리 위에 화장실을 설치하는 입체적 구조 덕분에 차지하는 면적이 작아서 공간 활용에도 효율적이다. 이런 혼측은 지금까지도 산시陝西성 남부나 쓰촨 등 일부 지역에서 사용되고 있다. 그러나 혼측에도 단점이 있다. 인분을 먹은 돼지가 기생충 감염으로 질병에 걸릴 수 있다는 점이다.

옛날에는 휴대용 변기가 유행했다. 그 생김새가 호랑이와 비슷해서 '호자虎子'라 불리는 이 변기는 말하자면 '요강'이다. 이 요강을 호랑이 모양으로 만든 이유에 대해서는 여러 가지 설이 있다. 옛날 사람들이 그만큼 호랑이를 싫어했기 때문이라는 설도 있고 한나라의 훌륭한 장수 이광李廣과 관련이 있다는 설도 있다. 『서경잡기西京雜記』의 기록에 따르면 이광이 호랑이 한 마리를 잡은 후 "그 모양을 본뜬 구리 변기를 만들어서 그것(호랑이)을 얼마나 싫어하는지 드러냈다"고 한다. 그러나 현존하는 가장 오래된 호자는 전국 시대의 무덤에서 출토된 것으로,

3세기 서진西晉 시대의 호자

이광이 태어나기 훨씬 전부터 호자가 있었음을 알 수 있다.

호자의 등장으로 옛사람들의 생활은 꽤 편리해졌다. 이는 당시 사람들이 깜깜한 밤에 볼일을 보러 집 밖으로 나가기를 귀찮아할 만큼 게을렀다는 것을 의미하기도 한다. 옛날에는 남자뿐만 아니라 여자도 호자를 사용했다. 당시에 사용된 호자는 입구가 넓은데다 소변이 밖으로 튀는 것을 막아주는 쟁반 모양의 테두리가 둘러져 있다.

당나라에 들어서자 명칭에 문제가 생겼다. 옛날 사람들은 황제나 조상, 성인의 이름에 쓰인 글자를 함부로 쓰지 않는 '피휘避諱'의 관습이 있었는데, 개국 황제인 이연李淵(당 고조)의 조부 이름이 바로 이호李虎였다. 어찌 감히 개국 황제의 조부와 같은 이름을 요강 따위에 붙일 수 있었겠는가? 그리하여 요강은 '호자'에서 '마자馬子'로 바뀌었다. 이후 마자에 대한 사람들의 기대치가 높아져 소변뿐 아니라 대변까지 담을 수 있는 용기를 원했다. 이에 따라 마자의 크기는 점점 커졌고 모양도 통 형태로 바뀌었다. 오늘날 중국에서 변기를 가리키는 '마통馬桶'이라는 용어도 이때 비롯된 것이다.

마통은 처음부터 도성 안에 사는 백성에게 널리 애용되었다. 공간을 적게 차지하고 청소하기 쉬우며 냄새도 덜 풍기는 이점 때문에 곧 가정의 필수품이 되었다. 옛사람들도 환경을 중시했는지 마통 속 분뇨를 아무 데나 버려서는 안 되며 반드시 배설물 처리를 전담하는 사람이 수거하도록 했다. 이 일을 직업으로 하는 자를 당나라와 송나라에서는 '경각공傾脚工(똥지게꾼)'이라고 불렀으며 집집마다 돌며 분뇨를 수거한 뒤 도성 외곽의 농촌에 내다팔았다. 『조야첨재朝野僉載』[2]에 "나회羅會가 부업으로 그 일을 하여 막대한 가산을 모았다"라는 기록이 있는 것을 보면 그들의 수익은 적지 않았던 것 같다. 당나라 때 똥지게꾼은 신종 틈새사업이었던 모양이다. 남송 시대에도 대소변 수거 사업을 차지하기 위해 소송이 벌어지기도 했다니, 시장 규모가 크고 경쟁이 치열했음을 알 수 있다.

명·청 시대에 북경의 도성 안에서 대소변을 수거하고 운반하는 일을 하는 이들은 '똥꾼糞夫'이라 불렸다. 이들은 분뇨를 수거해 도성 외곽에 있는 '똥 공장'으로 운반했고 똥 공장에서는 분뇨를 그늘과 햇볕에 말려서 비료로 만든 후 농민들에게 팔았다. 지역마다 분뇨의 가치도 달랐다. 잘사는 부자 동네에서는 사람들이 좋은 음식을 먹기 때문에 분뇨의 품질도 좋아 비싼 값에 팔렸다. 그래서 똥꾼들 사이에서는 '고급 똥 시장'을 차지하기 위한 쟁탈전이 벌어지곤 했다. 청나라 초기에 똥꾼들은 각자의 구역을 구분지어 자기 구역에서만 분뇨를 수거하기로 합의했다. 이렇게 정해진 작업 구역과 경로를 '똥길糞道'이라 했으며, 권리금을 받고 다른 이에게 팔아넘길 수도 있었다. 다른 도시의 상황도 이와 비슷했다. 상하이에서 똥꾼은 '똥어르신'이라는 별칭으로 불리기도 했다. 근대 들어 양변기가 보급되자 똥꾼이라는 직업은 서서히 사라졌다.

화장실의 진보는 인류 문명의 발전 수준을 가늠하는 중요한 척도다. 즉 화장실의 발전사는 인류 문명 진보의 역사라 할 수 있다.

---

2 당나라의 문장가인 장작張鷟이 수·당 시대 조정과 민간에 떠도는 이야기를 모아 엮은 책.

02

옛날 사람들은
휴지 대신 무엇을 썼을까?

앞서 옛날의 화장실에 대해 소개한 데 이어서 이번에도 '센' 주제를 다뤄보고자 한다. 옛날 사람들은 볼일을 본 뒤 무엇으로 밑을 닦았을까? 우선 해외로 눈을 돌려 다른 고대 문명의 경우를 살펴보자. 고대 로마 시대에는 이미 공중화장실 시설이 갖춰져 있었으며 해면을 밑씻 개로 활용했다. 즉 고대 로마인은 막대기의 한쪽 끝에 해면을 매달아 물에 적셔서 밑을 닦았으며, 사용 후에는 고농도의 소금물이 들어 있 는 물통에 해면 막대기를 꽂아 담가두었다. 소금물로 밑을 씻으면 소독 과 살균 효과가 있으니 이만하면 꽤 과학적인 방법이다. 다만 한 장의 해면으로 공동 사용했다면 교차 감염의 위험이 있지 않았을까.

다시 중국으로 눈을 돌려보자. 오늘날에는 누구나 볼일을 보고 난 뒤 휴지로 밑을 닦는다. 그러나 제지술은 한나라 때에 발전 보급되었 고, 한나라 이후로도 종이는 문화용품으로 인식되어 아껴 써야 하는 풍토였기 때문에 감히 종이로 밑을 닦는다는 건 엄두도 낼 수 없었다. 그러다가 원나라가 들어서고 몽골족이 중원을 지배한 후에야 종이가

고대 로마인이 사용했던 화장실

밑씻개 용도로 쓰이기 시작했다. 하지만 그 시절의 종이는 지금만큼 부드럽지 않았기 때문에 밑을 닦기 전에 종이를 여러 번 비벼서 부드럽게 만들어야 했다. 이 이야기를 하고 있자니 TV 드라마 「사랑하는 우리 집」에서 푸 씨가 화장실에 들어갈 때마다 '금강사'표 휴지를 부드럽게 만들기 위해 10분씩 공을 들이던 장면이 떠오른다. 원나라 때도 이와 다르지 않았다. 『원사열전元史列傳』권3 「황후皇后 2」의 기록에 보면 태자 비인 휘인유성황후徽仁裕聖皇后는 휴지가 얼마나 부드러운지 자기 얼굴에 대보고 나서 부드러운 것을 골라 시어머니인 소예순성황후昭睿順聖皇后에게 드렸다는 내용이 있다. 또한 소설 『홍루몽紅樓夢』에서 류씨 할머니가 대관원에서 화장실에 가기 전 몸종에게 종이를 달라는 대목을 보면 명·청 시대에도 화장실에서 종이를 썼다.

그렇다면 원나라 전에는 무엇으로 밑을 닦았을까? 정답은 '변소용 나뭇가지'다. '똥 젓는 막대기'라고도 하는데, 옛날 사람들은 볼일을 보고 나서 20센티미터 정도 길이의 막대 모양 나뭇조각이나 대나무 조각으로 뒤처리를 했다. 구체적인 사용방법은 아마도 '나무숟가락으로 아이스크림 떠먹기'와 비슷할 것 같다. 중국인이 화장실에서 나뭇가지를 사용했다는 최초의 기록은 삼국 시대로 거슬러 올라간다. 어느 학자의 고증에 따르면, 변소용 나뭇가지는 후한 시대에 불교의 계율과 함께 인도에서 중국으로 전해졌다가 훗날 일본으로까지 넘어갔다. 고대 일본에서도 변소용 나뭇가지를 사용했음을 증명하는 유물이 최근에 출토되기도 했다.

변소용 나뭇가지가 등장하기 전에는 무엇을 썼을까? 지금으로서는 밝혀낼 방법이 없다. 고대인들도 이런 일을 기록으로 남기기는 민망했을 것이다. 그러나 합리적인 추측은 해볼 수 있다. 중화인민공화국 수립 후 일부 가난한 농촌 마을에서 볼일을 볼 때 나뭇잎이나 짚, 조약돌을 사용하거나 흙덩이를 사용한 사실을 토대로 추측건대 한나라 시대 전까지도 사람들은 이러한 재료를 사용한 것으로 보인다. 아무래도 당시에는 치질 환자가 꽤 많지 않았을까 싶다.

오늘날 우리가 사용하는 화장지가 등장한 지도 어언 100년이 지났다. 화장지가 발명된 과정은 꽤 극적이다. 20세기 초 미국의 제지회사인 스콧페이퍼에서 대량의 종이를 사들이는 과정에서 운송 도중 종이가 물에 젖는 사고가 발생했다. 그러자 회사 대표인 아서 스콧은 쭈글쭈글해진 이 두루마리 종이에 '새니 타월스Sani-Towels'라는 상표를 붙여 기차역과 식당, 학교 등에 화장실용 휴지로 팔았다. 주름진 두루마리 종이에 일정한 간격으로 작은 구멍을 내어 끊어 쓰기 편하게 만든 이것이 바로 화장지의 시초였다. 부드러우면서도 끊어 쓰기 편한 이 화장지는 사람들에게 인기를 끌기 시작했고, 미국 전역에서 팔리다가 마침내 전 세계로 유통되었다.

얼마 지나지 않아 중국 땅에도 이런 형태의 화장지가 상륙했는데 당시에는 일반 서민이 쓸 수 없는 사치 품목이었다. 화장지에 얽힌 이야기 하나를 소개한다. 국민당 산둥성 정부의 주석이었던 왕야오우王耀武는 1948년 9월 인민해방군과의 전투에서 패한 뒤 영세 상인으로 변장하여 서우광壽光현의 어느 마을로 달아났다. 마을 근처에 이르러 그는 다리 밑에서 용변을 보게 되었는데 평소 습관대로 미국산 고급 화장지를 꺼내 밑을 닦았다. 당시 중국의 시골에서는 주변에서 쉽게 구할 수 있는 나뭇잎이나 짚, 흙덩이 같은 재료를 쓰고 있었기 때문에 눈처럼 새하얀 화장지를 쓰는 그의 모습은 눈썰미 좋은 현지인들의 주의를 끌었고, 해방군에게 이 사실이 보고되었다. 결국 왕야오우는 화장지가 빌미가 되어 체포되고 말았다. 당당하던 국민당 고위 장교가 화장지로 밑을 닦다가 발각되었다니, 인생의 무상함에 탄식이 절로 나는 일이다.

03

옛날 여자들은
생리 기간에 어떻게 했을까?

이번 장에서는 옛날 여성들이 '그날'이 왔을 때 무엇을 사용했는지 이야기를 나눠보려고 한다. 여기서 말하는 '그날'은 여성의 월경月經으로, 옛날에는 '달거리月事'라 불렸다. 한 달에 한 번씩 겪는 일이니 더할 나위 없이 자연스럽고도 조화로운 명칭이다. 생리적 지식이 부족했던 고대 원시 사회에서는 여성의 생리가 '피의 재앙'을 부른다는 인식 때문에 생리 기간에 여성은 마을 밖에 격리되어 지내야 했다. 마을에 나쁜 기운을 가져올 수 있다고 생각한 것이다. 『본초강목本草綱目』을 쓴 명나라 학자 이시진李時珍은 여성의 생리가 남성의 양기陽氣를 해칠 수 있으니 군자는 멀리 해야 한다고 경고하기도 했다.

옛날 여성들은 오늘날의 생리대와 비슷한 여성용품인 '달거리천'을 사용했다. '달거리대帶'라고도 하는데, 옛날에는 상품 경제가 발달하지 않았고 봉건적인 예법과 도덕관념이 지배하고 있었기 때문에 달거리천과 같은 '엽기적인' 물건은 공개적으로 생산 판매되지 못했다. 그저 이것을 만드는 방법이 어머니에게서 딸에게로 전수될 뿐이었다. 달거리천을 만드는 법은 집집마다 조금씩 다르기는 했지만 기본적인 구조는 비슷했다. 먼저 깨끗한 천을 폭 10센티미터 정도 되는 긴 막대 모양으로 접으며 가운데 부분을 양쪽으로 넓게 만들기도 한다. 이는 오늘날 생리대의 샘 방지 날개와 같은 원리다. 달거리천 양 끝에는 가늘고 긴 끈을 매달아 몸에 묶을 수 있게 했다. 또한 흡수, 습기 제거, 살균 효과를 돕기 위해 달거리천 중앙에 식물을 태워 재로 만든 초목회草木灰 주머니를 끼워 넣었다. 한 번 사용한 초목회는 버리고 달거리천을 깨끗하게 빨아 그늘에 말렸다가 새 초목회를 넣어 다시 사용한다. 좀더 신경을 쓰는 경우에는 살균 및 소독을 위해 명반을 섞어 달거리천을 빨았다. 일부 귀족 집안에서는 초목회 대신 솜이나 종이를 사용하기도 했지만 흡수 효과나 가성비 측면에서는 초목회를 쓰는 편이 훨씬 낫다.

옛 여성들은 항상 조심스럽고 은밀하게 달거리천을 사용하고 보관했다. 결혼한 지 십수 년이 지나도록 달거리천이 무엇에 쓰는 물건인지 모르는 남편도 있을 정도다. 월경이 다가오면 여성들은 곤지를 찍거나 반지를 끼는 등 은밀한 암호로 남편에게 알리곤 했다. 당나라의 시인인 왕건王建은 궁녀의 '그날'을 소재로 시를 쓰면서 이러한 시구를 담았다. "황제의 연못에 봄이 오니 물빛이 아름답고, 온 사방 물이 백옥으로 만든 도랑으로 흘러드네. 은밀하게 황제에게 달거리가 왔음을 알리고, 시종과 함께 치맛자락을 빤다."

근대 이후에는 서양의 생리대가 쓰이기 시작했다. 1920년 미국의 킴벌리클라크 사에서 폴리에스테르 섬유와 가늘고 얇은 실을 소재로 한 최초의 생리대를 대량 생산하기 시작했고 중화민국 17년(1928) 즈음 생리대 광고가 중국에 등장했으니 생리대가 중국에 들어온 시기도 이 무렵이라는 사실을 알 수 있다. 후스胡適가 창간한 잡지 『지식』에는 약국에서 파는 고급 생리대를 사용할 것을 적극 권장하는 내용의 「여자의 생리대에 관한 연구」라는 글이 실린 적도 있다. 12개 세트로 포장 판매되는 이 생리대는 사용 후 빨거나 버릴 수 있어 최고급품이라는 찬사가 실려 있다. 종이나 천으로 된 생리대는 중화민국 시기에 수입된 것으로, 당시 중국의 근대화와 서구화 정도를 엿볼 수 있다. 그러나 중화인민공화국 수립 후에는 물자 부족으로 인해 더 이상 중국에서 생리대가 널리 사용되지 못했다. 개혁개방이 시작된 후로도 여성들은 한동안 생리대 대신 화장지를 긴 막대 모양으로 겹쳐서 사용했다. 중국에서 생리대가 보편적으로 사용된 것은 최근 20~30년 사이의 일이다.

옛날 침대는
어떻게 생겼을까?

　서 있는 것보다는 앉는 게 좋고, 앉는 것보다는 눕는 게 좋다. 옛날 사람들도 생활의 편리함을 추구했기 때문에 앉거나 누울 수 있는 가구는 필수품이었을 것이다. 중국 대륙에서 가장 먼저 등장한 가구는 침상床, 즉 침대였다. 모계 씨족 사회에 속하는 반포半坡 문화3 시기에 이미 침대의 초기 형태인 흙마루가 존재했다. 지금의 온돌과 비슷하다. 이후 상나라 때부터 서서히 침대의 형태로 변화했다.

　침대는 기본적으로 밤에 잠을 잘 때 이용되는 침구로, 옛사람들은 낮에도 비스듬히 눕거나 누울 수 있는 용도로 좁고 긴 모양의 '탑상榻'을 발명했다. 오늘날 '상탑床榻'이라 불리는 것은 사실 침대와 탑상을 통칭하는 것이다. 예컨대 "와상臥床 옆에 어찌 다른 사람이 푹 자게 내버려두겠는가?"라는 문장에서 '와상'을 침대로 이해하는 사람이 많은데, 엄밀히 말해 침대는 '상床'이고 와상은 탑상이다. 둘은 분명히 다르다.

---

3 신석기 시대 황허강 중류에 성행했던 양소仰韶 문화의 일종으로, 중국 산시성 시안시 반포촌에서 처음 발견되어 '반포 문화'라 불린다.

침대는 흙마루에서 발전된 가구이고 탑상의 초기 형태는 자리(멍석)였다. 등받이 의자나 걸상(등받이가 없는 의자)이 등장하기 전까지만 해도 사람들은 바닥에 깔아놓은 자리에 앉거나 누워서 생활했다. 이와 같은 생활양식을 '좌식 생활'이라고 한다. 북부 지역에서는 주로 짚으로 자리를 짰고 남부 지역에서는 대나무를 이용했다. 춘추전국 시대에 들어 귀족들은 자리를 깔고 앉는 식으로는 고귀한 신분을 드러내기에 부족하다고 생각했는지(아니면 치질 때문이었는지) 바닥보다 살짝 높인 목재 가구를 고안해냈다. 침대보다 낮고 옮기기도 편리해서 아무 데나 깔고 앉을 수 있는 이 가구는 주로 거실이나 대청에 놓였다. 전한 시대에 이것을 '탑상'이라 지칭하기 시작했으며, 후대로 갈수록 크기가 커져서 사람이 누울 수 있을 정도가 되었다. 그런 까닭에 와상이라는 이름이 생겨난 것이다.

종합해보면 침대와 탑상은 세 가지 차이가 있다. 일단 크기 면에서 침대가 탑상보다 좀더 크다. 용도 면에서 침대는 밤에 잠을 자기 위한 것이고 탑상은 낮에 앉거나 눕기 위한 것이다. 또한 침대는 주로 침실에 놓이고 탑상은 거실이나 사랑방에 놓인다.

탑상은 꽤 오래전부터 쓰이기 시작했지만 소수 귀족을 제외한 대부분의 백성은 여전히 '자리'에 앉았다. 다만 자리의 두께가 조금씩 두툼해지면서 이른바 '연석莚席'이 등장했다. 연석의 주 재료는 볏짚인데, 거친 재료로 만들어 낮은 자리에 까는 것을 '연'이라 하고 부드러운 종류로 만들어서 높은 자리에 까는 것을 '석'이라고 한다. 후한 시대의 정현鄭玄은 『주례주소周禮注疏』4에서 "자리(포진鋪陳)를 연이라 하고 깔개(자藉)를 석이라 한다"고 했다. 옛사람들은 연석에서 주연을 벌이곤 했기 때문에 훗날 연석은 '주연'의 또 다른 명칭이 되었다. 이러한 문화가 일본에 전해지면서 일본인도 실내에 연석을 깔았고, 이것이 점차 '다다미'로 변형되었다.

좌식 생활이 보편화되자 사람들은 모두 바닥에 자리를 깔고 무릎을 꿇고 앉았다. 당나라 시대 중후반에 이르자 침상의 높이가 점점 높아지면서 사람들은 침상 위에 엉덩이를 대고 발을 바닥에 내리는 자세를 취하기 시작했다. 당대는 외래문화에 대해 활짝 열려 있던 시대로, 특히 북방 이민족의 문화에 심취해 있었기 때문에 그들의 다양한 생활 습관이 중원에 전파되었다. 대표적인 사례 중 하나가 '호상胡床' 생활이다. 명칭에 '상床'이 붙기는 하지만 한 사람만 앉을 수 있을 정도로 작은 의자로, 중국 의자의 기원이라 할 수 있으며 '의자椅子'라는 용어도 당나라 때 처음 등장했다. 이백의 시 「정야사靜夜思」에는 "침대 앞에 밝은 달이 비치네床前明月光"라는 시구가 있는데, 이때의 '침대'는 호상일 가능성이 높다. 마당에 놓을 수 있는 의자라야 이백이 머리를 들어 달을 바라볼 수 있었을 테니까 말이다. 이것이 의자가 아니라 침대라면 침실에 자리했을 테고, 옛날 창문은 유리창이 아니었으니 침실에서는 하늘에 뜬 달을 바라보기 어려웠을 것이다.

북방의 호상에서 진화된 의자는 오대五代 때부터 송나라 시대까지 중국 전역에 보급되었을 뿐만 아니라 태사의太師椅도 등장했다. 이 의자는 남송 고종 때의 재상 진회秦檜와 깊은 관련이 있다. 당시 그는 '진태사'라 불렸기 때문에 그가 앉는 의자에 '태사의'라는 명칭이 생겼다는

---

4 주나라의 관제官制를 다룬 『주례周禮』에 주석을 붙인 책.

것이다. 그리고 이 시기에 옛사람들은 좌식 생활로부터 완전히 멀어졌다. 당시 귀족 사회에서는 삼면을 난간으로 둘러막은 침대가 유행하기도 했다. 「한희재야연도韓熙載夜宴圖」에 그려진 침대와 같은 종류다.

명·청 시대에는 가자상架子床(네 기둥 침대)과 발보상拔步床(가자상 바깥에 침대장을 한 겹 더 두른 침대)이 유행한 데서 알 수 있듯이 침대는 하나의 방처럼 폐쇄적인 공간으로 변했다. 반면 의자는 대중적인 용도로 변화했다. 이 시기에 침대와 탑상의 중간 형태인 '나한상羅漢床'도 등장했다. 탑상 둘레에 낮은 난간을 둘러친 조형적 특징을 띠는 나한상은 누울 수 있을 만큼 넓어서 오늘날의 소파와 비슷한 기능을 했다. 명·청 시대를 배경으로 한 영화나 드라마에 자주 등장한다.

옛 가구를 보면 당시의 예법을 짐작할 수 있다. 한나라 때 집 안에 탑상을 갖춘 자는 꽤 지체가 높은 편이었으며, 혼자 앉을 수 있는 탑상까지 갖추었다면 지위가 상당히 높았다. 따라서 손님에게 탑상에 앉도록 권하는 것은 그만큼 귀한 대접을 상징한다. 『후한서後漢書』에 따르면 후한의 태수 진번陳蕃은 인재를 아끼는 인물로, 서치徐稚라는 사람과 교분이 깊었다. 진번은 '남주南州 고사高士'라 불릴 만큼 학식이 높은 서치를 위해 탑상을 하나 장만하여 평소에는 벽에 걸어두었다가 서치가 찾아오면 그 위에 앉게 했다가 서치가 돌아가면 다시 벽에 걸어두었다고 한다. 여기에서 바로 '묵다, 투숙하다'라는 뜻의 '샤타下榻'라는 말이 생겨났다. 둥베이 지역에서는 요즘도 집에 방문한 손님에게 '아랫목에 앉도록 권하는 고풍스러운 풍습이 있듯이, 옛날에 주인이 손님을 대하는 최고의 예우는 자기의 탑상에 앉도록 권하는 것이었다. "자, 탑상에 오르시지요."

옛날 집의 크기는 어느 정도였을까?

2016년 통계에 따르면 중국 1인 주택의 평균 면적은 40.8제곱미터나 된다. 내 고향인 둥베이 지방은 인구가 적은 반면 땅이 넓어서 대다수의 가정은 이 평균 면적에 충족한다. 그러나 베이징이나 상하이에서 이 정도 면적의 집을 보유한 자라면 꽤나 재산가일 것이다. 그렇다면 옛날 주택의 크기는 어느 정도였을까? 당나라 때의 '달팽이집'처럼 옛날 사람들도 협소한 집에서 거주했을까?

당나라 때는 백성에게 토지를 무료로 나눠주는 '균전제'를 실시했으며, 집을 지을 땅도 이에 해당되었다. 당시의 법률을 보면 백성은 3인 가족을 기준으로 1묘畝의 택지를 분배받았고, 가족 구성원이 세 명 늘면 제공되는 택지도 1묘씩 늘었다. 당나라의 1묘는 약 522제곱미터에 해당하는 면적으로, 당시 모든 백성은 법적으로 500제곱미터가 넘는 택지를 받을 수 있었다. 물론 이는 어디까지나 서류상의 수치일 뿐 실제로는 더 적었을 수도 있다. 게다가 마당이 포함된 면적이라는 점을 감안하면 집의 크기는 훨씬 작았을 것이다.

1묘의 택지는 주로 농촌 주민에게 해당할 뿐 많은 사람이 거주하는 도성에서는 그만한 땅을 내주기 어려웠을 것이다. 그렇다면 도성 안 거주자들의 집 규모는 어느 정도였을까? 둔황敦煌 문서(중국 서북부 둔황에서 출토된 당나라 법률 문서 및 판결문)의 기록에 따르면, 당시 중국의 2선 도시인 둔황에 마법률馬法律이라는 평민이 소유한 집은 사랑채(거실)·동채·작은 동채·서채·주방 등 다섯 채의 건물(방)로 이루어졌으며, 내

당삼채로 채색된 당나라 시대 주택 모형(산시역사박물관 소장)

부 전체 면적은 약 82제곱미터였다. 여기에 마당까지 더하면 총면적은 171제곱미터 정도다.

마법률의 주택을 비롯한 당나라 시대의 일부 주택을 확인해보면 그 시대 주택의 구조적인 특징을 알 수 있다. 우선 거실이 매우 넓다. 대부분 거실은 20제곱미터 이상으로, 문헌에 "당나라 사람은 사랑채를 중시했다"라는 기록과도 일맥상통한다. 부엌도 15~23제곱미터 정도로 상당히 넓은 편이었다. 아궁이에 불을 지펴서 밥을 짓던 시대였으니 아무래도 넓은 면적이 필요했을 것이다. 반면 화장실에 대한 언급은 전혀 보이지 않는다. 화장실을 아예 집 밖에 두었거나 요강을 사용했던 모양이다. 결론적으로 성 안에 거주하는 일반 백성의 주택 면적은 총 200제곱미터 정도였을 것이다.

물론 고관대작들의 집은 이보다 훨씬 컸다. 백거이白居易가 '태자빈객太子賓客'[5]이 되어 '동쪽의 수도'라 불리는 낙양洛陽에 거주할 때 그의 저택 안에 대나무 숲이 있었고 작은 다리가 놓인 연못까지 있었다. 저택의 총 면적은 17묘(8800제곱미터)였다 하니, 지금으로 치면 작은 공원에 맞먹는 수준이다. '안사의 난'을 제압하는 데 큰 공을 세운 대장군 곽자의郭子儀는 오늘날 부총리급에 해당하는 병부상서 관직에 올랐다. 역사 기록에 따르면 이때 수도 장안에 지은 곽자의의 저택은 친인방親仁坊의 4분의 1이나 된다. '방坊'이란 당나라의 주민 거주 지역으로, 지금으로 치면 하나의 가도판사처街道判事處[6]가 관할하는 구역에 해당한다. 또한 '친인방'이란 장안에서 중간 규모에 해당하는 방으로, 길이는 1킬로미터

5 황태자와 관련된 일을 관장하던 관직.
6 구區 이하의 행정구역인 가도街道를 관리하는 기관. 우리나라의 주민자치센터에 해당함.

남짓, 너비는 500미터 남짓이다. 그러므로 친인방 면적의 4분의 1은 대략 15만제곱미터로, 칭화위안淸華園[7] 두 개를 합친 면적과 맞먹는다. 어떻게 이토록 큰 저택에 살 수 있었을까 의아할 것이다. 그러나 곽자의가 거느리던 식솔이 무려 3000명이 넘었다니까 그리 놀랄 일도 아니다. 따라서 곽씨 집안사람끼리도 얼굴이 낯설거나 서로의 숙소를 모르는 경우도 있었을 터. 지금 시대라면 그들은 서로 친족지간이라는 사실을 어떻게 확인할까? 아마도 위챗 흔들기로 '친구 추가'를 한 다음[8] 오프라인에서 만나 대화를 나누다가 비로소 같은 할아버지를 둔 자손이라는 사실을 깨닫지 않을까? "동쪽 건물에 사시는군요? 곧 날이 어두워질 텐데 얼른 들어가세요. 길 조심하시고요!" 이것이 바로 일반인은 알 수 없는 부자들의 세계다!

---

7 1767년에 지어진 청나라 황실의 정원으로, 1910년 이후 이 자리에 칭화대학의 전신인 칭화학원이 세워졌다.

8 위챗에서는 '흔들기' 기능을 사용하면 가까운 거리에 있는 위챗 사용자를 친구로 추가할 수 있다.

06

옛날에는 인사를 나눌 때 왜 무릎을 꿇고 절을 했을까?

사극을 보면 신하가 황제를 알현할 때나 백성이 관원을 만났을 때 무릎을 꿇는 모습을 흔히 볼 수 있다. 무릎을 꿇는 전통은 언제부터 있었던 걸까?

맨 처음 무릎을 꿇는 자세는 인사 예절도 아니고 신분의 등급이나 귀천을 구분 짓는 자세도 아니었다. 그저 일반적인 '앉음새'였을 뿐이다. 선진 시기에는 궁궐 마당과 대청, 관아와 민가 어디에도 탁자나 의자 같은 가구가 없었다. 사람들은 빈부귀천에 구별 없이 실내 바닥에 깔린 자리 위에 앉아 좌식 생활을 했다. 귀족이라 해도 평상을 하나 깔고 그 위에 앉는 게 전부였다. 앉을 때는 양 무릎을 땅바닥에 대고 엉덩이를 발목 위에 올려놓는 자세를 취했다. 지금도 한국인과 일본인 중에는 이렇게 무릎을 꿇고 앉는 사람들이 적지 않다.

무릎을 꿇고 앉던 시대에 누군가에게 경의를 표할 때는 허리를 곧게 펴고 몸을 앞으로 기울이면서 엉덩이를 발목에서 떼기만 하면 되었다. 이 상태에서 양손을 바닥에 대면 바로 절하는 자세가 되는 것이다. 선진 시대에는 왕과 신하가 앉아서 대화할 때 서로 무릎을 꿇고 앉았으며 경의를 표할 때에도 서로 절을 했다. 『전국책戰國策』 「진책秦策 3」에 이런 기록이 있다. "진왕秦王이 무릎을 꿇고 말씀했다. '선생, 그것이 무슨 말씀이시오?' 범저范雎가 절을 하자 진왕 역시 절을 했다." 무릎을 꿇고 절을 하는 것은 서로에 대한 예의와 존중을 표하는 것일 뿐 신분의 높고 낮음에 대한 구분은 아니었다. 이러한 자세는 한나라 때까지 이어져 조정에서 황제와 대신이 정사를 논할 때 양쪽 모두 무릎을 꿇고 앉았다.

오대에서 송나라에 이르는 동안 높은 등받이 의자가 널리 보급되면서부터는 바닥에 자리를 깔고 앉는 생활이 점차 사라지기 시작했다. 자리에 무릎을 꿇고 앉을 일이 드물어지니 그러한 자세로 절을 하는 것은 특별한 경우의 격식으로 변했고, 여기에 신분이나 지위를 구분하는 경향까지 더해졌다. 따라서 송나라 때 대신들이 왕에게 무릎을 꿇는 것은 매우 장엄한 의식에서만 연출되었으며 평소 왕을 알현할 때는 선 채로 존경을 표하는 정도였다. 경의를 표해야 할 때는 두 손을 모아 얼굴 앞으로 들어 올리고 허리를 숙였다 펴는 동작으로 읍揖의 예를 보였다.

꿇어앉아 절하는 자세가 굴욕적이거나 비천하게 느껴지기 시작한 것은 원나라 때였다. 모든 대신은 황제 앞에 나아가 아뢸 때 무릎을 꿇도록 했는데, 이것은 원나라가 군신 관계를 주종 관계로 인식했듯이 비천함이나 아첨하는 듯한 태도로 여겨졌다. 원나라 이후 정권을 잡은 명나라에서도 무릎을 꿇고 절하는 예법은 바뀌지 않았다. 신하와 백성의 입장에서는 주인의 대상만 바뀌었을 뿐, 뼛속 깊이 새겨진 주인-노예의 개념은 손톱만큼도 변하지 않았기 때문이다. 주원장朱元璋은 여기서 한술 더 떠서 계급이 낮은 자는 윗사람에게 업무를 보고할 때 반드시 무릎을 꿇도록 하는 규정을 만들었다.『대명회전大明會典』에 이런 기록이 있다. "관리의 품계가 상급자보다 낮으면 보고할 때 무릎을 꿇어야 한다. 가까이서 황제를 모시는 근신近臣은 품계와 상관없이 모두 무릎을 꿇어 예를 갖춰야 한다." 청나라에서는 무릎을 꿇는 데 그치지 않고 이마가 바닥에 닿도록 절을 해야 했으며 이마 찧는 소리가 들려야 했다. 이런 규정 때문에 어떤 대신들은 황제를 알현하기 전에 내시에게 뇌물을 주기도 했다. 내시가 조정으로 안내할 때 속이 빈 벽돌이 있는 위치, 즉 이마를 박았을 때 소리가 크게 나는 자리를 알려주는 조건이었다.

청나라의 황제는 자신의 신하나 백성뿐 아니라 외국 사신들에게도 무릎을 꿇도록 했다. 이러한 예법 때문에 건륭제 말기에 영국인 조지

매카트니 사절단.

무릎 꿇기 예법(「강희제 순행도」 중)

매카트니가 사절단을 이끌고 청나라에 왔을 때 격렬한 논쟁이 벌어진 적이 있다. 이 사건은 수십 년 후 중국과 영국 간에 아편전쟁이 벌어지는 심층적인 원인 중 하나로, 천자의 나라와 서구의 외교적 충돌을 보여주는 사례로 분석한 학자도 있다.

무릎 꿇기 예법의 변천사는 단순히 예법의 흐름뿐만 아니라 그 배경이 되는 시대정신의 변화, 즉 황제의 권력이 강화되는 과정을 단적으로 보여준다. 송나라의 사대부는 황제에게 이렇게 경고했다. "천하는 폐하의 천하가 아니라 중국의 천하이자 조상들의 천하이며, 모든 신하와 만백성과 삼군三軍의 천하입니다." 그러나 원나라 이후 대신의 신분은 황제의 노예로 전락하고 말았다. 일반 백성으로 말할 것 같으면 노예가 될 자격도 없는, 벌레만도 못한 존재일 뿐이었다. 신해혁명 이후 중국에서는 부모와 어른, 조상의 위패 앞에만 무릎 꿇는 예절이 허용되었으며 그 외의 모든 경우에는 폐지되었다. 그러나 정신적으로는 아직도 많은 사람이 무릎을 꿇고 있다.

07

옛날 사람들은 겨울에 어떻게 난방을 했을까?

인간에게 겨울철 난방은 매일 밥을 먹어야 하는 것만큼이나 생존에 필수적인 일이다. 그래서 굶주림과 추위로 인해 극한 상황에 처했을 때 '기한교박饑寒交迫'이라 하는 것이다. 그럼 보일러가 없던 옛날에는 어떻게 난방을 했을까?

역사 이전의 고대에도 중국 북부 지역의 사람들은 집을 지을 때 난방을 우선적으로 고려했다. 반포 문화 유적지의 가옥을 보면 매서운 바람을 막고 보온 효과를 높이기 위해 반지하식 구조로 되어 있다. 그리고 실내 중앙에 구덩이를 파고 둘레에 진흙을 쌓은 후 구덩이 안에 불을 피우는 '불못火塘'을 설치하기도 했다.

이후 진·한 시대에 벽난로가 등장했으며 궁궐에서 가장 먼저 사용한 것으로 보인다. 진나라의 함양궁咸陽宮 유적에서 발견된 벽난로는 빈 공간에 불을 지펴서 실내를 따뜻하게 하는 방식이다. 벽난로에서 파생된 난방 구조인 온돌火炕은 둥베이 지역에서 널리 유행했다.9 『송문감宋文鑑』10에는 북방의 여진족이 "집 주변에 흙마루를 지어 그 밑에서 불

44

을 피우고 위에는 음식을 두었다. 온돌이라 부르는 이것으로 (방을) 따뜻하게 했다"라는 기록이 있다.

북부 지역의 일부 농촌에서는 지금도 벽난로와 온돌을 사용하고 있다. 특히 둥베이 지역에서는 반가운 손님이 오면 뜨끈뜨끈하게 데운 온돌 자리를 내주는 전통이 있다. 둥베이 지역에 사는 나는 어렸을 때 온돌과 관련하여 어르신들에게서 들은 이야기가 있다. 중화민국 당시 징병 책임자가 마을 청년들을 한 집에 불러 모아 온돌 위에 앉혀 놓고 군대 지원에 대해 홍보했다. 하지만 군대에 가고 싶지 않은 청년들은 아무 반응이 없었다. 그러자 책임자는 부하에게 군불을 세게 때라고 지시했고, 엉덩이가 데일 듯이 뜨거워지자 몇몇 청년이 벌떡 일어섰다. 징병 책임자는 일어선 자들을 지원자로 간주하여 명단에 이름을 올렸다. 내가 기억하는 이 이야기가 실제 있었던 일인지는 확실치 않지만 온돌이 중국 둥베이 지역 사람들의 삶과 밀접한 관계였음은 분명하다. 둥베이 지역 사람들은 행복마저도 온돌과 연결 지어 생각한다. '땅 서른 마지기와 소 한 마리, 아내와 아이들, 뜨끈한 아랫목'이 그들이 바라는 행복한 삶이다.

이번에는 작은 규모의 난방 기구에 대해 살펴보자. 고대에 가장 널리 쓰인 것은 넓은 대야 안에 숯을 지피는 방식의 화로다. 부유한 집에서는 장식이 정교한 금속 화로를 사용하고 가난한 서민 가정에서는 진흙 화로를 사용했다. 화로 안에 숯이나 장작을 넣어 불을 지펴야 했기 때

---

9 중국의 온돌은 방 밑에 구들 구조를 만들어 불을 지피는 방식이라는 점에서는 한반도의 그것과 큰 차이가 없다. 다만 중국은 입식 생활에 편리하게 방의 일부만을 데우는 반구들이나 쪽구들 방식이며, 한반도는 방 전체를 데우는 온구들 방식으로 발전해왔다는 차이가 있다.
10 중국 남송 시대에 편찬한 북송 시대의 시문 선집.

문에 땔감은 중요한 생필품이었다. 그래서 관리에게 급료를 지불할 때 돈이나 쌀 외에 땔감이 지급되곤 했으며, 여기서 '연신年薪'(연봉)이라는 표현이나 '월신月薪'(월급)이라는 표현이 생겨난 것이다. '신薪'이란 원래 땔나무와 숯, 석탄 따위의 땔감을 뜻한다. 드라마 「푸른 잎이 성하면 붉은 꽃은 시든다」(이하 '푸른 잎') 1화에서 가족끼리 땔감을 두고 암투를 벌이는 장면이 있는데, 이는 옛날에 땔감이 매우 중요한 생필품이었음을 반영한 것이다.

가족들이 화로 주변에 옹기종기 앉아 있는 모습은 옛날에 흔히 볼 수 있는 겨울철 풍경이었다. 밀폐된 실내에서 화로에 불을 지피면 일산화탄소에 중독되지 않을까 싶겠지만 옛날 집은 요즘처럼 밀폐도가 높지 않아서 천장이나 벽 사이로 바람이 새어들기 때문에 일산화탄소에 중독되는 일은 거의 없었다. 또한 옛날식 화로는 덮개가 없어 산소와 접촉하는 면적이 넓어서 불완전연소로 인해 일산화탄소가 누적될 일도 없었다.

물론 화로 난방으로 인한 불상사가 드물긴 했지만 아예 전무했던 건 아니다. 예컨대 조조曹操의 중요한 책사였던 순욱荀彧은 일산화탄소 중독으로 죽었을 것으로 추정되고 있다. 옛사람들은 자다가 일산화탄소를 마시고 정신을 잃는 상황에 대비하기 위해 항상 얼굴에 끼얹을 찬물 한 대야를 방 안에 두었다고 한다. 청나라 때는 무를 끓여 만든 국물이 일산화탄소의 독소를 제거하는 데 탁월하다는 게 생활 상식으로 알려져 있었다. 청 말기에 궁궐에서 궁녀가 일산화탄소에 중독되자 서태후는 그녀를 바람이 잘 통하는 곳으로 옮기고 무국을 먹게 하여 해독시켰다는 일화도 있다.

옛날 사람들은 크고 무거워서 이동이 불편한 화로를 대신하는 작은 '손난로'도 발명해냈다. 이름 그대로 손에 들고 다닐 수 있는 이 난로는 주머니에 뜨끈뜨끈한 숯가루를 넣어 손에 들고 다니는 것으로, 『홍루몽』에도 자주 등장한다. 명·청 시대에 손난로는 서민뿐만 아니라 부잣집에서도 인기가 높았다. 다만 부잣집에서 쓰는 손난로에는 향료나 약재도 넣어 온기뿐만 아니라 향기까지 더했으며, 제작 기술이 날로 정교해지면서 고급스러운 것은 그 자체로 뛰어난 공예품이었다.

'탕파湯婆'라는 휴대용 난방 도구도 있다. 이미 송나라 때부터 전해져 온 이것은 금속이나 도기 재질의 부리가 없는 큰 주전자 모양을 띠며 일부 지역에서는 지금까지도 쓰이고 있다. 잠자리에 들기 전에 탕파 안에 뜨거운 물을 채우고 겉면에 천을 씌운 뒤 이불 속에 넣어두는 식으로 사용된다. '탕湯'은 뜨거운 물이라는 뜻이고 '파婆'는 곁에 사람이 있는 듯한 온기를 준다는 뜻으로, 웃음을 짓게 하는 명칭이다.

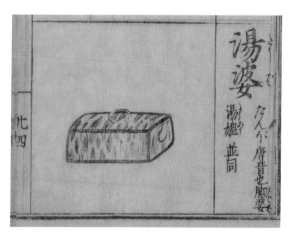

탕파

08

옛날 사람들은
여름 더위를 어떻게 식혔을까?

옛날의 여름 날씨는 지금만큼 선선하지 않았다. 『부산현지浮山縣志』
에는 건륭제 8년의 극심했던 폭염에 대해 이와 같은 기록이 담겨 있다.
"여름 5월이 크게 더워 도로의 행인 여럿이 죽었다. 도성은 더욱 심하
여 무역을 하던 부산현 출신 사람 가운데 여럿이 더위로 인해 죽음을
당했다." 기상학자의 분석에 따르면 당시 여름철 기온은 40도 이상이었
다. 에어컨도 없던 옛날, 그토록 더운 여름에 옛사람들은 어떻게 더위
를 식혔을까?

우선 '인공 부채'와 유사한 냉방 장치가 있었다. '인공人工'이라 해서
몸종 두세 명에게 부채를 부치게 하는 방식을 말하는 게 아니다. 그런
식으로는 풍력이 너무 약하다. 옛날 부잣집에서는 대청마루 위에 줄을
당겨 작동하는 방식의 대형 부채를 매달아두고 시녀로 하여금 이 밧줄
을 잡아당기게 했다. 그러면 문짝만큼이나 커다란 부채가 펄럭이면서
대청에 시원한 바람을 일으켰다. 그런가 하면 손으로 돌려서 바람을 일
으키는 송풍기 같은 부채도 있었고. 얼음이 든 물그릇이나 대야 뒤에서

부채질을 하여 시원한 바람을 일으키는 온도 조절형 부채도 있었다. 때로는 부채 앞에 꽃이 담긴 쟁반을 여러 개 두어 향기로운 바람을 즐기기도 했다. 역시 잘사는 이들은 인생을 즐기는 법을 안다!

그밖에 옛날 대저택의 거실에는 일종의 에어컨 같은 설비인 온도 조절형 우물도 있었다. 대청 가운데에 깊은 우물을 파는 것으로, 이 구멍을 통해 지하의 시원한 바람을 대청으로 끌어올려 실내 온도를 낮추는 식이다. 그런가 하면 호사스러운 '냉방용 정자'를 들이는 집도 있었다. 이는 지붕 위로 물을 끌어올린 다음 폭포처럼 쏟아서 기온을 낮추는 방식이다.

냉방 장치들뿐만 아니라 찬 음료나 차게 식힌 과일, 더위를 식히는 음식도 있었다. 이미 선진 시대부터 '빙감冰鑒'이라는 인공 냉장고가 있어서 여름에도 차가운 음식물을 즐길 수 있었다. 기본 원리는 단순하다. 두 칸으로 된 용기를 만들어 위 칸에는 얼음을 넣고 아래 칸에는 음식물이나 음료를 넣어 차게 식히는 식이다. 북송의 도읍이었던 개봉開封에서는 서민들도 이런 냉장고를 이용해 '얼음덩어리 원자冰團冷元子'라는 찬 음료를 즐기는 것이 유행했다. 만드는 법은 요즘 유행하는 디저트 가게의 셴위셴鮮芋仙이나 위위안芋圓[11]과 비슷하다. 원나라의 몽골 귀족들은 찬 음료에 유제품을 첨가한 '우유 얼음'을 즐겨 먹었다. 원나라에 방문했을 때 이것을 즐겨 먹었던 마르코 폴로는 유럽으로 돌아가 이 제조법을 소개했으며, 이것이 토대가 되어 아이스크림이 발명되었다고 한다. 정통 터키 아이스크림이 중국에서 유래한 것일지도 모른다니,

---

11 중국 푸젠성 남부와 타이완 지역의 전통 디저트로, 타로·고구마·율무·타피오카 펄 등을 넣어 차게 먹는 타이완식 빙수.

동銅 빙감. 후베이성 쑤이저우시 증후을묘에서 부장품으로 출토되었다. 증후을묘는 전국 시대 주나라 제후국인 증曾나라 제후 '을'의 무덤이다.

참 신기한 일이다.

그 옛날 여름철에 얼음은 어떻게 구했을까? 여러 가지 설 가운데 가장 설득력 있는 것은 초석硝石(질산칼륨)으로 얼음을 만드는 방식이다. 초석을 물에 녹이면 흡열 반응이 일어나 물이 얼음으로 변하는 화학 작용을 이용한 것이다. 그러나 이 방식은 들이는 공에 비해 얼음의 양이 너무 적어서 여름철의 수요를 충족시킬 수 없었을 것이다. 내가 생각건대, 옛날 사람들이 이런 번거로운 제빙 방식을 사용했을 것 같지는 않다.

실제로 옛사람들이 얼음을 얻기 위해 일반적으로 사용한 것은 제빙製氷이 아닌 존빙存冰이었다. 아주 간단하다. 겨울에 얼음 덩어리를 움으로 옮겨 잘 보관했다가 여름에 꺼내 쓰는 방식이다. 선진 시대부터 이어져온 이런 보관 방식은 중화인민공화국 수립 이후까지 줄곧 사용되었다. 얼음 덩어리는 주로 도시 내 천연 호수에서 채취했는데, 베이징의 베이하이北海, 지수이탄積水潭, 타이핑후太平湖, 지난濟南의 다밍후大明湖 등이 모두 얼음을 채취하던 곳이다. 한겨울에 호수 위로 사람이 걸어 다닐 수 있을 정도로 수면이 얼어붙으면 가로 세로 1미터 되는 정사각형 크기로 얼음을 잘라내어 움으로 옮긴다. 그다음 볏짚을 두텁게 덮어두면 외부 기온이 차단되어 여름까지 녹지 않고 보관할 수 있다. 옛날 대도시에는 얼음 저장용 움이 곳곳에 있었으며, 청나라 때는 북경 도성 내의 얼음 움만 해도 4구역에 18개가 있었으며 20만 개 이상의 얼음이 보관되어 있었다. 관리는 공부工部[12]가 맡았다. 오늘날 베이징의 '빙자오冰窖'라는 골목은 청나라 당시 얼음 움을 보관하는 장소라는 뜻이다. 시안의 빙자오 골목도 마찬가지다.

북부 지역은 겨울에 얼음을 구할 수 있었지만 기온이 따뜻한 남부에서는 어떻게 얼음을 구했을까? 정답은 바로 수입! 그것도 정통 미국산으로! 19세기 초기에 영국 및 미국 상인들은 상선을 이용해 북아메리카의 얼음을 실어와 중국 광둥 지역에 팔았는데 날개 돋친 듯이 팔렸다고 한다. 북미에서 출발한 배가 중국에 당도하려면 적도 근처를 지나게 되어 있는데 이때 얼음이 어떻게 녹지 않을까 궁금할 것이다. 우선 배에 실려 수출되는 얼음은 크기가 엄청나게 크기도 하지만 운반할 때 선실 아래에 두기 때문에 직사광선을 받지 않으며, 톱밥 같은 재료를 덮어 공기 접촉을 막아주는 방법으로 녹는 속도를 최소화했다. 중

---

12 중국의 중앙 행정관청인 6부의 하나로, 토목사업을 관장함.

국에 도착했을 때는 파손된 부분을 제거해도 얼음 크기는 별로 줄지 않는다. 과연 지구를 반 바퀴나 건너와 얼음을 판매한 수입은 얼마나 될까 궁금하겠지만, 사실 큰 돈벌이는 아니었다. 그러나 서양은 중국의 물건을 수입해야 하는 반면 자급자족이 가능한 중국은 서양으로부터 사들일 만한 물건이 별로 없었기 때문에 별 도리가 없었다. 팔리지도 않을 물품을 싣고 중국에 가져갈 수는 없고, 그렇다고 텅 빈 배로 가느니 얼음이라도 싣고 가서 파는 게 나았던 것이다. 또 먼 거리를 항해할 때는 배의 무게중심을 잡기 위해 무거운 물건을 실어야 하는데, 바위보다는 얼음을 중량물로 쓰는 편이 나으니, 청나라와 거래하려면 그 정도는 감수하는 수밖에 없었다.

09

옛날 사람들은 여름에
어떻게 모기를 쫓았을까?

지구상에 존재하는 모기의 종류는 약 3000여 종에 달하며 그중 암컷은 동물의 피를 먹고 살아간다. 모기에 물리면 피부가 가려운 것은 물론 말라리아 같은 위험한 전염병에 걸릴 수도 있다. 2000여 년 전에 쓰인 『장자莊子』「천운天運」 편에도 "모기와 등에가 살갗을 물어 밤새 잠을 이룰 수 없다"라며 모기를 원망한 구절이 있다. 그렇다면 옛날 사람들은 어떻게 모기를 퇴치했을까?

가장 흔히 쓰인 모기 퇴치법은 연기 피우기다. 옛사람들은 모기가 연기를 싫어하고 몇몇 특정한 냄새는 매우 싫어하는 습성을 발견한 후로 오랫동안 연기를 피워 모기를 내쫓았다. 그중에서도 쑥이나 쓴쑥을 태우면 모기 퇴치 효과가 뛰어난 반면 냄새는 고약하지 않고 연기도 많이 나지 않는다는 사실을 알아냈다. 그래서 쑥을 재료로 한 '화승火繩'이라는 도구를 고안해내기도 했다. 화승은 가을 무렵 씨앗 떨어진 쑥이나 쓴쑥을 캐어 머리 땋듯이 꼬아서 마루 그늘에 말린 것으로, 이듬해 여름이면 모기향 역할을 톡톡히 해낸다. 특히 밤에 잘 때 화승을

한나라 때의 화승(간쑤성 자위관嘉峪關 장성長城박물관 소장)

태우면 모기의 침투를 차단할 수 있다! 이 초보적인 수준의 모기향은 1978년 개혁개방 전까지 중국 전역의 농촌에서 사용되었다.

　송나라 때 사람들은 이미 화승을 기반으로 모기향을 만들어냈다. 송나라의 『격물조담格物粗談』[13]에 "단오에 개구리밥을 캐어다 그늘에 말린 후 웅황을 더해 종이향을 만들어 태우면 모기를 물리칠 수 있다"라

13　송나라 때 소동파가 민요와 속담, 생활 상식을 엮은 책.

고 소개한 것으로 보아 당시 웅황 성분을 섞어 모기향을 만들어 사용했음을 알 수 있다. 웅황이란 황화비소를 주성분으로 하는 광석으로, 예로부터 살충제로 자주 쓰여왔다. 또한 이 책에는 단오 무렵이면 모기향을 만들 재료를 채집했다는 내용이 담겨 있는데, 단오절에 쑥 캐는 풍습의 기원이 아닐까 싶다.

모기향 제조 기술은 청대에 크게 발전했다. 청 말기에 차를 얻기 위해 중국에 왔던 영국인 로버트 포천이 쓴 『중국인들 사이에서 살다A Residence Among the Chinese』(1857)라는 책에는 모기향에 관한 기록이 있다. 그는 날씨가 무덥고 습한 시기에 저장성 서부를 떠나 푸젠성의 우이산武夷山으로 향하는데 밤에 모기가 극성을 부려 잠을 잘 수가 없었다. 그래서 그를 수행하는 사람이 현지인들로부터 모기향을 사왔는데 모기 퇴치에 매우 효과적이었다. 유럽의 곤충학자나 화학자들은 그의 책에 소개된 모기향에 큰 관심을 보이며 어떤 성분으로 만들어졌는지를 묻기도 했다. 훗날 이 영국인은 저장성의 딩하이定海 지역을 찾았을 때 모기향을 만들 때 송진 가루, 쑥 가루, 연초잎 가루, 소량의 비상과 유황을 섞는다는 사실을 알아냈다. 모기향에 비상이 포함되었다니! 옛날 사람들은 이런 모기향을 피우고도 어떻게 중독되지 않았을까?

옛사람들은 모기를 쫓는 향주머니를 사용하기도 했다. 모기 퇴치와 향수 겸용의 이 향주머니는 명·청 시대에 문인이나 선비, 귀족 가문 자제들 사이에 유행했다. 향주머니 안에는 다양한 약재가 들어가는데, 그중 모기가 싫어하는 향을 지닌 약재는 곽향·박하·팔각·회향 등이다. 요즘 우리가 바르거나 뿌리는 모기약 펑유징風油精과 화루수이花露水와 비슷한 효과가 있다.

옛날 사람들은 모기를 내쫓기도 했지만 피하기도 했다. 모기를 잡기는 힘들지만 접근하지 못하게 하는 건 간단하다. 모기가 방 안에 들어오지 못하게 하는 것! 물론 가장 많이 사용된 도구는 모기장이다. 남조南朝14의 한 나라인 양나라의 원제元帝15가 쓴 『금루자金樓子』에는 춘추시대 제齊나라 환공이 종종 "푸른 실로 짠 장막"을 이용해 모기를 피했다는 기록이 있다. "푸른 실로 짠 장막"이란 바로 오늘날의 모기장이다.

당·송 이후 모기장은 널리 보급되었다. 북송의 시인 장뢰張耒가 쓴 「초 땅을 떠나는 밤, 고려관에 머물며 조카 양극에게 부치는 네 수離楚夜泊高麗館寄楊克一甥四首」라는 시에는 "아침밥을 미리 안쳐놓고 모기를 쫓고자 장막을 편다"라는 구절이 있다. 이를 봐도 모기장은 당시 집집마다 갖춰야 할 필수품이었음을 알 수 있다. 모기장은 중국에서 사용된 지 2000년이 지났지만 오늘날에도 여전히 애용되고 있다. 2016년 리우데자네이루 올림픽 당시 모기로 인해 지카 바이러스가 창궐했을 때 올림픽에 출전한 중국 선수들은 조상 대대로 이어져 내려온 이 신묘한 무기를 꺼내 바이러스 전염을 효과적으로 방어할 수 있었을 뿐만 아니라 다른 나라 선수들도 덕을 톡톡히 보았다. 2000년 전의 '메이드 인 차이나'가 지금까지도 쓸모가 있는 것 같다.

이 밖에도 독특한 모기 박멸법이 많다. 집에 커다란 항아리를 두고 그 안에 물을 넣어 개구리를 키우는 방법도 그중 하나다. 응달을 좋아하고 물속에 알을 낳아야 하는 모기가 항아리 안으로 날아들면 개구

---

14 동진東晉이 망한 후 남부에 차례로 세워진 송宋·제齊·양梁·진陳의 네 왕조를 통칭하는 말로, 420~589년까지의 기간.
15 양나라를 건국한 무제武帝 소연蕭衍의 일곱째 아들이자 제6대 황제.

리가 잡아먹도록 한 것이다. 다른 방법으로는 소설 『금병매』에도 등장하는 '모기 박멸등'이 있다. 옆면에 작은 구멍을 뚫은 등잔을 모기장 안에 걸고 심지에 불을 붙이면 온도차로 인해 기류가 발생하는데, 모기장 안에 침투한 모기들이 등잔 기류에 휩쓸려 불에 타 죽는 원리다.

　모기와의 싸움은 인류 문명사의 한구석을 차지하고 있다. 이러한 옛사람들의 지혜에 경탄을 금할 수 없는 한편 인류가 지구에서 살아남기까지 쉽지 않은 길을 걸어왔다는 사실을 새삼 깨닫게 된다.

10

옛날 사람들은
어떻게 불을 피웠을까?

소설 속 강호를 떠도는 협객들은 언제 어디서나 쉽게 불을 피워 고기를 굽는다. 라이터도 성냥도 없었던 옛날에 그들은 어떻게 불을 피웠을까? 불을 지피는 최초의 수단은 나무판에 나무를 끼워 마찰시키는 방법이다. 이 방식은 원시 시대에 발명되었으나 당나라 때에도 이 수단을 이용하는 경우가 적지 않았다. 예컨대 두보杜甫의 시 「청명清明」에 "기러기 떼가 구름을 뚫고 북쪽으로 돌아가고, 사람들은 단풍나무를 비벼 불을 피우네"라는 구절은 시골 사람들이 나무를 마찰시켜 불을 피우는 모습을 묘사한 것이다. 요령을 터득한 사람이라면 5, 6분 만에 불씨를 얻을 수 있었다. 물론 손이 아주 빨라야 하기 때문에 여자보다는 남자들이 잘했다. 그러나 이 방법은 번거롭기도 하고 마른 나무와 불을 붙일 재료가 있어야 하는 까다로움이 있었다. 그러자 한 단계 발전한 불활火弓 기법이 고안되었다. 나무판에 나무를 끼우는 것까지는 기존의 방식과 같지만 나무에 활을 끼운 후 활을 손잡이 삼아 돌리면 빠르게 회전시킬 수 있기 때문에 불을 지피는 데 1분이 채 안 걸린다.

당나라 때의 양수(양저우박물관 소장)

옛날에는 햇빛을 모아 불을 피우는 도구인 양수陽燧도 있었다. 양수는 일종의 커다란 오목렌즈로, 햇빛을 한곳으로 모아 불쏘시개 재료에 불이 붙게 하는 방식이다. 옛사람들은 이 방식으로 불을 얻는 것을 태양이 내려준 것으로 생각했으며, 동시에 하늘과 땅이 연결되어 있다는 증거로 여겨 불을 그 무엇보다 신성하게 여겼다. 다른 문명권에서도 양수와 비슷한 도구를 쉽게 찾아볼 수 있으며, 올림픽의 성화聖火 역시 이와 같은 방식으로 채화되고 있다. 다만 양수는 날씨의 제약이 크기 때문에 흐리고 비 오는 날이 이어질 경우에는 불씨를 얻기 힘들다.

그렇다면 날씨의 영향을 받지 않으면서 휴대가 간편하고 빠른 시간 내에 불을 피우는 도구는 없었을까? 물론 있었다. 바로 부싯돌이다. 이미 위진魏晉 시대에도 사용되었던 부싯돌은 소설 속 협객들이 애용하는, 비교적 고급 단계의 불 피우기 방식이다. 수석燧石이나 자갈 두 개를 맞부딪쳐서 불티를 내고 그것이 불이 잘 붙는 부싯깃에 옮겨 붙도록 하는 방식이다. 부싯깃으로 쓰이는 재료는 다양하다. 쑥으로 만든 부싯깃도 있고, 초수硝水(질산칼륨이나 질산나트륨을 함유한 용액)에 담갔다 말린 종이나 유황을 바른 나뭇조각, 인화성이 있는 천을 사용하기도 한다.

부싯돌에는 '부시 주머니'라는 업그레이드 버전이 있다. 손바닥만 한 가죽 주머니 안에 낫 모양을 새긴 쇳조각(부시)과 부싯돌, 쑥 부싯깃을 넣고 다닐 수 있게 만든 것이다. 야외에서 불을 지펴야 할 때 편리하게 사용할 수 있는 휴대용 키트라 할 수 있다. 중국 산시성 북부의 농촌 지역에서는 중화인민공화국 수립 이후까지도 부시로 불을 피웠다.

화절火折이라는 또 다른 신기한 도구도 있었다. 무림의 고수들이 등

부시주머니(중국 소방박물관 소장)

장하는 TV 드라마를 보노라면 간혹 어둠 속에서 작은 대나무통 속에 입김을 불어 넣어 작은 불꽃을 만들어내는 장면을 볼 수 있다. 이것은 한번 불이 붙었던 사물에 산소를 차단하여 반연소 반소화 상태로 만들어두었다가 나중에 충분한 산소를 공급함으로써 다시 불씨를 살려내는 원리를 응용한 것이다. 화절을 제작하는 방법은 다음과 같다. 먼저 불이 잘 붙는 종이 두루마리나 가공한 덩굴에 불을 붙였다가 입김을 불어 불꽃을 끈 다음 작은 대나무통 안에 집어넣고 뚜껑을 덮는다. 불씨가 완전히 꺼지지 않은 상태에서 산소가 부족한 대나무통 안에 들어가면 매우 더디게 연소가 진행된다. 그러다가 불이 필요할 때 뚜껑을 열고 통 안에 입김을 넣어주면 재연소 상태로 살아나는 것이다.

20세기 초 서구에서 성냥이 들어오면서 앞서 소개한 불 피우는 도구들은 중국인의 생활에서 자취를 감췄다.

옛날 사람들은
어떤 화장품을 썼을까?

예로부터 인류는 아름다움을 추구했고 여성들은 화장으로 얼굴을 치장했다. 흥미로운 점은 화장 용품의 무시무시한 성분이다. 그야말로 '묻지도 따지지도 않고' 얼굴에 발랐다고 할 수 있다.

"흰 얼굴은 백 가지 추함도 가려준다"라는 말이 있을 정도로 예나 지금이나 동양 여성들은 백옥같이 뽀얀 피부를 추구했다. 오늘날 여성들이 항상 희고 고운 파우더로 화장을 마무리하듯이 옛 여성들도 미백 효과를 내기 위해 가루, 즉 '분粉'을 사용했다. 분이라는 글자에 쌀 미米 자가 들어 있는 것을 보면 최초의 분이 쌀로 만들어졌음을 알 수 있다. 『제민요술齊民要術』[16]에는 '옛날 파우더'를 만드는 방법이 소개되어 있다. 우선 쌀을 곱게 빻아 맑은 물이 나올 때까지 씻은 후 찬물에 담가 부패한 냄새가 날 때까지 발효시킨다. 그런 다음 쌀가루를 걸러내어 풀을 쑤어서 햇볕에 바싹 말리면 고형분이 되는데, 둘레의 거친 부분을

---

16 6세기 전반에 간행된 중국에 현존하는 가장 오래된 종합 농업기술서.

잘라내고 가운데의 하얗고 매끈한 부분인 '분영粉英'만 남겨놓는다. 이 분영을 칼로 얇게 깎아 다시 햇볕에 오래 말렸다가 비벼서 분말로 만든 것이 바로 화장용 파우더다. 분말의 입자가 고울수록 품질이 좋다.

쌀로 만든 파우더의 단점은 피부에 오래 밀착되지 못하는 것이다. 그래서 곱게 화장한 미인들의 얼굴에서 흰 가루가 부스스 떨어지는 일이 발생하곤 했다. 사랑하는 이와 입맞춤을 할 때 그런 일을 당해서야 되겠는가. 그래서 사람들은 업그레이드 버전인 연분鉛粉, 즉 납 가루를 발명했다. 이것은 하얗고 보드라우면서 피부에서 잘 떨어지지 않았다. 가식적이고 세속적인 겉모습을 벗어버린다는 고사성어 '세진연화洗盡鉛華'의 '연鉛'은 바로 연분을 가리킨다. 『수호지』에서 무송武松이 달아날 때 손이랑孫二娘이 그의 얼굴에 발라준 것도 바로 연분이다. 연분은 만드는 과정이 꽤 복잡하다. 문과 출신인 나로선 과정이 잘 이해되지 않는 탓에 상세한 제작 과정은 건너뛰기로 하겠다. 한 가지 확실한 사실은 연분에 중금속인 납이 많이 함유되어 있어서 이것을 오래 사용하면 피부가 누렇게 변색되며, 심한 경우 납 중독 증상이 나타난다는 것이다. 옛날 여자들은 아름다움을 위해 이러한 위험마저 감수한 것이다!

피부를 하얗게 하는 연분 외에 색조 화장품도 있었는데, 가장 오래된 것으로는 주사朱砂가 있다. 글자 그대로 붉은 광석을 뜻하는 주사는 황화수은 광석이다. 이 천연의 광석을 갈아내고 세척하여 얻은 붉은색 안료가 곧 주사인 것이다. 일찍이 상나라에서 여성, 특히 무희와 궁녀들은 이것을 얼굴에 문질러 발랐다. 오늘날의 블러셔와 같은 기능의 화장품이다.

한나라 때 여성들은 주사를 볼과 입술에 모두 발랐다. 한데 주사 자

화장을 하는 궁의 여성들(고개지顧愷之의 「여사잠도女史箴圖」)

체는 점성이 없어서 입술에 바르면 침 때문에 쉽게 지워졌다. 이에 사람들은 지혜를 발휘하여 주사에 소량의 동물성 지방을 섞어 사용했는데, 그 형태와 기능이 오늘날의 립스틱과 아주 비슷하다.

연지臙脂는 한나라 때 장건張騫이 서역에 다녀오는 길에 흉노족 지역에서 들여온 일종의 수입 화장품으로, 잇꽃(홍화)을 찧어 거른 후 그중 붉은 색소를 추출한 것이다. 그러나 후당後唐[17]의 학자인 마호馬縞는 자신의 저서인 『중화고금주中華古今注』에서 "상나라 주왕紂王 때 처음 사용했고, 잇꽃 즙을 응고시켜 연지燕支[18]를 만든다"라고 적었다. 마호의 주장이 사실이라면 연지는 적어도 3000년 전부터 존재했다. 수입산이든

---

17 오대십국 시대에서 오대五代의 두 번째 왕조로, 당나라를 계승한다는 의미에서 국호를 대당大唐으로 짓고 당나라와 구분하기 위해 후당이라 했다.
18 잇꽃의 다른 이름이지만 연지臙脂와 발음이 같아 동일 의미로 쓰인다.

국산이든 연지가 옛날의 주된 색조 화장품이었다는 사실에는 변함이 없다. 심지어 문학작품 속에서 연지는 미인의 대명사로 쓰였다.

다음으로는 '눈썹연필'에 대해 알아보자. 옛날 여성들은 '대黛'라는 눈썹 전용 먹을 사용했다. "여섯 궁녀의 분粉과 대黛도 그 빛을 잃었다六宮粉黛無顏色"[19]에 보이는 분과 대는 오늘날의 파우더와 아이브로펜슬과 같은 것이다. 눈썹을 그리는 화장은 전국 시대부터 시작되었으며, 검은색 광물의 일종인 대(석대石黛라고도 불린다)를 벼루에 갈아 가루를 낸 뒤 물을 조금 섞어서 만든다. 이것을 붓으로 찍어 눈썹을 그렸다. 대가 쓰이기 전에는 불에 그슬린 버들가지의 재를 눈썹 위에 발랐다고 한다. 개혁개방 이전 물자가 부족하던 시절에 여성들은 대부분 다 탄 성냥 끝에 침을 묻혀서 눈썹을 그렸는데, 고대의 화장법을 되살린 복고풍이 아닌가 싶다.

과학적 무지 때문이었겠지만, 옛날에는 아름다운 외모를 꾸미기 위해 성분 따위는 신경 쓰지 않고 무엇이든 사용했음을 알 수 있다. 하다못해 미백을 위해 비상砒霜[20]까지 썼다고 하니, 지금 생각하면 아찔해진다.

---

19 당나라 현종과 양귀비의 사랑을 주제로 백거이가 지은 서사시 「장한가長恨歌」의 한 구절.
20 비석砒石에 열을 가하여 승화시켜 얻은 결정체로, 독성이 매우 강한 약재.

12

옛날 사람들은
무엇으로 머리를 감았을까?

옛날 사람들은 몸과 털과 피부는 부모에게서 받은 것이라 여겼기 때문에 머리카락을 거의 자르지 않았다. 남자들은 허리까지 자란 머리카락을 묶어 올려 상투를 틀고 다녔으며 여자들은 풍성하고 긴 머리를 소중히 여겼다. 여자의 긴 머리는 외모를 더욱 돋보이게 해줄 뿐 아니라 남자를 사로잡는 매력을 발산하기 때문이다. 황제도 예외 없이 이 매력에 빠져들곤 했다. 한나라의 위자부衛子夫[21]가 바로 머릿결로 황제를 사로잡은 사례로, 『태평어람太平御覽』에 "(위자부가) 틀어 올린 머리를 풀자 황제가 그 머리를 보고 기뻐하여 황후로 세웠다"라는 기록이 있다.

이렇듯 옛날 사람들은 머리카락을 중시했기에 머리 감는 일을 소홀히 여기지 않았다. '목욕'의 '목沐'자는 원래 머리를 감는다는 뜻이다. 한나라 때 관리들은 5일간 근무하고 하루를 쉴 수 있었는데 그 이유는 집에 가서 머리를 감아야 했기 때문이다. 그래서 휴일을 '휴목休沐'이라

---

21 무제武帝의 두 번째 황후 위씨의 성과 자子를 결합한 호칭.

했다. 요즘은 머리를 사흘만 안 감아도 참기 힘든데 어떻게 5일 주기로 머리를 감았을까 하겠지만 지금의 기준으로 생각해선 안 된다. 그때는 장작 패기나 불 피우기, 물 끓이기, 머리 감기, 걸레질, 머리 빗기 같은 단순한 일에도 많은 시간과 공력이 요구되었기 때문이다. 『사기史記』에 따르면 주공周公은 "머리를 감다가 머리카락을 움켜쥐기를 세 번 했고, 밥을 먹다가 입속의 음식을 뱉어내고 일어나 손님을 맞이하기를 세 번 했으나, 오직 천하의 현능한 인재를 놓칠 것을 걱정했다"라고 했다. 머리를 감고 있는데 손님이 찾아와서 젖은 머리를 움켜쥔 채 손님을 맞이하기를 하루에 세 번이나 거듭했다는 이야기는 주공이 사람을 대할 때 예의와 정성을 다했음을 말해주는 것인 동시에 그 시절에 머리 감는 일이 그리 간단한 과정이 아니었음을 짐작케 한다.

그렇다면 옛날 사람들은 샴푸 대신 무엇으로 머리를 감았을까? 가장 많이 사용된 것은 우리가 흔히 조각皂角이라 부르는 조협皂莢(말린 쥐엄나무 열매)이다. 대야에 물을 붓고 조협을 담가 여러 번 주무르거나 단단한 도구로 찧어서 물을 끈적하게 만든 뒤 이물질을 걸러낸 액체가 바로 옛날 사람들이 사용한 '순식물성 조협 샴푸'다. 이 조협 샴푸는 두피 세척과 영양 효과가 좋으며 머리카락을 검고 튼튼하게 해주는 효과까지 있다. 다만 조협 특유의 자극적인 향 때문에 불쾌감을 주는 단점이 있다. 이에 조협과 비슷한 효과를 내면서 냄새는 깔끔한 무궁화 잎이 인기를 끌기 시작했다. 무궁화 잎 샴푸의 제조법은 조협 샴푸와 비슷하다.

무궁화 잎으로 머리를 감는 것과 관련해 전해지는 이야기가 하나 있다. 칠월 칠석에 견우와 직녀가 오작교에서 만났을 때 직녀가 흘린 눈

무궁화 잎木槿葉(왼쪽)과 쥐엄나무 잎皁莢葉(오른쪽)

물이 인간 세상에 피어 있는 무궁화 잎 위에 떨어졌다는 것이다. 그래서 결혼하지 않은 여성이 칠석날 무궁화 잎으로 머리를 감으면 직녀의 기운을 받아 사모하는 낭군을 맞게 된다는 설이 있다. 중국 남부의 일부 지역에서는 지금까지도 칠석날 무궁화 잎으로 머리를 감는 풍습이 남아 있다.

옛사람들은 기름을 짜내고 남은 동백나무 씨앗 찌꺼기로 머리를 감기도 했다. 다소 지저분해 보이긴 해도 살균과 오염을 제거하는 효과가 탁월해서 머리 감을 때 애용되었다. 중국 남부에서는 1980년대까지도 이것으로 머리를 감는 여성이 많았다.

알칼리성인 초목회草木灰도 기름기를 제거하고 가려움을 없애주는 효과가 있어 자주 사용되던 재료다. 탄산칼륨을 많이 함유한 초목회는 지방 흡착 효과가 우수하기 때문에 지성 모발인 경우 초목회로 머리를 감으면 머리의 기름기가 말끔히 제거된다.

그밖에도 손쉽게 구할 수 있는 많은 재료가 세발제로 사용되었다. 쌀뜨물이나 식초는 선진 시기부터 사용되었던 재료다. 나도 어린 시절 어머니가 머리를 감고 오시면 시큼한 식초 냄새가 났던 기억이 있다.

13

옛날 남자들은
어떤 헤어스타일을 했을까?

과거에는 남자들도 머리를 허리까지 길렀지만 대개는 곱게 빗어 상투를 틀었기 때문에 공공장소에서 머리카락을 치렁치렁하게 풀어헤친 광경은 볼 수 없었다. 옛 남성에게 헤어스타일이란 미적 가치보다는 사회적 상징이 더 컸으며, 시대에 따라 스타일도 변화했다.

상고 시대에는 예교禮敎의 통제가 없었기 때문에 남성들은 머리를 단정하게 가꾸지 않았다. 그 모양이 가지런하지 않고 자유분방하다 하여 산발散髮이라 불렸다. 그러다가 중원 지역에서 머리를 깔끔히 정수리로 말아 올려 쪽을 찌는 상투의 풍습이 생겨났다. 처음에는 상투가 작고 둥근 뭉치 모양이다가 점차 송곳처럼 뾰족해져서 '송곳 상투'라 불리기도 했다. 아마도 활동하기에 편한 머리 모양을 찾다가 이런 형태로 자리 잡게 되었을 것이다.

체계적인 예법이 제도화된 주나라 당시 관복에 관한 의례와 풍속이 정착되면서 남자의 상투도 정형화되었다. 상투를 틀 때에는 머리를 정수리까지 끌어올려서 묶은 다음 작은 관을 씌운 후 비녀(또는 잠簪)를 관통시켜 상투를 고정시킨다. 신분이 낮은 계층은 간단히 머릿수건으로 상투를 감싸는 식이었고, 어린아이는 상투를 틀지 않은 산발이거나 땋은 머리로 지내다가 20세(민간에서는 대개 15세)가 되면 관례冠禮를 치렀다. 관례란 비로소 상투를 틀고 관을 쓸 수 있다는 의미의 성인식이다. 그래서 옛날에는 머리 모양으로 상대의 나이를 대략 짐작할 수 있었다.

사극 드라마에서는 머리의 반은 묶어서 상투를 틀고 나머지 반은 어깨 뒤로 풀어헤친 남자 배우들을 흔히 볼 수 있는데, 이는 역사적 사실과 다르다. 실제 옛 남자들은 상투를 틀 때 한 올의 머리카락도 남기지 않고 묶어 올렸다. 다만 남북조 시대에 북방 유목민족이 남쪽으로 내려왔을 때 그들의 산발 스타일이 중원에 전파되면서 반묶음 머리 스타일이 유행한 적이 있다. 유행 기간은 그리 오래 가지 못했으나 이런 머리 스타일에서 이민족과 한족의 결합이라는 의미를 찾아볼 수 있다.

앞서 말했듯이 헤어스타일에는 사회적 기능이 있다. 그중 하나가 변방 이민족과 구분하기 위한 것이다. 즉 머리를 묶어 상투를 트는 형태는 한족의 전통을 상징하는 것이다.[22] 반면 오랑캐라 불리던 북방 소수민족들은 산발을 하거나 뒤쪽 머리만 땋는 변발을 했다.

주나라 이후 중원에서는 줄곧 상투 머리가 유지되었으며, 시대에 따라 상투 장식만 다르게 변화했다. 예컨대 한나라 때까지는 상투 위에 관을 씌우거나 머릿수건을 매는 식이었으며, 당·송 시대에는 관모와 비

---

22 저자는 상투를 중국 한족의 고유한 전통으로 판단하고 있으나, 한반도에서도 상투는 고조선 시대로부터 전해진 동이족의 전통이다. 또한 요하 문명권에서도 상투의 흔적이 발견된 점으로 볼 때 상투는 동북아시아 공통의 문화로 보인다.

숫한 장식품인 복두幞頭가 유행했다. 당대와 송대의 복두에도 차이가 있었다. 당나라 때의 복두는 모체帽體가 둥그런 모양이고 양옆에 달린 각脚은 처진 토끼 귀처럼 아래로 늘어뜨렸다. 송나라 때의 복두는 모체가 평평하거나 직사각형이며 양옆의 각은 비행기 날개처럼 수평으로 길게 뻗은 형태였다. 복두의 각을 이처럼 양옆으로 길게 만든 장본인은 송 태조라는 설이 있다. 조회 때 대신들이 소곤거리는 꼴이 보기 싫어서 가까이 붙지 못하게 하려는 것이었다는데, 실제로 복두의 각이 길어지자 대신들은 상대의 각에 찔리지 않으려고 가까이 붙어 있을 수 없었다.

북방의 유목민족이 다시 중원을 차지한 요·금·원 시대에는 곤발髡髮이 유행하기 시작했다. 곤발은 정수리 부분의 머리카락을 밀어버리고

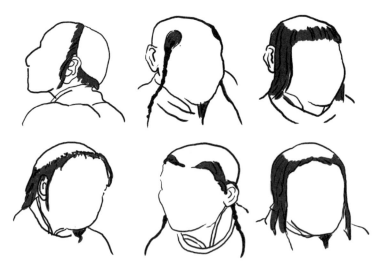

유목민족의 곤발 양식

양쪽 귀밑머리나 앞머리를 조금 남겨 땋은 형태로, 유변留辮이라고도 한다. 한족 왕조가 중원을 통치하게 되었을 때는 곤발을 형벌로 삼기도 했다. 죄를 지은 자에게 처벌과 경고의 표시로 머리를 삭발시킨 것이다. 그러나 소수민족이 통치하던 요·금·원 시대에는 순종의 표시로 곤발을 자처했다. 특히 같은 시기 원나라의 지배를 받았던 고려에서도 곤발을 받아들였다. 고려 원종의 세자인 충렬왕은 어린 시절을 원나라에서 보냈으며 고려로 돌아가 왕위를 계승하자 백성에게 곤발을 실시하도록 했다.

명나라 때는 다시 상투 머리로 돌아갔으나, 200여 년 뒤 청나라 건국과 함께 또 다시 머리카락을 잘라야 했다. 특히 앞머리 쪽은 삭발하고 뒤통수의 머리카락만 길게 땋는 변발은 청나라 조정에 대한 순종 여부를 판단하는 기준이 되어, 변발을 거부하는 자는 청나라에 반기를 든 것으로 간주하여 목을 베었다. 그래서 청나라 초기에는 "머리(카락)를 남기면 머리가 남아나지 않고, 머리를 남기면 머리(카락)가 없다"라는 한탄이 생겨났다. 청나라의 변발 스타일도 시기마다 조금씩 유행이 달랐다. 초기의 변발은 머리채가 가늘고 짧아 '황금 쥐꼬리'라 불렸으나 중반부터는 머리채가 굵고 길어졌다.

옛날 남자들은 헤어스타일을 중시했기 때문에 탈모가 시작되면 괴로워하곤 했다. 그래서 두보 역시 이렇게 한탄하지 않았던가. "흰머리를 빗으니 자꾸 짧아져 이제는 비녀조차 못 꽂겠네."

14

옛날 사람들도
이를 닦았을까?

칫솔도 치약도 없던 옛날에는 모두들 이를 닦지 않고 살았고 지독한 입냄새를 풍겼을까? 아니다. 옛사람들도 이를 닦았다. 『시경詩經』「위풍衛風」 편에 "박씨 같은 치아齒如瓠犀"(「석인碩人」)라는 시구가 있는 것을 보면 오래전부터 사람들은 가지런하고 하얀 치아를 아름답게 여겼음을 알 수 있다.

『예기禮記』「내칙內則」 편에 "첫닭이 울면 세수하고 입을 헹군다鷄初鳴鹹盥水"라는 기록이 있듯이, 옛날에는 솔로 이를 닦는 방식이 아닌 가글 방식으로 치아 청결을 유지했으며 근대 시기까지 주된 치아 관리법으로 이용되었다. 입을 헹구는 물은 여러 종류가 있었지만 가장 널리 쓰인 것은 소금물이다. 혹은 소금물로 헹구는 정도가 아니라 소금으로 이를 문지르기도 했다. 『홍루몽』의 주인공 가보옥도 매일 아침 소금으로 이를 닦았다. 소금은 살균과 소염 효과가 있고 치주 질환과 치은 출혈을 어느 정도 예방해준다. 옛 기록을 보면 소금물 외에도 찻물이나 술 또는 명반을 희석한 물로 입을 헹구기도 했다. 특히 명반은 구내염

예방 효능이 탁월해서 오늘날에도 구취를 제거하기 위해 명반을 섞은 물에 올리브를 넣어 입을 헹구는 이들이 많다.

솔로 이를 문지르는 방식은 수·당 시대에 등장했다. '개치법揩齒法'이라 불리는 이 방법은 고대 인도에서 유래했으며 불교가 중국에 전파될 때 알려지기 시작했다고 한다. 전해지는 이야기에 따르면 석가모니가 보리수 아래에서 설법할 당시 제자들에게 나뭇가지를 이용해서 이 닦는 방법을 알려주면서 치아를 깨끗이 관리하도록 가르쳤다고 한다. 당나라의 의서인 『외대비요外臺秘要』에는 "매일 아침 버들가지 머리를 이로 물어서 부드럽게 한 뒤 약을 찍어 치아에 문지르면 입에서 향이 나고 치아는 깨끗하고 반짝거린다"라는 설명이 소개되어 있기도 하다. 이를 닦을 때 쓰이는 버드나무 가지는 '치목齒木'이라 한다. 이 치목은 중국 최초의 이 닦는 도구로서 당대의 칫솔인 셈이다. 버드나무 가지가 없을 때는 다른 나뭇가지를 이용했으며, 그마저도 여의치 않을 때는 손가락으로 이를 문지르기도 했다. 둔황석굴의 196번째 굴에서 당나라 말기의 벽화인 「노도차두성변勞度叉斗聖變」이 발굴되었는데 이 그림 안에 손가락으로 이를 닦는 장면이 있다. 오늘날 일본에서 이쑤시개 또는 칫솔을 뜻하는 '요지楊枝'라는 용어는 중국 당나라 때의 명칭에서 비롯된 것이 틀림없다.

당나라 때에 개치법이 있었다고는 해도 이러한 방식이 얼마나 보편적이었는지에 대해서는 논란이 있다. 일부 학자는 당나라 때 승려 집단만 이를 닦았을 뿐 사회적으로 널리 보편화되지는 않았다고 주장한다.

송나라 때 비로소 진짜 칫솔인 '쇄아자刷牙子'가 등장했다. 주수중周守中이 쓴 『양생유찬養生類纂』에 "모든 쇄아자는 말꼬리로 만든다"라고 기

둔황 벽화 중의 이 닦는 그림

록된 것으로 보아 최초의 칫솔모는 대부분 말꼬리로 만들었음을 알 수 있다. 3.3센티미터 정도 길이의 말꼬리를 모아 쇠뿔 위에 붙인 모양이 오늘날의 칫솔과 무척 비슷하다. 그러나 말이 귀한 시절이었으므로 값비싼 말꼬리 칫솔 대신 장터에서 흔히 볼 수 있는 칫솔은 돼지털로 만든 칫솔이었을 가능성이 높다. 남송의 현자인 주밀周密은 『몽양록夢梁錄』에서 이렇게 회고한다. "사자 골목에는 능凌가네 칫솔 상점이 있고, 황금 골목에는 관에서 운영하는 칫솔 상점이 있다." 이 기록은 남송 시대 항저우杭州에 이미 칫솔을 파는 가게가 있었다는 사실을 말해주는 것으로, 이 닦는 생활이 보편적이었음을 알 수 있다.

옛사람들은 이를 닦을 때 칫솔만 사용한 것이 아니라 오늘날 치약을 묻히듯이 칫솔 머리에 세정제를 묻혀서 닦았다. 치아 세정제의 성분은 순식물성이며 제형은 연고 또는 가루 타입이었다. 주된 재료는 조각皂角, 생강, 승마昇麻, 지황地黃, 한련旱蓮 등의 약재였으며 여기에 소금을 약간 더하기도 했다. 송나라 때는 칫솔과 치약을 결합한 형태의 '아향주牙香籌'가 발명되기도 했다. 향료와 약재를 섞은 고형 세정제를 칫솔에 고정시킨 이것으로 이를 문질러 닦은 후 입을 헹구는 식이다. 아향주는 여러 번 사용할 수 있고 휴대하기도 간편해서 먼 길을 떠날 때 반드시 챙기는 필수품이었다.

이후 중국의 칫솔이 유럽에 전해지면서 귀족들 사이에 큰 인기를 끌었다. 하지만 값이 비싸서 서민은 사용하기 힘들었고, 1930년대에 이르러 나일론 칫솔모로 만든 저렴한 제품이 탄생한 후에야 칫솔 사용이 대중화되었다.

15

옛날 사람들도
반려동물을 키웠을까?

요즘에는 반려동물을 가족처럼 여기는 사람이 많다. 사실 집 안에서 동물을 키운 역사는 꽤 오래된 것으로, 맨 처음 인간과 동거한 동물은 충성심 넘치는 '댕댕이'다. 약 1만 년 전에 개의 조상인 늑대를 길들여 키우기 시작한 것이 그 시초다. 또한 최초로 늑대를 길들인 지역이 중국 남부라고 주장하는 연구자도 있다.

선진 시대에 개는 말, 소, 양, 닭과 더불어 가축으로 불렸으며, 개의 사육을 담당하는 '견인犬人'이라는 관리도 있었다. 그러나 처음에 개를 길들인 목적은 사냥과 고기였다. 한나라 초의 명장인 번쾌樊噲가 개백정 출신인 것을 보면 한나라 초반까지만 해도 중국에서는 개고기를 먹는 풍습이 있었음을 알 수 있다. 애완용 개가 유행한 것은 당·송 시대에 들어서였다. 당나라의 명화인 「잠화사녀도簪花仕女圖」 속의 개는 명품 조연으로 등장하고 있다.

서태후西太后는 애견인으로 유명한 인물이다. 그는 황궁 안에 별도 공간을 마련해놓고 여러 마리의 페키니즈를 키웠으며, 네 명의 전담 환관이 개들을 돌보도록 했다. 소고기와 사슴고기를 먹였으며 닭·오리·생선을 끓인 국물까지 제공했다. "서태후의 페키니즈, 큰누이의 강아지를 보면 개팔자가 상팔자"라는 말이 나돌 정도로 서태후는 사람보다 개를 더 사랑했다고 한다.

「잠화사녀도」

「사녀도仕女圖」

고양이도 인간의 오랜 반려동물이긴 하지만, 개가 길들여진 역사에 비하면 짧은 편이다. 대체로 3000~4000년 전 이집트에서 처음 고양이를 길들이기 시작한 것으로 알려져 있으며, 이집트 사람들은 고양이를 신격화하기도 했다. 『예기禮記』에 따르면 고대 중국에서도 고양이는 천제天祭를 올릴 때 받들어지던 존재였다. 매년 음력 섣달에 천자天子가 올리는 제례의식 중에 고양이신을 모시는 '영묘迎貓' 과정이 있었던 것이다. 이렇게 고양이를 중요하게 여긴 이유는 무엇일까? 보는 이로 하여금 빠져들게 하는 고양이의 신비로운 눈빛에 어떤 신통력이 있다고 믿었기 때문일 것이다. 물론 쥐와 천척 관계인 고양이에게 쥐를 퇴치해줄 것을 바라는 현실적인 목적도 있었다. 엄숙한 제사의식에서 많은 사람이 지켜보는 가운데 제사장의 손에 들려진 '야옹이'가 제단에 오르는 장면은 상상만으로도 우습다.

송대 문인들은 고양이를 즐겨 키웠다. 육유陸游는 시에서 고양이를 '이노狸奴'라고 불렀다. 요즘 문인들도 개보다는 고양이를 더 좋아하는 것 같다. 아마도 고양이가 개보다 조용하기 때문인 것 같다. 송나라 때는 '이묘환태자狸猫換太子'라는 사건23으로 고양이가 정치 무대에 오르기도 했다. 명나라의 가정嘉靖 황제는 꽤 소문난 고양이 '집사'로, 자신이 키우던 고양이가 죽자 대신에게 추모사를 쓰게 하고 장중히 장례를 치른 후 경산 북쪽에 묻었다. 그 무덤을 '규룡총虯龍冢'이라 이름 짓고 비석을 세웠으며 제사까지 치르게 했다.

---

23 진종眞宗의 후비 유씨와 이씨가 동시에 임신을 했는데 유씨가 황후의 지위를 차지하기 위해 이씨가 낳은 아들을 껍질을 벗긴 고양이와 바꿔치기한 뒤 요물을 낳았다고 무고했다. 이 일로 이씨는 내쫓기고 유씨는 황후가 되었다.

이토록 인간의 사랑을 받으면서도 고양이는 늘 도도하다. 고마워할 줄 모르는 고양이를 돌보는 인간이 마치 주인을 섬기는 하인 같다 하여 고양이 키우는 이들은 '고양이 집사'라 불리곤 한다. 이런 관계는 절반만 길들여지는 고양이의 습성 때문이다. 들고양이와 집고양이의 유전자를 비교 분석한 결과 집고양이는 절반 정도만 길들여진다는 사실을 밝혀낸 것이다. 그러고 보면 인간이 고양이를 길들였다기보다 인간과 함께 사는 쪽을 선택한 고양이가 인간을 길들였다고 봐야 하지 않을까?

옛날 사람들은 개와 고양이 외에 다른 동물도 길렀다. 그중 하나가 학이다. 「잠화사녀도」에서 강아지와 놀고 있는 귀부인 옆에는 선학仙鶴(두루미)이 한 마리 있다. 선학은 길한 기운과 장수를 상징하는 동물로 여겨져 오래전부터 사람들에게 사랑을 받았다. 또 다른 장수의 상징인 거북도 마찬가지로 아주 오래전부터 사람들 손에 길러졌다. 『논어』「공야장公冶長」 편에 노魯나라의 귀족이 영물인 거북을 집안에 기르면서 으리으리한 집까지 지어주었다는 내용이 있다. 이렇듯 거북은 길한 동물로 대접받았기 때문에 아기에게 '거북 구龜'자를 써서 이름을 지어주는 경우가 많았다. 당나라의 시인 두보에게도 이귀년李龜年이라는 절친한 친구가 있었다.(두보의 시 「강남에서 이귀년을 만나다江南逢李龜年」) 그러나 요즘은 "목이 쑥 들어간 거북이(소심하고 겁 많은 사람)" "숫거북龜公(기둥서방)" 등 부정적인 의미로 언급되는 걸 보면 지위가 옛날 같지 않은 모양이다.

옛날에는 거북이를 키움으로써 얻는 이점이 하나 있었다. 바로 우물의 수질을 측정할 수 있었다는 것이다. 옛날에는 우물을 파게 되면 그

안에 거북을 넣어 어떻게 되는지를 살펴보았다. 즉 거북이 우물물을 먹고 죽는다면 수질이 좋지 않거나 누군가 독을 탄 것이다. 이처럼 옛사람들에게 거북은 단순한 반려동물이 아닌 수질 검사원이기도 했다. 언젠가 틱톡 라이브 방송에서 거북을 잡기 위해 오래된 우물 속에 그물을 던지는 사람을 본 적이 있다. 그때는 어떻게 거북이 우물에 살 수 있지? 하고 의아했는데 옛날 사람들이 우물 안에 거북을 넣어 키웠다는 사실을 알고 나서야 이해할 수 있었다. 그 네티즌이 잡은 거북은 선조가 기르던 수질 검사원이거나 그 후손일 것이다.

16

옛날 사람들이
가장 좋아한 운동은 무엇이었을까?

"문무의 도는 한 번 당기고 한 번 풀어주는 것이다文武之道, 一張一弛."

옛날 사람들도 여가시간에 운동을 즐겨 했으며, 가장 대중화된 것 중 하나는 투호投壺다. 투호는 귀족들이 연회 자리에서 자주 즐기던 놀이이자 던지기 운동의 하나로, 기본적인 요령은 몸통이 길고 가늘며 입구가 좁은 호壺 항아리를 바닥에 세워놓고 일정한 거리에서 화살을 던져 넣는 것이다. 원래 초기에는 활쏘기를 겨뤘는데 다소 위험하고 체력소모가 크다 보니 투호로 대체되었다. 투호는 전국 시대에 유행한 이후 당·송 시대에 더욱 널리 보급되어 국민운동으로 자리하게 되었다.

투호의 세부 규정은 어땠을까? 사실 시대마다 다르고, 같은 시대라도 지역에 따라 차이가 있다. 투호 애호가였던 사마광司馬光은 『투호신격投壺新格』이라는 책을 써서 복잡하고 혼란스러운 규칙을 정리하고 규범화했다. 지체 높은 신분의 사마광이 놀이에 관한 서적을 저술한 것을 보면 옛날 사람들도 마냥 고리타분하게 산 것만은 아닌 모양이다.

이제 송나라를 예로 투호의 규칙을 살펴보자. 투호에 사용되는 호는 원래 표면이 반질반질했다. 진晉나라 때의 호는 양쪽에 귀가 달려 있었는데 그 귀의 구멍 안에 화살을 던져 넣기도 했다. 송나라 때도 귀가 달린 호를 사용했다. 투호의 득점 방식은 다양했다. 첫 화살이 호 안으로 들어가는 것을 '유초有初'라 하고 10산算 또는 10주籌를 얻는다. 두 번째 화살이 연달아 들어가면 '연중連中'이라 하여 5산을 얻는다. 마지막 한 발이 들어가면 '유종有終'이라 하여 20산을 얻는다. 1국局에 총 12개의 화살을 던지는데, 12발이 모두 호 안에 들어가면 '전호全壺'라 하여 완승이다. 화살 앞부분이 호에 비스듬히 들어가면서 호의 테두리에 절반 정도로 걸쳐지면 '의간倚竿'이라 하는데, 이런 경우는 대부분 뜻하지 않게 발생한다. 드라마 「푸른 잎」에서 명란이 투호를 할 때 마지막 한 발이 의간이 되어 경기에서 이길 수 있었다. 그러나 사마광이 정한 기준에 따르면 의간은 실력이 아닌 우연히 일어난 것으로, 놀이 예의에

투호(상희商喜의 「선종행락도宣宗行樂圖」)

어긋나기 때문에 점수를 얻지 못한다. 사마광은 「푸른 잎」과 동시대 인물이지만 드라마 속 시대에는 아직 새로운 규칙이 보편화되기 전이었던 모양이다. 화살이 거꾸로 호에 들어가는 경우는 '도중倒中'이라 하여 의간보다 더 높은 점수를 얻을 수 있다. 도중이 실현되기는 극히 어려우므로 점수가 100산이나 된다.

투호에 관한 소개는 이 정도로 하고, 이제 옛날의 축구를 소개하고자 한다. 그 당시에는 축구라 부르지 않고 '축국蹴鞠'이라 불렸다. 옛날의 축국과 현대 축구는 경기 방법에 큰 차이가 있다.

축국은 전국 시대(정확히는 제나라 때)의 도성인 임치臨淄(오늘날의 산둥성 쯔보淄博시 린쯔구)에서 시작되었다. 한나라 시대에 축국은 두 팀과 각각 여섯 명의 선수 그리고 한 명의 심판으로 구성되었다. 경기 규칙은 상대방 골대 안에 공을 차 넣은 횟수로 승부를 가르는 것이었으나,

축국(상희의 「선종행락도」)

당시의 골대는 땅에 파 놓은 구멍이었으며 양끝에 각각 여섯 개의 구멍이 있었다. 공은 지금처럼 속이 빈 것이 아니었다.

축국의 전성기는 송나라 때로, 선수는 16명까지 추가할 수 있고 골대는 팀당 한 개로 바뀌었으며 그 크기도 오늘날 농구 골대 높이만큼 높아졌다. 그 당시에는 공연 성격의 새로운 경기법이 추가되기도 했다. 즉 누가 공을 멋지게 차는지, 누가 더 어려운 동작을 소화하는지를 즐긴 것이다. 아마도 오늘날 화려한 발기술을 선보이는 제기차기 놀이와 비슷하지 않을까 싶다. 이처럼 당시에는 '화합'을 중시하는 사회 분위기에 부합하여 대결보다는 내용 중심의 경기 방식이 인기를 끌었다.

송나라 시대에는 오늘날 프로축구 클럽과 비슷한 형식의 축국 선수와 전문 구단이 있었다. 당시 최고 수준의 유명한 구단은 '제운사齊雲社'로 전국대회를 개최할 권한을 갖고 있었으며 단가團歌까지 갖춰져 있었다. 또한 전국 대도시마다 지부가 있었는데 그중에서 임안(항저우) 지부의 실력이 가장 출중했다. 제운사에 소속된 선수들은 다른 지역에서 개인적으로 경기에 출전할 수 있었다. 축국 선수는 실력에 따라 등급이 나뉘었는데 등급이 가장 높은 선수를 교위校尉라 했으며, 여자 선수가 이 등급에 들면 여교위라 불렸다. 1000년 전 사람들은 이토록 축국을 좋아하여 상업적인 운영 방식을 갖추고 있었다니, 오늘의 우리는 자괴감을 맛보지 않을 수 없다. 그래서 "고구高俅[24]가 떠난 후로 중국 축구는 800년 동안 추락해왔다"며 자조 섞인 말을 하는 사람도 있다.

---

[24] 축국을 잘해 송나라 휘종의 총애를 받았던 관료.

17

옛날 사람들은
몇 살까지 살았을까?

옛날 사람들은 평균수명이 길었을 거라고 생각하는 사람들이 적지 않다. 과거에는 환경오염도 없고 먹을거리도 친환경적이고 안전했으니 마땅히 장수하지 않았겠느냐는 생각이다. 인터넷에서 장수를 누린 인물을 찾아보면 4000년 전 800세까지 살았다는 팽조彭祖가 가장 많이 노출된다. 800년이라는 수치를 어떻게 받아들여야 할까? 당시에는 '화갑花甲 나이 계산법'을 사용하여 60일을 1년으로 계산했다는 설이 합리적인 해석으로 들린다. 그렇다면 800세는 130세에 해당한다. 물론 130세라는 나이도 꽤 놀랍기는 하지만 노력하면 가능할 것 같다.

그렇다면 일반적인 상황에서 옛사람들은 몇 살까지 살 수 있었을까? 학자인 린완샤오林萬孝는 「역대 중국인의 평균수명과 기대수명」이라는 글에서 옛날 사람들의 평균수명을 산출했다. 그 결과 선진 시기 18세, 한대 22세, 당대 27세, 송대 30세, 청대 33세로 나타났다. 두보가 "예로부터 칠십 년 넘게 산 사람은 드물다人生七十古來稀"라고 했는데 사실은 30세를 넘기기도 쉽지 않았던 것이다.

왜 이렇게 수명이 짧았을까? 첫째는 현저히 높은 영유아 사망률이 평균수명을 깎아내렸다. 건륭황제는 아들을 18명이나 두었으나 그중 7명은 8세 전에 죽었다. 황실 사정이 이 정도이니 양육 환경이 안 좋은 서민 가정에서는 일찍 죽는 자녀가 훨씬 많았을 터. 당연히 평균수명이 낮을 수밖에 없다. 우리 집 크기가 200제곱미터인데 옆집 왕씨네 집이 20제곱미터라면 두 집의 평균 주택 면적은 110제곱미터밖에 안 되는 것과 같은 이치다. 인구학의 콜-드메니 모형Coale-Demeny Model 생명표에 따르면 평균수명이 30세인 사회에서는 10세 이전에 사망하는 인구가 40퍼센트나 된다. 결국 옛사람들에게 10세란 인생의 문턱으로, 이 문턱을 넘고 나면 가늘고 길게 살 수 있다. 즉 요절하지 않으면 대략 40~50세까지 살 수 있다. 산시성 린퉁臨潼현 신평新豊진에 위치한 진秦나라 묘지에 대한 고고학 연구를 진행한 결과, 연령이 확인된 200구의 유해 가운데 장년층인 24~35세에 사망한 유해가 39구, 중년층인 36~59세에 사망한 유해가 73구였고, 60세를 넘긴 유해도 29구나 되었다. 옛날에는 아이가 죽으면 성인과 함께 묻지 않았기 때문에 이 고분에는 미성년자의 유해가 없었다.

옛날 사람들의 수명이 짧았던 두 번째 이유는 제명에 죽지 못한 이가 많았기 때문이다. 성인이 된 백성은 숱한 고난을 맞아야 했는데, 그중 하나가 잦은 전란이었다. 다섯 이민족이 중원을 혼란케 한 위·진 시대, 몽골족이 중원을 차지하던 송말·원초 시대, 태평천국 운동이 발발한 청나라 말기에 중국인 평균수명은 최하 수준이었다. 게다가 자연재해로 인한 기근 역시 많은 사람을 굶어죽게 했다.

수명에 영향을 끼친 마지막 요소는 열악한 의료 여건이다. 옛날에는 병을 치료하는 데 막대한 비용이 들었다. 『홍루몽』에 보면 의사의 1회 왕진비는 서민의 한 달 수입 중 절반에 해당하는 은화 두 냥이다. 약값은 별도였다. 재산 많은 고관대작이 아닌 바에야 일반 민중은 진찰조차 받기 힘들었다고 할 수 있다. 물론 당시에도 무상 진료를 해주는 자선기관이 있기는 했지만 거의 대도시에 있었으며 치료 효과도 한계가 있었다. "작은 병은 견디고 큰 병은 죽기를 기다린다"는 말은 옛 중국의 보편적인 의료 현실을 대변한다. 라오서老舍의 소설 『낙타 샹즈駱駝祥子』(1936)에서 주인공 샹즈는 난산으로 고통스러워하는 아내 후뉴를 위해 의사를 모시러 갔지만 진료비를 감당할 수 없어 결국 후뉴가 죽어가는 것을 지켜볼 수밖에 없었다. 재산이 많아서 의사에게 진료를 받을 수 있다 해도 치료를 보장받을 수는 없었다. 당시에는 의료 기술이 발달하지 않아서 '돌팔이가 사람 잡는' 일들이 심심치 않았기 때문이다. 현대 의학(서양의학)이 들어오기 전까지 질병에 의한 사망률은 무척 높아서 유행성 감기에 걸려 죽는 경우도 많았다. 오늘날 쉽게 고칠 수 있는 티푸스, 말라리아, 폐결핵 같은 병은 치명적이었다. 폐결핵은 '폐로肺癆'라 불렸는데, 『홍루몽』의 여주인공 임대옥이 이 병에 걸려 죽었다는 분석도 있다. 청나라 때는 천연두로 사망하는 사람도 많아서 황제가 태자를 정할 때 천연두를 앓았는지를 따져 면역 여부를 살피기도 했다. 옛날에는 개에게 물려도 병균에 감염되어 생명을 잃는 경우가 많았으며, 광견병에 걸린 개에게 물렸다면 죽음을 면키 어려웠다.

2부
음식

옛날 사람들은
하루에 몇 끼를 먹었을까?

학생이든 직장인이든 하루 세 끼는 현대인 식사의 표준이다. 그렇다면 옛날 사람들은 하루에 몇 끼를 먹었을까?

채집과 수렵으로 식량을 구하던 원시 시대에는 에너지 공급 구조가 불안정했기 때문에 하루에 몇 끼를 먹는다는 규정 따위는 없었다. 먹을 것이 풍부할 때는 배 터지도록 먹고 먹을 것이 부족할 때는 쫄쫄 굶어야 했을 것이다. 드라마 「사랑하는 우리 집」에서 여기저기 떠돌면서 아무 데서나 먹고 자는 부랑자는 자기의 위장에 대해 이렇게 말했다. "이게 바로 우리 업계 사람들의 특징이야. 먹을 게 있으면 싹 다 먹어치우고 먹을 게 없으면 버티는 거지. 한 끼를 먹기 전후로 사나흘은 굶어도 돼. 위장이 이 정도는 돼야지." 추측하건대 고대인의 위도 이와 비슷했을 것이다.

규칙적인 식사는 에너지 공급 구조가 상대적으로 안정된 농경 사회에 접어들면서부터였다. 초기에는 하루 세 끼가 아닌 두 끼로, 중국 최초의 문헌 기록인 갑골문을 보면 상나라 때 사람들이 하루 두 끼를 먹었다는 사실을 알 수 있다. 당시에는 하루 시간대는 단旦, 대식大食, 대채大采, 중일中日, 측昃, 소식小食, 소채小采, 석夕의 순서로 구분되었다. 이 여덟 단위의 시간대는 24시간을 균등하게 나눈 것이 아니라 사람의 일과 휴식 활동에 따라 구간을 나눈 것으로, 그 명칭 또한 인간이 그 시간대에 주로 하는 활동을 나타내고 있다. 예컨대 가장 긴 시간대인 '석'은 밤 시간을 통틀어 일컫는 말로, 사람이 잠을 자는 시간을 뜻한다. '단'은 아침에 일어나는 시간대로, 동틀 무렵인 오전 5~7시 정도다. '대식'과 '소식'이 밥 먹는 시간이라는 것은 쉽게 짐작할 수 있을 텐데, 학계 분석에 따르면 아침 8시 무렵이 대식이고 오후 4시 무렵이 소식이다. 다시 말해 상나라 때 사람들은 아침에 한 끼 먹고 오후에 나머지한 끼 먹는 패턴이었다.

하루 24시간을 열두 개의 시간대, 즉 12시진時辰 계산법으로 균등하게 나누기 시작한 것은 서주西周 시대였다. 그리고 옛사람들이 하루 두 끼를 챙겨먹는 시간은 12시진 가운데 '식시食時'와 '포시晡時'로, 각각 아침 7~9시와 오후 3~5시 사이다. 12지지地支에 대응하면 식시는 진시辰時이고 포시는 신시申時에 해당한다.

주희朱熹는 『사서집주四書集注』에서 "아침밥을 옹饔이라 하고 저녁밥을 손飱이라 한다"고 했다. 하루 두 끼를 계속 먹지 못했다는 뜻으로 곤궁한 생활을 표현하는 사자성어 '옹손불계饔飱不繼'가 바로 여기에서 비롯되었다.

선진 시대에 고착된 하루 두 끼 전통은 당나라 때 변화를 맞았다. 아침과 저녁 두 끼 사이, 즉 정오 무렵에 점심點心 한 끼가 추가된 것이다. 과거에 비해 낮 활동이 늘어나면서 기존 두 끼 사이에 배고픔을 느끼게 되었기 때문일 것이다. 중국 남부의 일부 지역에서는 아직까지도 '점심點心을 먹는다'라고 말하는데[1] 이는 옛사람들의 표현법을 이어받은 것이다. 남부 지역뿐 아니라 한국에서도 '점심'이라는 용어를 사용한다. 한 가지 짚고 넘어가야 할 점은, 당나라 때 점심은 대개 양반이나 부유층의 전유물이었으며 서민은 여전히 하루 두 끼만 먹었다는 사실이다.

송대에 들어 상품 경제가 발전하고 도시가 유례없는 번영을 구가하면서 사람들의 삶은 더욱 바빠졌고, 그에 따라 점심식사의 필요성도 높아졌다. 이러한 배경을 토대로 일부 학자는 하루 세 끼 먹는 문화가 송나라 때 보편화되었다고 주장한다. '보편화'라는 표현은 약간 과장된 것이겠으나 그전보다 널리 확대되었다는 것은 사실이다. 당시에 야시장이 형성되어 밤에 야식을 즐기는 문화도 생겨났기 때문이다. 그렇다면 하루에 네 끼를 먹는 사람들도 있었다는 말이 되는데, 이는 어디까지나 큰 도시에서나 가능한 특별 케이스로 봐야 할 것이다. 어쨌든 송나라에서는 하루에 몇 끼를 먹는지가 부와 사회적 지위의 상징이었다.

명나라 때 강남 지역에서는 삼시 세끼가 보편화되었고, 청나라 때 한족은 대부분 세 끼 먹는 풍토였던 반면 지배층인 만주족은 여전히 하루 두 끼의 전통을 지켰다. 강희제가 대신에게 쓴 주비朱批[2]에 이런 내용이 있다. "그대들 한족은 하루에 세 끼니를 먹고 밤에 또 술을 마신다. 짐은 하루에 두 끼니를 먹는다. 과거에 변방에서 전쟁에 나설 때는 하루에 한 끼니만 먹었다." 이 말에서 하루에 몇 끼니를 먹느냐는 민족의 습관이나 가치관과 관련되어 있다는 사실을 알 수 있다.

---

1 오늘날 중국에서는 '점심'이라는 표현 대신 '오반午飯' 또는 '오찬午餐'이라고 한다.
2 지방 관리가 올린 상주문에 황제가 붉은 먹으로 쓰는 지시글.

02

옛날 '찐빵'은
어떤 빵일까?

『수호전水滸傳』 속 인물인 무대랑武大郎의 직업은 취빙炊餅 장수다. 그가 팔던 취빙은 오늘날의 사오빙燒餅[3]일 거라고 여기는 사람이 많은 것 같다. 심지어 '무대랑'을 사오빙의 상표로 등록한 업체도 있다. 하지만 이것은 무대랑과 취빙에 대한 오해, 더 나아가 역사에 대한 오해에서 비롯된 것이다. 결론부터 말하자면 무대랑이 팔던 취빙은 사오빙이 아니다.

중국에서는 오래전부터 밀가루 음식을 먹었으며 그중에서도 가장 흔한 조리 음식이 빙餅이었기 때문에 옛날에는 거의 모든 밀가루 음식을 '빙'이라 칭하기도 했다. 한나라 때의 대표적인 빙은 후빙胡餅으로, 밀가루로 만든 빵 위에 깨를 뿌리고 불에 구워서 먹었다. 당시에는 깨를 후마胡麻라 했기 때문에 '후마빙'이라는 별칭으로 불리기도 했다. 사실 후빙이야말로 요즘의 사오빙과 비슷한 것으로, 정확히 말하자면 오늘날

---

3   밀가루 빵을 넓적하고 얇게 만들어 약한 불에 구운 것.

96

의 난4과 유사하다. 후빙은 서역의 호인胡人들의 음식이 한나라 때 중원으로 전해진 것이니, '서양에서 수입된' 식품인 셈이다. 『태평어람太平御覽』에는 『속한서續漢書』의 기록을 인용하여 한나라 영제靈帝가 후빙을 특히 즐겨 먹었다는 기록이 있다. 더욱이 영제는 유행에 민감하여 북방의 호인들이 가져온 새로운 문물이라면 먹는 것이든 쓰는 것이든 다 좋아했다. 당나라에 이르러 후빙은 더욱 널리 전파되어 누구나 좋아하는 먹을거리가 되었다. 백거이白居易도 "후마빙이라는 음식을 장안에서 알게 되었는데, 빵이 바삭하고 기름 냄새가 고소한 것이 방금 화로에서 나왔구나"라며 후빙을 예찬하는 시 「기호병여양만주寄胡餅與楊萬州」를 썼다. 『당어림唐語林』에는 특이한 조리법의 후빙이 소개되기도 했다. 이것은 빵 위에 양고기 한 근을 층층이 깔고 빵과 빵 사이에는 고추와 더우츠豆豉(발효하여 건조한 콩)를 넣은 다음 빵 표면에 버터를 발라 화덕에 넣었다가 반 정도 익으면 꺼내 먹는다. 이런 조리법은 요즘의 피자와 매우 비슷하다.

옛날 밀가루 음식 중에는 탕빙湯餅이라는 것도 있었다. 이름에 '탕湯'이 들어간 것으로 보아 끓인 음식이었을 것으로 보이는데, 아마도 국수 비슷한 게 아닐까 싶다. 정빙烝餅이라는 음식은 말 그대로 밀가루 반죽 덩어리를 발효하여 찐 것으로, 조리법이 오늘날의 만터우饅頭(소를 넣지 않고 찐 밀가루 빵)와 유사하다. 정빙은 선진 시대부터 서민들이 흔히 먹는 음식이었는데 송나라 4대 황제의 이름인 자오전趙禎의 '전'과 정빙의 '정' 발음이 비슷하다는 이유로 명칭을 '춰빙'으로 바꿨다. 옛날에는 신

---

4 발효시킨 밀가루 반죽을 진흙 화덕에 넣어 구운 빵.

분이 높은 사람의 이름을 부르는 것을 금기시했기 때문에 감히 황제의 이름과 같은 발음의 빵 덩어리는 개명을 면치 못했던 것이다. 이제야 맨 처음 제기한 취빙에 대한 오해가 풀렸다. 무대랑이 팔던 취빙은 사오빙이 아니라 오늘날 만터우와 비슷한 정빙이었다.

옛날을 배경으로 한 소설을 보면 만터우라는 밀가루 음식이 자주 등장하는데, 이 만터우는 정빙과 같은 것일까? 그렇지 않다. 옛날의 만터우는 빵 안에 고기로 만든 소가 담긴 것으로, 남송의 『몽양록夢粱錄』에는 도성인 임안성臨安城에서 양고기 만터우, 달달하게 조린 고기 만터우, 생선살 만터우, 게살 만터우 등을 팔았다는 기록이 있다. 명나라 때 송후宋詡가 쓴 요리서 『송씨양생부宋氏養生部』에도 만터우에는 소를 넣고 정빙에는 소를 넣지 않는다고 소개하고 있다. 송나라 때 만터우는 오늘날의 바오쯔包子(둥글고 피가 두꺼운 만두)에 좀더 가까웠던 것이다. 청나라 때부터는 소의 유무에 따라 명칭이 달라졌다. 중국 북부에서는 소가 없는 것을 만터우, 소가 있는 것을 바오쯔라 했고, 남부에서는 여전히 소가 있는 것을 만터우라 불렀다.

초창기에는 만터우를 사람 머리 모양으로 빚어 제사상에 올렸다. 이는 조상이나 신에게 제를 올릴 때 실제 사람의 머리를 바치던 원시 사회의 인수제人首祭 풍습에서 유래한 것으로, 문명화되면서 만터우를 사람 머리와 비슷한 모양으로 빚어 바치게 된 것이다. 만터우의 최초 고안자가 제갈량諸葛亮이라는 설도 있다. 제갈량이 서남부의 남만 지역으로 출정하여 승리를 거두고 귀환하던 중 노수瀘水를 건너려는데 풍랑이 심해서 대기할 수밖에 없었다. 그러는 동안 습한 날씨로 인해 장독瘴毒에 걸린 병사들이 늘기 시작했다. 지역 주민에게 병을 치료하고 강을 건널 방법에 대해 물어보자 남만족 사람 49명의 머리를 제물로 바쳐 노수의 신을 달래야 한다고 했다. 제갈량은 이제 전쟁을 막 끝내고 백성의 삶이 도탄에 빠져 있는 터에 더 이상 남만족을 죽일 순 없다고 판단했다. 대신 반죽한 밀가루에 잘게 다진 소와 양의 고기를 넣고 사람 머리 모양으로 빚어 찜통에 찌도록 한 뒤, 만족 사람의 머리라는 뜻으로 '만터우蠻頭'라는 이름을 붙였다. 이 음식으로 강변에서 제사를 지낸 뒤 제갈량의 군사는 무사히 강을 건널 수 있었다고 한다. 훗날 '만족의 머리'라는 이름이 너무 폭력적이라고 생각되어 '만'자를 '만두 만饅'자로 바꾸었다. 이 일화는 너무 신화적이어서 신빙성이 떨어지기는 하지만 만터우의 출현이 고대의 제사 활동과 관련되었다는 사실만큼은 학계에서도 인정하고 있다. 전설을 다 믿을 수는 없어도 그 전설이 탄생한 역사적 배경은 알 수 있다.

03

옛날 사람들도
소고기를 자주 먹었을까?

　『수호전水滸傳』에 등장하는 양산의 호걸들은 소고기를 무척 좋아한다. 『수호전』 전권을 통틀어 소고기 먹는 장면 묘사가 48곳이라는 통계도 있는데, 그중에서도 무송武松이 경양강 언덕의 주막에 들어가 대화를 나누는 장면이 인상적이다.

주인장: 익힌 소고기밖에 없소.
무송: 안주하게 좋은 고기로 두세 근 잘라주시오.

　그렇다면 옛날 사람들은 실제로 소고기를 자주 먹었을까? 답은 '아니오'다. 농경사회에서 소는 중요한 노동력이자 운송 수단으로서 농가의 필수 자산이기 때문에 도살하여 먹는 행위가 금지되어 있었다. 중국의 모든 왕조에서도 소를 살생하지 못하는 법을 두었으며, 심지어 한나라 때는 소를 죽이는 행위를 살인과 맞먹는 죄로 여겨 사형에 처하기도 했다. 『회남자淮南子』에는 "소를 죽이는 것을 왕이 법으로 금했으니, 법을 어기고 소를 죽이는 자는 죽는다"라는 기록이 있다. 당나라 때에야 소를 죽이는 행위를 목숨으로 갚도록 하는 규정이 폐지되었으나 1년 반의 징역이나 강제노역 판결을 받았다.

이런 이유로 옛날 사람들은 소고기를 먹을 기회가 거의 없었는데, 『수호전』의 영웅호걸들은 어떻게 줄창 소고기를 먹을 수 있었을까? 첫째, 그들은 늙어 죽었거나 병들어 죽은 소 또는 특별한 이유로 죽은 소를 먹었을 것이다. 물론 정부의 허가는 필요했다. 둘째, 『수호전』에서 소고기를 파는 곳은 대부분 도성에서 멀리 떨어진 교외의 불법 객점이다. 이런 곳은 정부의 관리 감독이 미치지 못하며 몰래 소고기를 팔아도 간섭할 자가 없었다. 이 밖에 양산박을 거점으로 한 영웅호걸들은 대부분 정부에 반기를 든 자들로, 저자는 소고기를 먹는 장면을 통해 그들의 저항 정신을 강조하고자 한 것으로 보인다. 왜냐하면 『수호전』에는 원나라 잡극에서 가져온 이야기가 많은데, 원본 잡극에서 양산의 호걸들이 먹은 고기는 소고기가 아니기 때문이다. 예컨대 원나라 잡극 『흑선풍쌍헌공黑旋風雙獻功』에서 이규李逵가 먹은 것은 '양고기 국밥 한 솥'이었고 몇몇 잡극에서 노지심魯智深이 먹은 것도 양고기다. 이런 사실에 비춰볼 때 『수호전』의 작가인 시내암施耐庵은 양고기 대신 정부가 관리하는 소를 먹는 장면을 통해 양산 호걸들의 기상을 드러냈음을 짐작할 수 있다. 즉 "모든 반란에는 이유가 있고, 한번 반대한 것은 끝까지 반대한다"는 저항 정신을 상징하는 장면이다.

이보다 더 중요한 것은 정부가 금지했다고 해서 민간에서 소고기를 먹는 행위가 완전히 없었던 건 아니라는 사실이다. 오늘날 야생동물을 잡는 행위는 불법이지만 곰발바닥 등의 요리를 먹기 위해 위험을 무릅

쓰고 사냥하는 자들이 있는 것처럼 말이다. "혀 위의 중국"이라는 말이 있듯, 먹기 위해서라면 못할 것이 없다! 나라가 소고기를 금지한 탓에 시중에서 소고기를 구하기 어려울 수밖에 없고, 구하기 어려운 만큼 소고기 값은 다른 육류보다 훨씬 비쌌다. 당연히 폭리를 취하기 위해 은밀히 소를 죽이는 일이 끊이지 않았다. 송나라 때 소고기 한 근 값이 100전이었는데, 지금의 구매력으로 환산하면 180위안(약 3만 원) 정도다. 돈이 되는 일에는 위험을 감수하고 달려드는 이들이 있기 마련이며, 그것이 옛날 사람들이 소고기 구경을 할 수 있는 원천인 셈이다.

송 진종 때 저장성 지역에서 농사용 소를 몰래 도살하는 일이 자주 발생하자 공종민孔宗閔이라는 관료가 "저장 지역에서 소고기를 최고로 치니 나쁜 무리들이 앞을 다투어 도살합니다"라는 내용의 상소를 올렸다. 이에 크게 놀란 진종이 엄하게 처벌하도록 명했고, 전국적으로 '소고기 취식 강력 단속'을 전개했으나 별다른 성과도 없이 단속을 접어야 했다. "소고기를 먹는 사람이 너무 많아서 그들을 전부 잡아들인다면 송나라의 감옥이 부족할 지경"이라는 상소가 올라왔기 때문이다. 뾰족한 수가 없었던 진종도 결국 손을 떼고 말았다. 먹고 싶으면 먹으라고 하시오!

같은 송나라 때 산둥성 내주萊州 지역의 한 관료의 대응은 좀더 '진보적'이다. "소고기를 먹는 것을 허하노라, 대신 세금을 내라!" 소고기를 잡아먹는 자들이 하도 많아서 아예 소고기 섭취세를 걷은 것이다. 소고기 시장이 개방되어 민중의 식탁은 풍성해지고 지방정부의 곳간도 두둑해졌으니 그야말로 일거양득이다. 상업을 중시한 왕조답게 경제적 지렛대를 제대로 활용한 셈이다. 하지만 농업사회에서 소고기 소비가 지나치면 농업경제에 미치는 타격이 심각할 수밖에 없고, 최종적으로는 전통 경제의 기반이 무너지게 마련이다. 결국 정부의 소고기 섭취세 정책은 강한 반발에 부딪쳤고 소고기 섭취를 강력히 단속하기 시작했으나 그 성과는 미미했다. 그러고 보면 옛날에는 소가죽 불기吹牛(허풍 떨기)는 대단치 않았어도 소 먹기吃牛는 대단했던 것 같다.

04

옛날 사람들은
어떤 채소를 먹었을까?

과거로 시간여행을 떠나 옛사람들이 먹는 채소들을 본다면 "이런 것
도 먹었다고?" 하며 깜짝 놀랄 것이다. 우선 '행채荇菜(노랑어리연꽃)라는
풀은 들어본 적 있을 것이다. 이 풀은 그 유명한 『시경』의 첫 시 「관저關
雎」에 등장한다.[5] 오늘날에는 연못에서 흔히 볼 수 있는 부엽식물이지만
선진 시대에는 몸의 열을 내리고 소변이 잘 나오게 하는 꽤 귀한 식물
이었던 모양이다. 애타게 찾지만 얻을 수 없으니 성화가 날 법도 하다.

한나라 때는 규채葵菜, 부추, 곽향藿香, 염교, 파를 묶어 오채五菜라고
했다. 오늘날 우리가 알 만한 건 고작 부추와 파 정도겠지만 당시에 가
장 널리 먹었던 채소는 규채, 즉 아욱이었다. 「십오종군정十五從軍征」이라
는 악부시樂府詩에도 "아욱을 캐어 국을 끓이네"라는 구절이 있다. 봉葑
과 비菲 역시 옛날에 흔히 먹던 채소로 『시경』에 "채봉채비采葑采菲"(「패풍
邶風·곡풍谷風」)라는 구절이 있다. '봉'은 순무를 뜻하는데, 나의 고향인

---

5 "들쭉날쭉한 행채를 이리저리 헤치며 찾네. 요조숙녀를 자나 깨나 찾네. 원하는데도 얻지 못
하니 자나 깨나 생각하네."

둥베이 지역에서는 '제차이거다芥菜疙瘩'라고 불리며 주로 소금에 절여 먹는다. 러시아 발음을 빌려 '부류커佈留克'라고도 하는데, 발음은 같지만 뜻이 다른 한자를 써서 '부류커不留客(손님을 보내다)"라고도 한다. 그래서 우리 고향에서 손님에게 부류커를 대접하는 것은 이제 그만 가달라는 신호로 통한다. 그럼 '비'라는 채소는 무엇일까? 뭔가 대단한 종류인가 싶겠지만 우리가 흔히 먹는 무를 뜻한다. 배추도 옛날 사람들이 즐겨 먹었던 채소다. 하지만 그들이 먹던 배추는 '쑹菘'이라 불리는 청경채 같은 것이었으며, 명·청 시대에 들어서야 오늘날 우리가 먹는 배추로 개량되었다.

지금 우리가 먹는 대부분의 채소는 실크로드가 열린 후 서역에서 들여온 것이다. 예컨대 이란에서는 오이(당시의 이름은 호과胡瓜)가, 네팔에서는 시금치가, 인도에서는 가지가 전해졌다. 그 결과 당나라 때는 풍성한 채소가 식탁에 올랐다. 명나라 때는 유럽인이 항로를 개척하고 아메리카 대륙을 발견하면서 감자, 고구마(판수番薯), 토마토(판체番茄), 호박(판과番瓜) 등의 여러 채소가 들어왔다. 쓰촨식 요리의 핵심인 고추역시 이 무렵 아메리카 대륙에서 건너온 것이다. 당시에는 외국을 '번番'(판)이라 부르는 관습이 있었기 때문에 요즘 우리가 먹는 채소와 과일에 '판'이 붙은 것은 대부분 명·청 시대에 수입된 품종이다. 반면 당나라 때는 외국을 '호胡'(후)라고 불렀기 때문에 '후'가 붙은 채소는 당나라 시대에 들어온 것이다. 이렇듯 '판'과 '후'라는 이름에서 중화주의 사상을 엿볼 수 있다.[6] 이렇듯 사소한 채소의 명칭에도 역사적 배경이

---

6 당대에 '판'과 '후'는 오랑캐를 표현하는 용어였다.

숨어 있다.

　외래 작물 가운데 중국의 역사 발전에 가장 큰 영향을 끼친 것은 명·청 시대에 수입된 옥수수와 고구마다. 둥베이 지역에서는 옥수수와 고구마를 각각 바오미苞米와 디과地瓜라고 하는데, 중국에 들어와 재배된 후 거의 주식으로 자리 잡았기 때문에 채소로 간주되지 않는다. 두 작물의 가장 큰 장점은 환경 적응력이 강해서 아무 땅에서나 잘 자란다는 것이다. 척박한 산지나 구릉의 비탈진 밭에서도 재배가 가능하기 때문에 전통적인 주식인 쌀이나 보리 등을 경작하는 땅과 경쟁할 필요도 없다. 강희·건륭의 태평성세에 중국의 인구가 빠르게 증가하자 여러 문제가 발생했는데 그중 가장 심각한 것은 식량 부족이었다. 이 문제를 해결하기 위해 건륭제 치세에 세금 감면을 비롯한 여러 우대 정책을 제시하여 황무지 개간을 장려했으며, 개간한 땅에는 옥수수와 고구마 같은 생산성 높은 작물을 재배하도록 했다.

　건륭제 당시 옥수수와 고구마 재배가 확산되자 중국의 인구가 폭발적으로 늘기 시작하여 농경 문명의 최고 수준인 4억 명에 달했다. 홍콩 과학기술대학 역사학 교수인 제임스 쿵은 다각적인 자료 분석을 통해 다음과 같은 결과를 발표했다. "1776년부터 1910년 사이 중국인이 먹은 식량 중 옥수수의 비중은 14.12퍼센트다. 16세기 초부터 20세기 초까지 중국 식량 증가분의 55퍼센트는 이 세 가지 새로운 작물(옥수수, 고구마, 감자) 덕분이었다." 4억 명의 근대 중국인은 이역만리에서 온 고구마와 옥수수에 진심으로 감사해야 할 것이다.

옛날 사람들은
언제부터 볶음 요리를 먹기 시작했을까?

볶음은 중국의 가장 중요하고도 전통적인 조리법이다. 중국 요리 중약 80퍼센트가 볶음 요리라는 통계도 있고, 외국에서는 "중국 요리가다양한 것은 볶음 덕분이다"라고 말할 정도다. 그러나 중국 음식의 역사에서 볶음 요리는 비교적 최근에 등장했으며, 더욱이 중화요리의 왕좌를 차지한 지는 불과 300~400년밖에 안 된다.

중국 최초의 음식 조리법은 끓이기와 굽기다. 비교적 단순한 이 방식이 당나라 때까지 주류를 차지했다. 그렇다고 해서 양 한 마리를 통째로 굽는 단순하고 무식한 방법을 떠올리지 않기를 바란다. 옛사람들이 식재료를 구울 때 얼마나 신경을 썼는지 요즘 사람들은 상상조차할 수 없을 것이다. 예컨대 당나라 때 도읍에는 '혼양단홀渾羊段忽'이라는 훌륭한 요리가 있었는데 조리 과정이 매우 복잡하다. 거위 한 마리를 잡아 뱃속에 찹쌀과 각종 조미료를 채워 넣고 이것을 다시 양의 뱃속에 넣어 실로 꿰맨 후 불 위에서 통구이를 거쳐야 한다. 양고기가 익으면 뱃속의 거위 고기를 꺼내어 먹는다.

한나라 주방도廚房圖 「화상전畫像磚」 탁본(청두박물관 소장)

지금까지 전해 내려오는 당나라 때의 메뉴판 하나가 있다. 그 유명한 소미연燒尾宴[7]의 음식 목록을 보면 오늘날 대하구이와 비슷한 광명하적光明蝦炙(당나라 때는 굽는 조리법을 '적炙'이라 했다)이라는 요리를 비롯해 메추라기구이, 양설구이, 사슴구이 등 다양한 구이 요리가 열거된 것을 보면 구이 요리가 으뜸이었음을 알 수 있다.

고대에 처음 시작된 음식 전통은 각종 국물 요리를 탄생시킨 끓이기

---

7 승진을 하거나 과거에 급제한 이를 위해 벌이는 성대한 잔치.

다. 오늘날까지도 광둥 지역 사람들은 국물 요리를 선호한다. 육고기나 생선을 얇게 저며서 조리하는 '회膾' 요리도 고대부터 이어진 것인데, 당나라 때는 날것으로 썰어 먹는 생선 요리를 회라고 불렀다. 오늘날 일본인들이 즐겨 먹는 스시는 당나라의 영향이 아닐까 싶다. 잘게 썬 생선을 구워 먹기도 했는데, 바로 여기에서 '인구에 회자하다膾炙人口'라는 말이 나왔다.

볶음 요리에 관한 최초의 기록은 남북조 때 편찬된 『제민요술齊民要術』로, 당나라 이전부터 볶음 요리가 있었음을 알 수 있다. 사료에 따르면 최초의 볶음 요리는 단순한 '달걀볶음'이다. 그러나 당시에는 볶음 방식이 그다지 널리 전파되지 않아서 달걀볶음이 대중의 식탁에 오르는 일은 거의 없었고, 송나라 때부터 서서히 볶음 요리가 유행하기 시작했다. 『동경몽화록東京夢華錄』에는 닭, 토끼, 양, 굴 그리고 동물의 콩팥을 재료로 한 볶음 요리가 기록되어 있다. 명·청 시대에 이르러 볶음 요리는 가장 널리 쓰이는 조리법이 되었고, 지금까지 그 전통이 이어지고 있다.

볶음 요리가 송나라 이후에 유행하게 된 이유는 무엇일까?

첫째, 송나라 후반에 철을 다루는 기술이 발달하면서 쇠솥이 만들어졌기 때문이다. 이후 원·명 시대에는 쇠솥을 얇게 만드는 기술 덕분에 볶음 요리가 제왕의 지위를 굳히게 되었다. 쇠솥 기술의 발달이 볶음 요리 유행의 전제 조건이었던 셈이다. 둘째, 볶음 요리에 없어서는 안 될 재료인 기름이 널리 보급된 덕분이다. 기름은 당나라 전까지만 해도 널리 유통되지 않았다. 동물성 기름은 조금 생산되었지만 그마저도 볶음 요리에는 쓰이지 않았다. 그러다가 당나라 때 식물성 기름이 보급되면서 볶음 요리법이 생겨나기 시작했으며, 명·청 시대에 식재료를 볶기에 적합한 북미산 땅콩기름이 중국 땅에 상륙함으로써 드디어 볶음 요리가 급부상하는 환경이 조성되었다. 셋째, 식재료의 다양화를 들 수 있다. 당나라 시대를 전후로 사람들은 육식을 최고의 메뉴로 여겼기 때문에 채소 요리 종류가 많지 않았다. 그러나 송나라 때부터 채소 요리를 맛있게 먹을 수 있는 조리법인 볶음이 발달하면서부터 이런저런 채소 재료를 활용한 다양한 볶음 요리가 생겨난 것이다. 넷째, 송나라 이후에 볶음 요리가 유행한 것은 육류의 부족과 연관이 있다. 특히 명·청 시대에 인구가 늘면서 일반 백성은 더욱 고기를 섭취할 기회가 적었다. 결국 적은 양의 고기에 채소를 넣어 함께 볶는 방식으로 음식 양을 늘리는 지혜를 발휘했다. 게다가 명·청 시대에 중국 북부 지역에는 연료가 부족해서 오랜 시간 열을 가해야 하는 구이, 찜, 끓이기가 적합하지 않았기 때문에 조리 시간이 짧은 볶음 요리가 인기를 얻었다.

종합해보면 고대에는 볶음 요리를 거의 먹지 않다가 송나라 이후에야 먹기 시작했다는 결론을 얻을 수 있다. 오늘날 광둥과 일본 지역이 상대적으로 다른 지방에 비해 볶음 요리가 적은 것은 옛날 중국의 조리 전통을 이었기 때문일지도 모른다. 과거로 시간여행을 하고 싶은 미식가라면 송나라 이전으로는 가지 않는 것이 좋다. 매일 국과 구이만 먹어야 할 테니까.

옛날 사람들은
어떤 식사 도구를 사용했을까?

2018년 글로벌 패션브랜드인 돌체앤가바나가 젓가락으로 음식을 먹는 광고 영상으로 수많은 중국 네티즌의 원성을 불러일으켰다. 중국에 대한 모욕으로 받아들여진 이 사건에 대한 언급은 접어두기로 하고, 젓가락 또는 포크와 나이프는 각기 다른 문명 환경에서 선택한 도구일 뿐 우열의 대상이 아니다.

현존하는 가장 오래된 젓가락은 허난河南성 안양安陽시의 은허殷墟 유적에서 출토된 청동저다.(옛날에는 젓가락을 '저箸'라고 했다.) 또한 『한비자韓非子』에는 "주왕이 상아로 만든 젓가락을 사용했다昔者紂爲象箸"라는 대목이 있다. 지금으로부터 3000여 년 전인 상나라 때 이미 젓가락이 사용되었음을 말해주는 기록이다. 그런데 중국인도 잘 모르는 사실이 있다. 중국에서 가장 처음 사용한 식사 도구는 젓가락이 아닌 포크와 나이프라는 것이다. 그 시기는 젓가락을 사용하던 때보다 훨씬 오래전으로, 적어도 1000년은 앞선다. 그도 그럴 것이 음식의 진화라는 관점에서 볼 때 인류 최초의 음식은 털과 피가 붙어 있는 상태의 고기였으

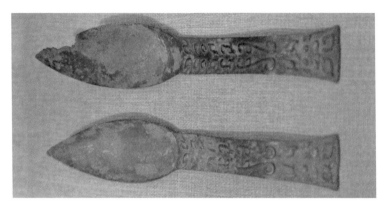

청동비(뤄양박물관 소장)

며, 문명사회 초기까지만 해도 깔끔하게 정리되지 않은 고깃덩이를 먹었으므로 포크와 나이프가 훨씬 적절했다.

중국인이 처음 사용한 나이프는 '비匕'라고 한다. 선진 시기의 유물 가운데 청동으로 제작된 비는 앞면이 납작하고 가운데가 약간 오목해서 고기를 자르는 용도 외에 숟가락으로도 쓸 수 있다. 이후 포크가 등장했다. 그 예로 중국 서북 지역에서 발견된 4000년 전의 제가齊家 문화8 유적에서 뼈로 만든 포크가 출토된 바 있다. 칼과 포크를 함께 사용하는 문화는 전국 시대까지 이어졌다.

젓가락은 상나라와 주나라 무렵에 등장했다. 주로 상류층과 귀족이 사용한 것을 보면 세심하게 손질된 음식을 먹었음을 알 수 있다. 조리 과정에서 이미 작게 조각을 내기 때문에 먹을 때는 칼과 포크 대신 젓가락으로 집어 입에 넣으면 그만이다. 더욱이 고대에는 높은 신분일수

---

8 중국 황허강 상류 지역에서 발견된 신석기 시대 말기부터 청동기 시대 초기의 문화.

록 손을 덜 쓰는 일에 종사했기 때문에 젓가락의 등장은 계급 분화와 음식 크기의 축소와 관련이 깊다.

주나라 때 중국 사회의 기본 예법이 정비되면서 날카로운 칼과 포크는 고상하지 못하다는 평가를 받는 반면 젓가락은 선진적인 문화를 상징하는 도구가 되어 주변 국가로부터 찬사를 받았다. 처음에는 상류층의 전유물이었으나 차차 일반 백성의 집안으로 파고들었다. 다만 민초들의 젓가락은 대부분 값싼 대나무 등으로 만들어졌다. 젓가락을 뜻하는 한자 '저箸'에 '대나무 죽竹'자가 포함된 것도 그런 까닭이다.

젓가락이 중국에서 전통적인 식사 도구로 자리 잡게 된 것은 농경 문화의 특징과 관련이 있다. 유목민의 주식은 칼과 포크가 필수인 육식이지만 농사를 짓는 지역에서는 곡식과 채소가 주식이기 때문에 국수나 쌀밥, 볶음 요리 모두 젓가락을 사용하는 편이 훨씬 편하다. 고대 유목 문화권에서도 젓가락을 쓰긴 했으나 큼직한 고깃덩이를 먹기에는 불편한 점을 느끼고 칼과 포크를 함께 사용하게 되었다. 문명의 융합에 따른 결과다.

그럼 서양에서는 어떤 식사 도구를 사용했을까? 오랫동안 서양인은 도구를 쓰지 않고 주로 손으로 음식을 먹었다. 부강하고 번성했던 로마 제국에서조차 귀족 사회에서는 침대에 기대어 손으로 음식을 집어 먹는 방식이 유행했다. 기독교 문화가 지배적이었던 중세 시대에도 종교적으로나 문화적으로 인정받은 식사법은 손을 사용하는 것이었다. 모든 음식은 신이 인간에게 베푸는 은총이므로 손으로 먹는 것이 신에게 경의를 표하는 자세며 도구를 쓰는 것은 교만과 무례라고 교회는 가르쳤다. 이러한 손 식사법에도 계급 간 차이가 있었다. 왕실과 귀족 계층은 음식을 먹을 때 세 손가락을 사용했고 평민은 다섯 손가락을 썼다. 인도에서는 지금까지도 손으로 음식을 먹는다. 아무래도 그들에게 훠 귀는 먹기에 곤란한 음식이다.

서양인이 포크와 나이프를 사용한 것은 언제부터일까? 역사학자들은 기원후 10세기 비잔티움 제국 시기에 포크가 널리 사용되기 시작했다고 한다. 파스타의 경우 국물이 흥건해서 손으로 먹으면 볼썽사나운 탓에 포크 날에 면을 감아 입 안에 쏙 넣는 방식이 고안되었다는 설도 있다. 그런가 하면 포크는 동양에서 서양으로 전해졌다고 보는 학자도 있다. 비잔티움 제국이 지리적으로 동서양 문명이 교차하는 지점에 있기 때문에 동양의 포크를 최초로 사용하게 되었다는 것이다.

07

옛날 사람들도 훠궈를 먹었을까?

훠궈火鍋는 중국인이 즐겨 먹는 음식이다. 창장강 이남과 이북, 만리장성의 안과 밖 어디든 중국인이 사는 곳이라면 훠궈가 있다. 훠궈의 종류는 다양하지만 무협지 식으로 표현하자면 크게 3대 문파로 나눌 수 있다. 북부 지역의 훠궈는 양고기 샤브샤브, 광둥의 훠궈는 차오산潮汕 소고기가 대표적이다. 그러나 절대 강자는 역시 쓰촨·충칭 지역의 훠궈다.

훠궈를 '끓인 물에 재료를 담가 데쳐서 먹는 음식'으로 정의한다면 중국에서 훠궈는 기나긴 역사를 자랑하는 음식이다. 일찍이 선진 시대부터 있었으니 말이다. 다만 당시에는 냄비가 아니라 솥鼎을 사용했으므로 '훠딩火鼎'이라고 불러야 정확하겠다. 한나라 때에는 내부가 여러 칸으로 나뉜 솥이 등장했는데, 요즘 아홉 칸으로 나뉜 구궁격九宮格 훠궈 냄비와 비슷한 형태다. 그 당시에는 재료를 살짝 담갔다가 먹는 방식이 아니라 끓는 물에 재료를 푹 익혀서 먹었다. 이런 조리법은 오늘날 둥베이 지역의 다궈둔大鍋燉에 가깝다.

구리로 만든 옛 훠궈 냄비(칭하이성박물관 소장)

냄비에 고기를 담갔다 먹는 훠궈는 송나라 때 시작되었으며 고기는 소고기나 양고기보다는 토끼고기를 애용했다. 여러 사람이 (위에 냄비를 걸어둔) 풍로 주위에 둘러앉아서 소금에 절인 토끼고기를 끓는 물에 살짝 담갔다가 건져 먹는 풍경을 떠올리면 된다. 고기 누린내를 덜기 위해 양념장을 찍어 먹기도 했다. 송나라 때 임홍林洪이 쓴 요리서인 『산가청공山家清供』에는 "솟구치니 맑은 강 위의 눈이요, 뒤집히니 저녁 놀이네"라는 시구로써 훠궈의 끓는 국물과 선홍빛 토끼고기를 묘사했다. 고상한 송나라 사람들은 토끼고기 훠궈에 '발하공撥霞供'(휘저은 노을 공물)이라는 별칭을 붙이기도 했다. 그야말로 색과 향과 맛을 종합적으로 표현한 문학적인 이름이다.

오늘날 끓는 물에 고기를 담갔다가 집어 먹는 방식의 휘궈를 제대로 정착시킨 이들은 몽골인이다. 평소에 그들은 양고기를 삶아 먹는 편인데 야외 원정을 떠나거나 전쟁을 치를 때는 요리하기가 여의치 않기 때문에 얇게 썬 고기를 끓는 물에 살짝 담갔다가 먹는 방식을 택했다. 중원을 정복하는 과정에서 이러한 방식이 내륙으로 전해졌으며, 뜨거운 김을 모락모락 피워 올리면 난방 효과도 주기 때문에 중국 북부 지역에서 특히 인기가 있었다.

청나라 시대를 연 만주족 역시 둥베이 지역 출신이라 뜨끈뜨끈한 휘궈를 즐겨 먹었다. 청나라에서는 노인들을 초대해 여러 차례 대규모 '천수연千壽宴'을 열었는데, 이 자리에는 황제가 즐겨 먹는 휘궈가 빠지지 않았다. 『청대궁정대연淸代宮廷大宴』의 「청수연」 기록에 따르면 건륭 황제 재위 50주년에 열린 천수연에서도 휘궈는 빠지지 않았다.

일등 연회석에는 탁자마다 휘궈 두 냄비, 얇게 썬 양고기 한 접시, 사슴꼬리와 구운 사슴고기 한 접시, 양 통구이 한 접시, 기타 육류 네 종류, 찐 밀가루 음식 한 접시, 화로에 구운 음식 한 접시, 우렁이 반찬 두 개, 흑단 두 개씩 차리고 별도로 채 썬 고기를 넣은 국밥을 낸다. 이등 연회석에는 (구리로 만든) 휘궈 두 냄비, 돼지고기 조각 한 접시, 얇게 썬 양고기 한 접시, 양고기 한 접시, 노루구이 한 접시, 찐 밀가루음식 한 접시, 화로에 구운 음식 한 접시, 우렁이 반찬 두 개, 흑단 두 개씩 차린다. 일등석과 마찬가지로 채 썬 고기를 넣은 국밥은 따로 준비한다.

1등급과 2등급으로 나뉘어 차려진 연회석의 가장 중요한 요리는 역시 훠궈였다. 이렇듯 황실에서 사랑받는 음식은 민간에서도 유행하기 마련인 법. 이후 도성의 저잣거리에서도 훠궈가 팔리기 시작했는데 주로 회교도가 운영하는 음식점에서 취급했다. 『구도백화舊都百話』에도 "양고기 냄비전골은 추운 겨울에 가장 많이 먹는 음식으로, 반드시 양고기 식당에서 먹어야 한다. 이 조리법은 북방 유목민족의 풍습에 연구가 더해져 발전했고 특별한 요리가 되었다"라는 기록이 담겨 있다. 광서 연간에 베이징에서 '동래순東來順'이라는 양고기집을 운영하던 자가 환관을 매수하여 궁중의 '양고기 샤브샤브' 요리법을 빼냈으며, 이때부터 도시의 유명 식당에서 양고기 샤브샤브가 팔리기 시작했다고 한다.

오늘날 중국 전역에서 인기몰이 중인 쓰촨·충칭식 훠궈는 북방식 훠궈보다 나중에 역사 무대에 등장했다. 이 훠궈는 맵고 얼얼한 마라麻辣 맛이 특징으로, 중국인이 고추를 먹은 지 200~300년밖에 안 되었으니 쓰촨·충칭식 훠궈의 역사는 이보다 길지 않을 것이다. 아마도 청나라 말기에서 중화민국으로 넘어가는 무렵에 시작된 것으로 추정된다. 창장강 연안의 항구 지대에서 비롯되었다는 점은 확실하지만 구체적인 지역에 대해서는 충칭설과 루저우瀘州설이 있다. 대체로는 충칭 차오톈먼朝天門 부둣가라는 설이 지배적이다. 이 지역은 원래 회교도들이 가축을 도살하던 지역으로, 도축하고 나서 버려진 내장을 가난한 사공이나 배 끄는 인부들이 주워 와서 냄비 안에 고추, 산초, 생강, 마늘, 소금 등의 조미료를 함께 넣어 끓여 먹었다. 이것이 바로 쓰촨·충칭식 훠궈의 시초다. 당시에 형편이 넉넉한 이들은 거의 먹지 않는 천엽, 오리창자 등 가축 내장을 끓여 먹었기 때문에 초기의 쓰촨·충칭식 훠궈는 영락없는 서민음식이었다.

옛날 사람들은
언제부터 고추를 먹기 시작했을까?

    세계에서 가장 먼저 고추를 먹은 민족은 아메리카 대륙의 인디언으로 알려져 있다. 옛날 중국인도 매운 음식을 좋아했지만 매운맛의 출발은 고추가 아니라 산초, 오수유, 생강 등이었다. 그중 오수유吳茱萸는 시인 왕유王維의 시 구절 "수유꽃 꽂으며 한 사람 비었다 하겠지遍揷茱萸少一人"에 등장하는 바로 그것이다. 매운맛을 내는 양념으로 가장 많이 사용된 것은 산초. 당나라 때는 요리 중 3분의 1 이상은 산초를 뿌릴 정도로 고대에는 매운맛의 왕이었다.

    고추가 전해진 것은 명나라 시대 후반이기 때문에 고대 중국인들은 고추를 맛보지 못했다. 어떤 중의학 의사가 웨이보에 "한나라 때 장중경張仲景[9]은 추위로 병을 얻는 사람들을 위해 자오쯔餃子를 개발하면서 고추도 소의 재료로 썼다"는 주장을 올렸는데, 황당무계한 헛소리다. 장중경이 명나라로 시간 이동을 하지 않았다면 말이다. 고추가 기록된 최

---

[9] '의학의 성인'이라 불리는 후한 시대의 의원.

초의 문헌은 명나라 만력萬曆 연간에 고염이 쓴 『준생팔전遵生八箋』이다. 학자들의 분석에 따르면 고추는 해상 실크로드를 통해 유입되었으며, 저장浙江 지역을 시작으로 후난湖南·윈난雲南·구이저우貴州를 거쳐 산시陝西와 산둥山東으로 전해졌다. 쓰촨 지역은 그보다 늦게 전파된 편으로, 고추가 들어오기 전까지는 산초가 매운맛을 담당했다. 산초는 얼얼한 맛이 좀더 강하지만 매운맛은 고추보다 덜하다. "쓰촨 사람들이 매운맛을 알게 된 지는 200년이지만 얼얼한 맛을 알게 된 지는 1000년이 넘는다"고들 하는데, 일리가 있다.

고추가 처음 중국에 들어왔을 때는 감상용 식물로 여겨졌다. 그야말로 자원 낭비가 아닐 수 없다. 그러다가 구이저우 사람들이 가장 먼저 고추를 식용으로 전환했다. 청나라 때 구이저우 지역은 교통이 불편하고 물자가 부족한 탓에 소금이 귀했다. 그래서 요리에 소금 대신 고추를 넣어 먹기 시작했고, 건륭 연간에는 구이저우 전역에서 고추가 사용되었다. 이런 식문화는 곧 윈난과 후난의 접경 지역으로 퍼졌다. 오늘날 매운맛의 고장이라 불리는 쓰촨에서 고추 요리가 탄생한 것은 청나라 후기, 즉 지금으로부터 불과 100여 년 전이다.

현재 중국은 전 세계에서 고추 생산량이 가장 많은 나라로, 세계 총 생산량의 절반이 넘는다. 중국에서 고추를 가장 많이 먹는 지역은 어디일까? 쓰촨일까? 정답이다. 역사지리학자인 란융藍勇의 통계에 따르면 중국 음식 가운데 매운맛 지수가 가장 높은 곳은 쓰촨·충칭 지역으로 151이나 된다. 두 번째로는 매운맛 지수가 59인 후난, 세 번째로는 29.2인 후베이, 가장 낮은 곳은 8.84인 광둥이다. 그런데 어째서 구이저우의 매운맛 지수는 빠졌는지 모르겠다. 내가 볼 때 구이저우 사람들도 쓰촨 사람 못지않게 매운 음식을 잘 먹는다. 라오간마老幹媽[10]가 그 증거다.

쓰촨 사람들이 매운 음식을 즐겨 먹는 이유는 기후와 관계가 있다. 중국의 지역별 매운맛 지수와 태양광 복사량을 나란히 비교해보면 매운맛 지수가 높은 지역은 연간 태양광 복사량이 110킬로칼로리 이하인 지역과 상당히 겹친다. 또한 이들 지역은 대체로 겨울철에 습하고 추운 기후라는 점을 알 수 있다. 즉 일조량이 적거나 겨울철에 춥고 습한 지역에 사는 사람들은 대체로 매운 음식을 좋아한다. 쓰촨이 바로 그런 지역이다.

고추를 가장 즐겨 먹는 지역은 쓰촨이지만 고추 생산량이 가장 많은 지역은 산둥이다. 중국에서 가장 매운 고추도 쓰촨에서 생산된 것이 아니라 하이난海南섬의 황덩룽黃燈籠 고추와 윈난성의 촨촨涮涮 고추다. 세계에서 가장 매운 고추는 중국산이 아니라 미국의 캐롤라이나 리퍼 페퍼로, 매운맛 지수가 중국 품종인 차오톈朝天의 100배가 넘는다. 날것으로 먹으면 그야말로 '생불여사生不如死'라는 말을 온전히 체험할 것이다. 절대로 도전하지 말길!

---

10 구이저우에서 생산되는 고추기름 브랜드.

09

옛날 사람들은
차를 어떻게 마셨을까?

중국 남부 지역에서는 차를 '마신다'라고 표현하지 않고 '먹는다'라고 한다. 민남어를 사용하는 푸젠 지역에서도 마찬가지다. 옛날의 표현을 그대로 이어받은 것으로 보인다.

타이완을 대표하는 가수 저우제룬周杰倫의 「할아버지가 우려주신 차」라는 노래에 이런 가사가 있다. "당나라 육우陸羽가 쓴 『다경茶經』세 권이 천 년을 내려왔다." 당나라 시대에 음다飮茶 문화가 성행했음을 단적으로 보여주는 사례다. 그러나 이전까지 차는 약재 또는 음식 종류로 여겨졌으며 음용법도 한약을 달이거나 탕을 끓이는 방식과 비슷했다.

당나라 때 음다 문화가 꽃피우게 된 데는 당시 유행한 선종 불교의 좌선 수행 방식과 밀접한 관련이 있다. 가부좌를 틀고 가만히 앉아 반나절가량 꿈쩍 않고 명상 수행을 하려면 체력이 많이 소모되는데 승려들은 차를 마심으로써 체력을 보충했다. 요즘 사람들이 즐겨 마시는 에너지 음료와 비슷하다고 보면 된다. 차를 '마신다'고 표현했지만 당시에는 오늘날 차를 마시는 방식과 달리 '먹는' 쪽에 가까웠다. 그런 관습 때문에 아직도 지방 곳곳에서는 '차를 먹는다'라고 표현하는 것이다.

1987년 산시성 푸펑扶風현의 법문사에서 당나라 때 궁궐에서 사용하던 다구가 출토되어 당시의 음다 방식을 복원할 수 있게 되었다. 기본적인 방식은 육우의 『다경』에 서술된 방식과 일치하며, 찻잎을 물에 우리지 않고 끓이거나 달여 먹었다. 그 과정은 대체로 굽기, 맷돌로 갈기, 체에 거르기, 물에 소금을 첨가하여 끓이기, 차 가루 넣기, 마시기의 여섯 단계로 요약된다. 우선 증기로 찐 찻잎을 빻아서 덩이(병餠)로 뭉친 후 말린 것을 차롱茶籠(차 바구니)에 담는다. 차롱은 통풍을 위해 둘레에 구멍을 낸 것을 사용한다. 때로는 차롱째 가열한 뒤 찻잎 덩어리를 건조시키기도 한다. 차를 먹을 때는 찻잎 덩어리를 맷돌에 갈아서 체에 걸러 이물질을 제거하고 남은 차 가루를 달였다. 차 가루를 달일 때, 즉 전다법煎茶法으로 끓일 때 파·생강·소금 등을 넣거나 귤껍질·산수유·박하·계피 등을 함께 넣어 끓이기도 했다. 이렇게 끓여낸 차는 걸쭉하기 때문에 다탕茶湯이라 불렸다. 따라서 차를 마신다기보다는 먹는다는 표현이 적합하다.

오늘날까지 많은 사랑을 받고 있는 말차抹茶를 일본에서 건너온 것으로 생각하는 사람이 많은데, 그 기원은 중국 당나라이며 일본은 그 풍습을 유지한 것이다. 즉 당나라 시대에 차를 갈아서 음용하던 풍습이 일본으로 전해져 말차로 진화한 것이다.

송나라 때 유행한 방식은 점다법点茶法이다. 차 가루를 끓이는 방식이라는 점에서는 전다법과 같지만, 차 가루를 다완에 넣고 끓는 물을 조금만 넣어 걸쭉해지면 끓인 물을 좀더 붓고 다선으로 저어 위쪽에 거

남송의 점다点茶 기술(유송년의 「연다도撵茶圖」)

품 층을 형성하는 방법이다. 송나라의 문인들은 규칙을 만들어 점다 기술 겨루기를 즐겼다. 이것이 '투차鬥茶'[11] 풍습의 기원이다. 투차 풍습에 관한 상세한 기록은 송 휘종이 저술한 『대관다론大觀茶論』에 있다. 그 과정은 이러하다. "차고茶膏(차를 달여 만든 고약)를 휘저으면서 조금씩 격불擊拂(다선을 빠르게 움직여 거품을 내는 것)하고 다완을 이리저리 돌린다. 찻물의 위아래가 뚜렷이 구분되는데 밀가루 반죽이 발효하여 부풀어 오른 것 같다. 드문드문 뜬 별과 새하얀 달처럼 찬연하다." 이처럼 한 편의 공연과도 같은 점다 기예는 그 방식만 놓고 볼 때 오늘날 일본의 다도와 매우 비슷하다.

명나라 때는 찻잎을 솥에서 덖어 건조시키는 초청炒靑 방식, 즉 포다

---

11 차의 색과 거품으로 승패를 가르는 놀이로 중국 차 문화의 일종.

말차

뇌차

법泡茶法이 개발되면서 음다법에 큰 변화가 나타났다. 솥에 덖은 찻잎을 뜨거운 물에 우리기만 하면 바로 마실 수 있으며 마시지 않을 때는 차의 향기를 즐길 수 있다. 명나라 사람들 역시 복잡한 점다법에 비해 우려 마시는 포다법이 "훨씬 간단하면서도 자연의 정취를 모두 갖추어 그야말로 차의 참맛을 느낄 수 있다"고 생각했다. 차를 '먹는' 방식이 명나라 때 사라진 데는 근검절약을 강조한 태조 주원장朱元璋의 뜻이 작용하기도 했다. 송나라 때 궁정에서 마시는 차는 반드시 달여 마시는 차로, 대부분 중국 민남閩南(푸젠성 남부)과 영남嶺南(난링南嶺산맥 남쪽) 지방 일대에서 생산되었다. 찻잎 덩어리 위에 용 그림이 찍혀 있어 '용단차龍團茶'라고도 불렸다. 이러한 용단차 생산을 태조가 중단시켰다는 기록이 『여동서록餘冬序錄』「적초내외摘抄內外」 편에 있다.("태조가 백성의 노동을 가중시킨다는 이유로 용단의 제조를 중지하니 도처에서 어린잎을 땄다.") 주원장의 결정 이후로 찻잎을 우려서 맑게 마시는 음다법이 유행하기 시작했으며 지금까지 이어져오고 있다.

　중국 남부의 몇몇 지역에서는 차를 끓일 때 여러 재료를 첨가하는 당나라 시대의 방식이 아직도 전해지고 있다. 한 예로 광둥성 산웨이汕

尾 지역에서는 '뇌차擂茶'가 유행이다. 뇌차란 사발에 녹차와 쌀, 땅콩, 소금, 생강 등의 재료를 넣고 50센티미터 길이의 '뇌곤擂棍'(절굿공이)으로 빻은 다음 물을 넣어 끓인 것이다. 이를 통해 약간이나마 당나라 시대의 '차를 먹는' 풍습을 엿볼 수 있으니, 뇌차는 1000년 전통의 살아 있는 역사라고 할 수 있다.

⑩

옛날 사람들이
술을 잘 마셨던 이유는 무엇일까?

과거 시대를 다룬 문학작품이나 영화, 드라마를 보면 옛날 사람들은 술을 무척 잘 마신 것으로 보인다. 일찍이 두보는 "이백은 술 한 말이면 백 편의 시를 쓴다李白斗酒詩百篇"(「음중팔선가飮中八仙歌」)라고 노래하지 않았던가. 한 말의 술은 오늘날 약 2리터 정도인데, 여기서 중요한 점은 이백의 주량이 아니라 술을 많이 마시고도 시를 쓸 수 있었다는 사실이다. 요즘 사람들이 술을 이 정도 마신다면 시는 고사하고 '지도'밖에 그리지 못할 것이다. 더 놀라운 인물은 경양강에서 술 18사발을 마신 「수호전」의 무송이다. 한 사발의 용량이 800밀리리터라 하면 무송이 손을 떠는 바람에 술을 꽤 흘렸다고 쳐도 최소 3리터 정도다. 그는 이렇게 퍼마시고도 산에 가서 호랑이를 잡았다. 오늘날 고량주 6근을 마신다면 병원으로 직행했을 것이다. 옛날 사람의 주량이 이다지도 셌던 이유는 무엇일까? 비밀은 그들이 마셨던 술과 요즘 술이 다르다는 데 있다.

옛날 사람들이 마신 최초의 술은 쌀·기장·좁쌀 등의 곡물을 발효시켜 만든 양조주였다. 당시에는 여과 기술이 신통치 않아 술에 쌀 찌꺼기 같은 이물질이 들어 있는 탁한 술이었다. 게다가 살균 기술도 없었기 때문에 술에 다량 함유된 미생물로 인해 푸르스름한 빛깔을 띠었으며 술 표면에는 흰개미처럼 생긴 부유물이 떠 있어서 '초록개미주蟻綠酒'라는 별칭도 있었다. 옛날 문학작품에 술을 '탁주濁酒'라고 칭한 것도 양조 기술이 발전하지 못해서였다. 이런 술은 쉽게 변질되었기 때문에 당시 사람들은 술을 끓여서 마시곤 했다. 조조와 유비가 영웅을 논하면서 술을 데우는 장면이 있는데, 사실은 살균 중이었던 것이다.

당나라 이전까지 사람들은 오늘날의 감주와 비슷한 알코올 1도 정도의 술을 마셨다. 반면 주점이나 양조장에서는 이물질을 많이 걸러내어 맑은 빛깔을 띠는 '청주淸酒'를 팔았다. 이렇게 빚은 술을 움에 저장해두면 알코올 도수가 5도 정도까지 오르는데, 당시에는 이 정도만 되어도 아주 좋은 술이었다. 이백이 마신 술도 기껏해야 오늘날의 맥주와 비슷한 5도 정도이니, 이백이 마신 한 말의 술은 맥주 4병 정도인 셈이다. 이 정도 주량은 헤이룽장에서는 고등학생 수준이다.

송나라 때는 양조 기술이 조금 발전하여 알코올 도수가 10도 안팎으로 올라갔다. 무송이 마신 18사발의 술 도수도 기껏해야 그 수준이었을 것이다. 오늘날 50도가 넘는 백주와 비교해보면 무송은 고량주 500밀리리터쯤 마신 셈으로, 요즘 이 정도 주량이라면 꽤 대단한 수준이다. 하지만 무송의 고향인 산둥 지방에서 이 정도 주량을 지닌 사나이는 쌔고쌨다.

송나라 이전까지의 술은 모두 이와 같은 양조주, 다시 말해 발효주다. 알코올 도수는 대체로 10도 이하의 맥주와 비슷한 수준이었기 때문에 커다란 사발에 담아 벌컥벌컥 마실 수 있었다. 양조 기술이 획기적으로 발전한 때는 원나라 시대로, 북방 유목민족의 문화가 혁신을 불러왔다. 몽골족이 원나라를 세우기 전까지 북방에는 요·금 등의 나라가 존재했으며, 이들 유목민족이 사는 몽골의 초원과 둥베이 지역에서는 길고 추운 겨울을 이기기 위해 도수 높은 술로 몸을 데우는 문화가 있었다. '전투 민족' 러시아인이 도수 높은 보드카 종류를 즐겨 마시는 것과 비슷하다. 원나라 시대를 전후로 북방의 유목민족은 아랍이나 페르시아로부터 받아들인 증류 기술에다가 중국의 전통적인 양조 기술을 결합하여 중국 고유의 도수 높은 곡물 증류주를 만들어냈다.

이런 증류주는 발효를 거친 양조주를 한 번 또는 여러 번 증류하고 정제하여 만든 것이다. 증류 과정을 통해 양조주 속의 수분과 이물질이 정제되는 원리를 이용한 것이다. 알코올의 끓는점은 78.3도이고 물은 100도인데, 발효된 술(액체)을 78.3~100도 사이의 일정한 온도까지 가열하면 알코올이 술에서 기화된다. 이렇게 기화된 알코올을 파이프에 넣어 냉각하면 순도 높은 술로 액화된다. 이런 증류 과정을 여러 번 거칠수록 술의 알코올 함량이 계속 높아져서 40도 이상 또는 60도가 넘는 독주를 만들어내기도 한다. 오늘날 우리가 마시는 백주가 바로 이런 증류주의 일종이다. 몽골족이 중원을 차지하면서 증류 기술이 내륙에 전파된 이래 증류주는 지금까지 전해지고 있다. 증류주가 맨 처음 만들어진 시기에 대해서는 아직 의견이 분분하다. 송나라 또는 그보다 훨씬 전부터 시작되었다는 견해도 있지만 원나라를 증류주의 시발점으로 보는 관점이 주류를 이룬다. '수정방'이나 '궈자오 1573'처럼 역사와 전통을 자랑하는 요즘의 백주 브랜드도 원나라 이후에 등장한 것으로, 대부분은 명나라 때 탄생했다.

원나라 이후 시대로 돌아간다면 술을 마실 때 조심해야겠지만 그 이전으로 돌아간다면 옛사람들과 어울려 마음껏 마셔도 괜찮다.

01

옛날 사람들은
문어체로 말했을까?

옛날 사람들은 일상생활에서 대화를 할 때도 "지호자야之乎者也¹" 같은 문어체를 사용했을 거라 생각하는 이들이 있다. 그래서 과거로 돌아간다 해도 문언문을 쓸 줄 몰라 옛사람들과 소통하기 어려울 거라 생각한다. 하지만 옛날 사람들도 평상시에는 백화문 방식으로 말했으니 걱정은 내려놓아도 된다.

문언문이란 옛사람들이 글을 쓸 때 사용하던 문어체를 가리킨다. 춘추시대 이전까지는 문언문과 구어체인 백화문의 구분이 뚜렷하지 않았다. 사실 문언문도 상나라 때의 구어를 단순화하고 변형시켜 만들어진 것에 불과했으니까. 그러다가 춘추전국 시대 들어 문언문의 기초적인 형태가 정립되었고 이후 2000년 동안 거의 변하지 않았다. 반면 구어인 백화문은 변화를 거듭했다. 그러한 변화에 가장 큰 영향을 끼친 요인은 민족의 이동으로, 유목민족이 중원을 통치하게 되면서 언어

---

1 '지, 호, 자, 야' 네 글자는 모두 뜻이 담기지 않은 허사虛辭로, 고문 어투를 상징함.

에 변화가 일어난 것이 대표적인 경우다. 당나라 이후로는 백화문과 문언문의 구분이 매우 뚜렷해지면서 평소에 쓰는 말과 글이 완전히 달라졌다.

옛날 사람들은 왜 백화문으로 글을 쓰지 않은 것일까? 백화문 그대로 글로 옮기는 게 훨씬 편하고 읽기도 쉬웠을 텐데 말이다. 사실 백화문은 읽고 이해하기에는 쉽지만 적을 때는 너무 많은 글자를 써야 하기 때문에 불편하다. 같은 내용의 글이라도 백화문으로 쓰려면 문언문의 두 배 정도 되는 문자를 구사해야 한다. 종이가 발명되기 전까지 사람들은 글자를 청동기에 새기거나 죽간에 파거나 비단 위에 적었는데, 이런 재료들은 너무 비싼데다 글자를 적어 넣는 과정도 힘들다. 그래서 옛날 사람들은 돈과 노력을 줄이기 위해 글자를 금처럼 아껴야 했다. 문언문이라는 간소화된 개념이 강점을 발휘할 수 있었던 까닭이다. 예를 들어 당신이 읽고 있는 이 책은 총 10만 개 넘는 글자로 이루어져 있는데, 이것을 죽간에 새긴다면 18킬로그램 가까운 죽간이 필요할 것이다. 하물며 100만 자의 장편소설을 죽간에 적는다면 그 책을 누가 사겠는가. 이처럼 옛사람들은 글자 수를 적게 해서 비용을 줄이기 위해 문언문을 채택한 것이다.

그렇다면 후한 시대에 제지술이 발전하고 당대와 송대에 인쇄술이 보급되어 필기 재료의 가격이 저렴해지고 보급 과정도 한결 간소해졌는데 계속 문언문을 사용한 까닭은 무엇일까? 전승 문화의 관성 때문일 것이다. 문언문은 양식이 안정적이고 간결하면서도 전달하고자 하는 바를 모두 담을 수 있다는 강점이 있다. 또 지식인들이 자신의 품격을 높이고자 문언문을 고집하기도 했다. '잘 알지도 못하면서 떠드는' 일반

대중과 자신을 구별하고 문화 수준의 높고 낮음을 두어 우월의식을 유지하고자 한 것이다. 따라서 문언문은 2000여 년 동안 책을 읽는 자들의 신분을 상징하는 것이었다. 그러나 백화문 사용을 주창하는 신문화 운동으로 인해 그들의 우월의식은 타파되었다.

송대 이후 책 읽는 서민층이 늘면서 백화문이 서적에 사용되는 비중도 크게 증가했다. 송나라 때는 구두 공연인 설화說話의 대본 격인 '화본話本'이라는 새로운 문학 형식이 등장했다. 화본은 구어口語와 서면어書面語가 섞여서 구성된 쉬운 문언체文言體[2]로 적혔고, 이것이 바로 백화 소설이다. 백화문은 허구가 아닌 진짜 삶에 밀착한 느낌을 주고 누구나 이해하기 쉽기 때문에 이후에 탄생한 인기 소설들은 기본적으로 백화문을 사용했다. 중국의 4대 기서인 『삼국지연의』 『서유기』 『수호전』 『금병매』가 모두 백화 소설의 대표작이다. 요즘 중학생은 4대 기서는 쉽게 읽을 수 있겠지만 문언문으로 쓰인 『사기史記』는 읽기가 꽤 힘들 것이다.

송대 이후의 백화문은 요즘과 크게 다르지 않기 때문에 기본적인 내용은 이해할 수 있다. 송대에 쓰인 역사서에는 남편을 칼로 베어 다치게 한 여인을 관리가 심문하는 내용이 담겨 있다. 이 책에 적힌 관리의 말은 이러하다. "네가 본 지아비를 찍어 상하게 했느냐? 사실대로 고하면 때리지 않겠노라." 요즘 말과 비교했을 때 몇몇 단어의 용법이 달라 다소 어색할 뿐 문장의 뜻을 이해하는 데는 지장이 없다.

명나라를 세운 주원장은 문화적 소양이 높지 않아서 성지聖旨(어명)를 내릴 때 백화문을 많이 사용했다. 왜구에 맞서 해적을 막도록 명하

---

2 고대 한어漢語 문체가 가공을 거쳐 만들어진 서면어 말투.

는 주원장의 성지에는 이렇게 적혀 있다. "하늘의 뜻을 받들고 우주의 기운을 잇는 황제께서 명하여 이르시기를, 백성에게 고하노니 칼을 잘 준비하여 이놈들이 오면 일단 죽이고 얘기하자. 흠차欽此." 이렇게 단순하고도 거친 백화문 표현은 어린아이도 알아들을 만큼 위화감이 없다.

청나라 이후의 백화문은 오늘날의 구어와 기본적으로 차이가 없다. 기분파였던 옹정황제는 대신들에게 주비朱批를 쓸 때 불쑥불쑥 백화문을 집어넣는 식으로 대신과의 거리를 좁혔다. 예를 들면 "짐은 그냥 이런 남자고, 그냥 이런 천성이고, 그냥 이런 황제요" 하는 식이다. 심지어 대신에게 요즘 사람들이 자주 쓰는 구어체 인사말을 써서 보내기도 했다.

옛사람들은
우리가 하는 말을 알아들을 수 있을까?

　우리가 과거로 돌아간다면 문제없이 그들과 소통할 수 있을까? 그렇지 않다. 옛사람들이 백화문을 쓰기는 했지만 아무래도 오늘날의 발음과는 큰 차이가 있을 테니 말이다. 학자들의 연구에 따르면 중국어 발음은 크게 상고음上古音, 중고음中古音, 근고음近古音의 단계 변화를 거쳤다. 상고음이란 서주에서 한나라 시대까지, 중고음은 남북조에서 당나라 시대까지, 근고음은 송나라에서 청나라까지 사용된 중국어 발음이다.(옛 중국어 발음의 시기 구분에 관해서는 학계의 의견이 분분하지만 여기에서는 비교적 광범위한 분류법을 채택하겠다.) 세 가지 발음 간에는 큰 차이가 있었을 뿐만 아니라 현대 중국어 발음과도 엄청난 차이가 있다. 예를 들어 "청청자금青青子衿"[3]이라는 문장은 시대에 따라 각각 다음과 같이 발음되었다.

3　『시경』에 수록된 시 「자금子衿」의 한 구절로, '푸르디푸른 그대의 옷깃'이라는 뜻.

상고음(주나라, 진秦나라, 한나라): 천천치루무커루무cen cen cilumu kelumu

중고음(남북조, 수나라, 당나라): 청청츠긴무ceng ceng ci ginmu

근고음(송나라, 원나라, 명나라, 청나라 초기): 칭칭쯔친cing cing zi qin

어딘지 외국어처럼 들리지 않는가? 중국어 발음에 이렇게 큰 변화가 있었던 이유는 무엇일까? 중요한 원인 중 하나는 역사적으로 북방 유목민족이 지속적으로 남하하면서 그들의 언어가 중원의 언어와 섞였기 때문이다. 일부 언어학자는 오늘날의 민난어, 광둥어, 광둥의 하카어 그리고 저장 지역의 방언인 우어吳語에 옛 중국어 발음이 일부 남아있다고 한다. 북방 유목민족이 침입할 때마다 초기 중국어를 사용하던 이들이 의관남도衣冠南渡4하게 되었고, 그에 따라 옛 중국어 발음이 남쪽으로 전파되어 오랜 세월이 지난 지금까지도 일부 전해진 것이다. 예컨대 지금 우리가 쓰는 표준어 4성조에서는 엿볼 수 없는 옛날의 입성入聲이 우어와 광둥어 등의 방언에 남아 있다. 오늘날의 일본어나 한국어에도 옛 중국어 발음의 요소가 묻어 있다. 그런 까닭에 중국 남부 출신이 일본어를 배울 때 발음을 친근하게 느끼는 것이다.

옛날에 녹음기가 있었던 것도 아닌데 어떻게 그 시대의 발음을 알 수 있을까? 병음拼音 방식으로 옛 중국어의 발음을 퍼즐 맞추듯 짜 맞출 수 있으니 녹음기는 필요 없다. 물론 그 옛날에 오늘날과 같은 병음 체계가 있었던 것은 아니지만 문자나 기호로 발음을 표시하는 '반절법反切法' 체계가 있었다. 간략하게 설명하자면 한 글자의 발음을 표기하

---

4 중원 지역의 인구, 특히 집권층 및 사대부 집단이 남쪽으로 대거 이동한 현상.

기 위해 두 개의 글자를 사용하는 것이다. 대개 자주 쓰는 글자 두 개를 반씩 잘라 붙이는데, 앞 글자에서는 자음인 성모聲母를, 뒤 글자에서는 모음인 운모韻母와 성조를 취한다. 예를 들어 '산봉우리山峰'에서 봉峰 자의 중국어 발음인 '펑fēng'을 반절법으로 나타내면 '방房'과 '생生'의 반절이다. '방'의 중국어 발음인 '팡Fang'에서 자음인 f를 가져오고, '생'의 중국어 발음인 '성Sheng'에서 모음인 '엉eng'과 성조인 1성을 가져와 합하면 '펑fēng'이 되는 것이다.

중국인은 2000년 전부터 반절법을 사용했기 때문에 오늘날 학자들은 수나라의 『절운切韻』 등의 운서韻書(운에 따라 분류한 자전)를 참고해 중고음의 음운 체계를 복원할 수 있다. 하지만 상고음은 복원하기가 까다로워서 동계어(티베트어 등)의 발음 규칙을 빌려와야 한다. 물론 어디까지나 원래에 가깝게 복원하는 것일 뿐 옛날 사람들의 발음과 완전히 똑같을 수는 없다.

지금의 표준어로 당시唐詩를 읽어도 운이 잘 표현되는데 중고음과 표준어 발음이 왜 다르다고 하지? 라고 생각할 수 있을 것이다. 사실 오늘날의 운모는 중고음의 운모에서 크게 변하지 않았다. 특히 평성운(문장 말미 압운을 가진 글자의 성조가 1성 또는 2성)으로 된 당시의 경우 지금 읽어도 여전히 압운이 살아 있다. 하지만 상고음 시대에 쓰인 『시경』의 시를 읽을 때는 압운을 거의 느끼지 못할 것이다.

03

중국 사투리의 기원

중국어는 한족 문화를 담는 중요한 그릇이다. 그리고 중국어 사투리의 복잡함은 한족 문화의 방대함과 심오함을 고스란히 드러낸다. 중국어 사투리 간의 격차는 유럽 언어들 간의 차이보다 크다. 가령 포르투갈인과 스페인인은 각자의 모국어로 말해도 의사소통이 가능하고, 덴마크인과 노르웨이인, 스웨덴도 기초적인 소통에는 문제가 없다. 반면 장시江西 지역 출신인 나의 동료가 가족과 통화하는 말을 들으면 둥베이 출신인 나로서는 외국어를 듣는 것처럼 생소하다. 대체로 가장 알아듣기 힘든 사투리는 원저우溫州 지역 말이다. 그래서 항일전쟁 시기에 아군 부대에서는 군 정보를 전달할 때 원저우 출신을 정보원으로 쓰곤 했다. 누군가 엿듣는다 해도 알아들을 수 없기 때문이다.

현대의 관습적인 분류법에 따르면 현대 중국어의 사투리는 크게 관화官話(북방 지역), 광둥어, 우어, 하카어, 민어閩語, 샹어湘語(후난성 일대), 간어贛語(장시성 일대)로 나뉜다. 이 7개의 사투리는 다시 여러 구역으로 나뉜다(지역의 범위가 큰 경우 2차 사투리라고 불리기도 한다). 예를 들어 관화는 베이징, 둥베이, 허베이河北·산둥山東, 산둥·랴오닝遼寧, 장쑤江蘇·안후이安徽, 중원, 란저우蘭州·바이인白銀, 서남 등 8개의 구역으로 나뉜다. 그 가운데 베이징 관화가 표준 중국어의 기준이다. 같은 사투리를 사용하는 구역 내에서도 크고 작은 차이가 있었으며, 구역 간 차이가 비교적 작으면 서로의 말을 알아들을 수 있었다. 예를 들어 대서북大西北권에 속하는 산시 지역의 사투리는 중원 관화에 속하기 때문에 둥베이 관화를 쓰는 둥베이 지역 출신인 내가 산시성에 가면 그들의 말을 알아들을 수 있다. 대서남大西南권에 속하는 쓰촨의 사투리는 서남 관화에 속하기 때문에 쓰촨에 가도 의사소통에 문제가 없다. 이처럼 지역색이 강한 일부 어휘를 제외한 관화끼리는 서로 충분히 알아들을 수 있는 반면 일부 사투리는 구역별 차이가 매우 크다. 가장 큰 차이를 보이는 사투리는 민어다. 예를 들어 푸젠성에 속한 푸저우福州와 샤먼廈門에서는 모두 민난어를 쓰지만 푸저우의 사투리는 민둥閩東 구역에 속하고 샤먼의 사투리는 민난閩南 구역에 속하기 때문에 서로 거의 못 알아듣는다.

사투리가 발생하는 원인은 꽤 복잡하다. 원주민 언어의 영향, 시간의 흐름에 따른 언어 자체의 변화, 지리적 고립 등 다양한 요인이 작용하는데 가장 큰 비중을 차지하는 요인은 이주에 따른 언어의 분화와 통합이다. 진나라가 남부의 백월百越족을 정벌했을 때 많은 군인과 관료가 광둥廣東과 광시廣西로 이주한 결과 우어가 생겨나고, 북방 유목민족이 남하하면서 북방 관화의 말투가 바뀐 것이 그러한 예다. 이처럼 사투리에는 역사적 배경이 숨어 있다.

후베이성 이창宜昌 출신인 한 친구는 쓰촨 사람으로 오해받을 때가 많다고 한다. 서남 관화는 윈난雲南·구이저우貴州·쓰촨·충칭重慶 지역을 아우르는 사투리이지만 후베이성의 일부 지역에서도 서남 관화를 사용하기 때문이다. 후베이 사람이 왜 쓰촨 말을 사용할까 싶겠지만, 사실은 그 반대로 생각하는 게 맞다. 즉 후베이 사람이 쓰촨 말을 쓰는 것이 아니라 쓰촨 사람이 후베이 말을 쓰는 것이다. 명나라 때 많은 후베이 사람이 쓰촨으로 이주했고, 청대 초기에는 그보다 더 많은 사람이 이주했기 때문이다. 말하자면 오늘날의 쓰촨 사람 대부분은 고대 파촉巴蜀[5] 사람의 후손이 아니라 후베이 사람의 후손이라는 뜻이다. 명대 말기에 농민 봉기를 일으킨 인물 장헌충張獻忠은 어린 시절 아버지를 따라 쓰촨에 가서 대추를 팔다가 현지인들에게 괴롭힘을 당한 기억 때문에 쓰촨 사람에 대한 원한을 품게 되었다. 훗날 그가 민란을 일으켰을 때 군대를 이끌고 쓰촨으로 쳐들어가 대량 학살을 감행하여 민장岷江강 북쪽 지역에 거주하는 쓰촨 사람 태반이 참살당했다. 청대 초기 강희 연간에 조정에서는 후베이와 후난 주민을 쓰촨으로 이주시켜 그 지역의 인구를 보충했다. 그 무렵 후베이와 후난은 '후광湖廣성'이라 불렸으므로 역사에서는 당시의 주민 이주를 "후광으로 쓰촨 채우기"라고 표현한다. 당시 장화이江淮(장쑤성과 안후이성 사이로 지금의 난징) 관화를 사용하던 후광 사람들이 쓰촨으로 이주하자 장화이 관화와 현지 사투리가 혼합되어 오늘날의 서남 관화가 만들어졌다. 따라서 후베이 사투리가 쓰촨 사투리를 닮은 것이 아니라 쓰촨 사투리가 후베이 사투리를 닮은 것이라 해야 옳다.

---

5 지금의 쓰촨성 일대에 자리 잡았던 파巴나라와 촉蜀나라를 함께 이르는 말.

이상한 점은 따로 있다. 쓰촨은 대서남권으로 분류되며 서남 관화에 속한다. 사실 관화는 주로 북방에서 사용된 사투리를 가리키는데 어떻게 쓰촨을 비롯한 서남 지역의 사투리가 관화에 속하게 되었을까? 앞서 쓰촨 사투리는 명나라 때 장화이 관화에서 비롯되었다고 소개했는데, 장화이 관화란 명나라 초기의 수도인 난징南京에서 쓰이던 말이다. 그런데 주체朱棣[6]가 '정난靖難의 변'을 일으키고 명의 수도를 난징에서 베이징으로 천도함에 따라 난징 말이 베이징 말에 흡수되면서 북방 관화를 형성하게 되었다. 결국 쓰촨 사투리와 북방 관화는 일정 부분 명대의 난징 사투리에서 비롯되었으니 둘 다 관화에 속하는 것이다. 그리고 쓰촨은 중국 남부에서 드물게 관화를 쓰는 지역이 되었다. 물론 수백 년 세월이 흐르면서 쓰촨 사투리와 북방 관화에 차이가 생기기는 했지만 두 지역 사람들이 서로의 말을 알아듣는 데는 문제가 없다.

또 한 가지 사례를 보자. 난징 출신의 친구가 윈난으로 여행을 갔는데 그 지역의 어느 지방 사투리가 난징 말과 비슷하다는 것을 느꼈다. 그 이유는 무엇일까? 윈난 관화도 난징에서 비롯되기라도 했단 말인가? 정답이다! 윈난 지역의 최초 원주민은 한족이 아니며 한족 언어를 쓰지도 않았다. 전국 시기부터 많은 본토인이 윈난으로 이주하기는 했지만 윈난에서 가장 큰 인구 비중을 차지하지는 못했다. 언어 또한 점차 현지인에게 동화되어 한족 언어를 거의 쓰지 않는 정도가 되었다. 명대 초기에도 주원장이 윈난 지역의 통치를 공고히 하기 위해 많은 본토인을 이 지역으로 이주시켰다. 당시 이주민은 크게 두 부류로 나뉘는

---

6 명 태조 주원장의 아들이자 3대 황제인 성조成祖(영락제).

데, 그중 하나는 군인 계층이었다. 명나라가 윈난에 군사 주둔지와 유사한 위衛와 소所를 여러 개 설치하면서 많은 군인과 그 식솔들이 이주한 것이다. 또 다른 부류는 난징 사람이다. 수도를 난징으로 옮기기로 한 주원장은 난징 사람들을 불신하여 '정치적 불합격' 판정을 내린 뒤 많은 난징 사람을 윈난으로 강제 이주시켰다. 그래서 오늘날 윈난에 사는 사람들의 족보를 보면 난징에서 온 선조가 꽤 많다. 명대 학자인 고염무顧炎武는 이런 말을 남기기도 했다. "초기 명 태조는 아래에 둔 금릉金陵(난징의 옛 이름)이 자기를 따르지 않을 것을 걱정하여 그 백성을 운남으로 이주시켰다."

이러한 명대의 이민 정책에 따라 내륙에서 온 많은 한족 이주자는 윈난의 인구 구성을 크게 바꿔놓았다. 난징을 비롯한 여러 지역에서 온 이주자들은 원활한 의사소통을 위해 각자의 사투리를 버리고 인구 비중이 가장 크고 정치적 영향력이 있는 난징 사투리를 채택하기로 했다. 이후 청나라 때에도 쓰촨과 후광 지역의 많은 이민자가 윈난으로 유입되었고, 신구 이민 세력이 한데 섞이면서 차츰 난징 사투리를 바탕으로 한 오늘날의 윈난 말투가 형성되었다. 당시 표준어의 지위를 누렸던 명대의 난징 말은 윈난 사투리의 기원인 셈이므로 오늘날 난징 사람이 윈난 사투리를 들으면 친근감을 느끼는 것이다. 500년 전에는 모두 친척이었으니까.

중국에 사투리가 이렇게 많은데다 옛날에는 표준어가 널리 보급되지 못했을 테니 다른 지역 출신끼리 의사소통을 할 때면 통역이 필요하지 않았을까? 그렇다! 실제로 통역을 사용했다. 특히 표준어가 전혀 통하지 않았던 민어 지역인 푸젠에서는 통역이 필수였다. 문헌에 따르면 청대에 주조원朱潮远이라는 관료가 푸젠에서 재판을 진행하는데 민어를 전혀 알아들을 수 없어 통역사를 두었다고 한다. 한 나라 안에서 타 지역 사람과 대화할 때 통역이 필요했다니, 과연 중국 문화의 방대함을 느낀다.

04

옛날 사람들은
어떻게 이름을 지었을까?

옛날 사람들은 서로를 부르는 호칭이 많아서 누가 누군지 혼동하게 만든다. 예컨대 『삼국연의三國演義』에서 등장인물들은 서로를 부를 때 이름을 부르기도 하고 자字를 부르기도 한다. 옛사람들의 성, 씨, 이름, 자, 호는 어떻게 다를까? 사람을 부를 때 주의해야 할 점은 무엇일까?

오늘날 우리는 흔히 '성씨姓氏'라고 통칭하지만 옛날에는 '성'과 '씨'가 따로 있었다. 가장 먼저 생긴 것은 성으로, 『통감외기通鑑外紀』에는 "성이란 그 조상이 난 곳을 통틀어 일컫는다"라고 설명하고 있다. 다시 말해 성은 여러 사람의 공통된 조상을 기억하기 위해 만들어진 것이며 실질적으로는 한 부락 집단의 기호인 셈이다.

성은 원시 사회에도 존재했으며 대개 지명을 차용했다. 특히 초기의 인류는 대부분 강변에 살았기 때문에 강이나 하천 이름을 성에 붙이는 경우가 많았다. 예컨대 '황제黃帝'[7]의 성이 희姬인 것은 그가 희수姬

---

7 전설 속 삼황오제三皇五帝 중 오제의 첫 번째 인물.

水 근처에 살았기 때문이고, 염제炎帝의 성이 강姜인 것은 그가 강수姜水 근처에 살았기 때문이다. 이러한 상고 시대는 모계 씨족 사회를 이루고 있었기 때문에 자신의 아버지가 누구인지 불확실했고, 그런 이유로 모든 성에는 '계집 녀女'자가 붙었다. 상고 시대의 8대 성인 '희姬, 강姜, 사姒, 영嬴, 운妘, 규嬀, 요姚, 길姞'이 그러한 경우다. 성은 사람의 혈통을 대표하기 때문에 같은 성을 지닌 사람끼리는 혼인할 수 없었다.

부계 씨족 사회로 들어서면서부터 생산력이 증가함에 따라 인구도 늘어나자 각각의 부족 사회는 구성원을 감당하기 힘든 수준에 이르렀다. 이에 따라 부족에서 갈라져 나와 독자적으로 가문을 세우는 이들이 생겨났으며, 이렇게 독립한 후손 가문들을 구별하기 위해 씨氏가 만들어졌다. 『통감외기』에는 "씨란 그 자손이 갈라졌음을 구별하는 것이다"라고 소개하고 있다. 즉 씨는 원줄기에서 갈라져 나간 방계傍系에 붙이는 영광의 칭호다. 자기 가문을 만들어 독립하는 자는 대체로 부족 내에서 세력을 형성한 귀족층이었다. 독립된 가문을 만들고도 자기 후손에게 사촌 가문의 씨를 물려줄 수밖에 없는 민망한 상황이 벌어지기도 했다. 평민과 여성은 성만 있고 씨는 없었다. 결론적으로 성과 씨는 다음과 같이 이해하면 쉽다. 한 조상에게서 난 모든 자손은 같은 성을 쓰며, 그중 어느 자손이 번성하여 새 가문을 일구고자 할 때 친척들과 '확실히 선을 긋기' 위해 자기만의 씨를 사용하는 것이다.

선진 시대에 귀족인 남성들은 대체로 상대의 성을 부르지 않고 씨를 불렀다. 성은 같은 혈통이라면 모두 갖는 것이므로 자신의 고귀한 신분을 더 잘 드러내기 위해 씨로 부른 것이다. 『사기』에서 사마천은 진시황을 지칭할 때 '영정嬴政'이라는 표현 대신 '조정趙政'이라고 했는데, 이때

'영'은 성이고 '조'는 씨다. 영정이 조씨인 이유는 그가 조나라에서 태어났기 때문으로, 사마천의 이러한 호칭법은 실제에 부합한다. 이후 진한 시대에는 성을 사용할 경우가 드물어지면서 사람들은 자연스럽게 성과 씨를 구분하지 않게 되었다. 오늘날 우리가 '성씨姓氏'라고 할 때는 대부분 성이 아닌 씨를 의미하는 것이다.

오늘날 우리는 '이름'을 '명자名字'라 하지만 옛날에는 '명'과 '자'가 다른 의미를 지니고 있었다. "유명관자幼名冠字"라는 구절에서 그 차이를 알 수 있다. '유명'이란 어린 시절에 불리는 아명으로 태어난 후 3개월이 지나면 집안 어른이 지어주는 이름이고, '관자'란 성인이 되었을 때 새로 받는 이름이다. 옛날 남자들은 대개 스무 살이 되면 관례를 치렀으며, 평민층에서는 일찌감치 15세에 관례를 치르기도 했다. 관례를 치렀다는 것은 이제 성인이 되었음을 뜻하며 동년배 또는 자기보다 어린 이들 사이에 쓰이는 호칭을 지어야 한다. 그것이 바로 '자'다. 따라서 옛날 남자들은 누구나 명과 자가 있었다. 일반적으로 명과 자는 서로 관련이 있고 의미가 상응하는 글자를 택하거나, 자가 명을 설명할 수 있도록 짓는다. 예를 들어 제갈량諸葛亮의 자는 공명孔明으로, '량'과 '공명'은 비슷한 의미를 지닌다. 주유周瑜의 자는 공근公瑾으로, '유'와 '근' 모두 아름다운 옥을 의미한다. 명과 자를 부르는 법도도 매우 엄격했다. 윗사람이 아닌 경우에는 모두 상대의 자를 불러야 했다. 범중엄范仲淹은 『악양루기岳陽樓記』에서 "등자경騰子京이 귀양을 와 파릉군巴陵郡을 다스렸다"라고 적었는데, '자경'은 자이고 원래 이름은 '종량宗亮'이다. 옛날에 동년배끼리 이름을 부르는 것은 매우 무례한 행동이기 때문에 상대를 비난할 때만 이름을 거명했다. 왕이나 신분이 높은 자도 불만을 표할 때를 제외하고는 아랫사람의 이름을 함부로 부르지 않았다. 반대로 아랫사람이 자기를 지칭할 때는 이름을 사용함으로써 공경과 겸손을 나타냈다. 제갈량의 「출사표」 첫 문장이 "신臣 공명이 아룁니다"가 아니라 "신 량이 아룁니다"인 것도 그러한 예의 법도에 따른 것이다.

호는 문인이 자신에게 붙이는 별칭이다. 소식蘇軾은 '동파거사東坡居士'라는 호를 지녔기 때문에 사람들은 그를 소동파라고 불렀다. 때로 호가 널리 알려지면 본명이 잊히는 경우도 있는데 정판교鄭板橋가 그렇다. 판교는 호이고 섭燮이 이름인데 오늘날 사람들은 정판교는 알아도 정섭은 잘 모른다. 호를 지을 때는 대체로 자기가 사는 지역의 특징에 착안하여 호를 지었다. 소식蘇軾은 자신의 집 동쪽에 언덕坡이 있었기 때문에 동파거사라 지었을 것이고, 도연명陶淵明은 집 앞에 버드나무 다섯 그루五柳가 있었기 때문에 오류선생五柳先生이라 지었을 것이다. 한편 구양수歐陽脩의 호가 육일거사六一居士인 이유는 그가 6월 1일 어린이날을 좋아해서가 아니다. '장서 1만 권, 3대에 걸쳐 모은 금석문 1000권, 거문고 한 대, 바둑판 하나, 술이 비지 않는 술병 하나'에 구양수 본인을 더해 '육일六一'이라는 호를 지은 것이다.

옛날 사람들은
연도를 어떻게 계산했을까?

　오래전부터 사람들은 시간을 대충 계산해서는 안 된다는 생각을 지니고 있었다. 특히 햇수에 대해서는 전후 관계라는 개념이 있어야 '시간의 원근과 길이를 알 수 있다'라고 생각했다. 그래서 연도를 계산하는 다양한 기년법紀年法이 생겨났다. 연도를 계산할 때 중요한 것은 특정한 해를 원년元年으로 정하고 1년씩 쌓아나가는 것으로, 옛날에는 다양한 기년법이 있었다. 어떤 방법들이 있었을까?

　비교적 일찍 등장한 것은 왕위王位 기년법이다. 즉 군주가 즉위한 해를 원년으로 삼아 1년씩 누적하여 계산하는 방법으로 '군왕 즉위 연차 기년법'이라고도 불렸다. 이런 방식은 주나라 때 많이 사용되었다. 주 왕실은 왕의 즉위 연차로 햇수를 셈했고 각 제후국에서는 군주의 즉위 연차로 셈했다. 예를 들어 『좌전左傳』「조귀논전曹劌論戰」편은 "10년 봄에 제나라 군대가 우리나라에 쳐들어왔다"라는 문장으로 시작하는데, 여기서 말하는 '10년'은 노魯나라 장공莊公 10년을 가리킨다. 『좌전』은 『춘추春秋』에 주해註解를 붙인 역사책이고 『춘추』는 노나라의 역사책이므로,『좌전』에 표기된 연도는 모두 노나라 군주의 즉위 연차를 말하는 것이다.

중국 역사상 최초로 명확한 기록을 나타낸 기년 연도는 '공화共和 원년'이다. 이 역시 왕위 기년법으로 계산한 것으로, 공화 원년은 기원전 841년이다. 주나라 여왕厲王이 폭정을 일삼다가 왕좌에서 쫓겨나고 공共나라 제후였던 화和가 섭정으로 천자의 업무를 시작했기 때문에 그해를 '공화 원년'으로 삼았다. 왕위 기년법이 처음 기록된 해가 공교롭게도 왕이 쫓겨난 연도라니 아이러니하다. 공화 원년 이래로 중국의 역사 기록은 한 번도 끊이지 않았다. 다양한 기년법이 있었지만 역사는 한 해 또 한 해 기록되어 지금까지 이어졌다. 3000년 가까운 중국 역사에서 단 1년도 기록이 중단된 적이 없다는 것은 대단한 일이다.

기년법 가운데 가장 많이 사용된 것은 황제 연호年號 기년법이다. 왕위 기년법과 달리 황제 연호 기년법에는 황제가 등극할 때마다 연호가 지어졌고, 그 연호가 사용된 해부터 연도를 계산했다. 이런 기년법은 한 무제 건원建元 원년, 즉 기원전 140년에 처음 시작되었다. 초기에는 한 명의 황제가 통치하는 기간에 여러 개의 연호가 만들어지기도 했다. 몇 년 동안 사용하던 연호를 바꾸는 것으로, 이를 '개원改元'이라 한다. 반면 기존의 황제가 죽고 새 황제가 즉위하여 새로운 연호로 바꾸는 것은 '건원建元'이라 한다. 옛적에는 중대한 사건이 벌어진 해에 개원을 하여 그 의미를 기념했다. 예를 들어 '원수元狩'라는 연호는 한 무제가 사냥을 할 때 진귀한 짐승을 잡은 것을 기념하여 개원한 것이다. 위청衛靑과 곽거병霍去病이 북쪽의 흉노를 공격하여 대승을 거둔 것도 바로 원수 4년(기원전 119)의 일이다. 사실 한 무제는 55년의 재위 기간에 총 11개의 연호를 사용했다. 역대 세 번째로 연호가 많은 왕이다. 1위는 당나라의 여제 무측천武則天으로, 21년의 재위 기간에 무려 18개의 연호를 사용했다. 무측천 당대의 사람들은 자기가 어떤 해를 살고 있는지 꽤나 헷갈렸을 것이다. 반면 명·청 시대의 황제들은 대부분 하나의 연호를 사용했기 때문에 후대 사람들은 그 시대의 황제를 연호로 기억하기도 한다. 영락제나 강희제 등이 대표적인 사례다. 연호의 사용은 정통성이나 귀화 여부를 상징하기도 한다. 청나라 강희 연간에 강남의 문인이 명나라 역사서를 편찬하면서 일부 대목에는 청나라 연호를 사용하지 않고 명나라 연호를 사용하자 강희제가 진노하여 관련된 70여 명을 처형한 일이 있다.

연호 기년법은 동아시아 문화권의 다른 나라에도 영향을 끼쳐서 조선, 일본, 베트남도 연호로 햇수를 계산했다. 일본은 당나라 때 연호 제도를 받아들인 이후로 지금까지 1000여 년 동안 총 247개의 연호를 사용했다. 이 책이 출판되는 2019년은 일본 천황의 연호로 헤이세이平成 31년이다. 일본에서는 연호를 정할 때 주로 중국의 고전 문헌을 참고하는데 가장 많이 사용하는 경전은 『상서尚書』와 『주역周易』이다. 그런데 내가 이 책을 쓰는 동안 일본은 새로 즉위할 천황의 연호를 '레이와令和'로 발표했다. 1000년 넘게 중국의 고전에서 연호를 채택해온 관습을 깨고 처음으로 자국의 고전인 『만엽집萬葉集』에서 연호를 찾아낸 것이다.

한편 중국에서는 지금까지도 옛 기년법인 간지干支 기년법을 사용하고 있다. 이는 10천간天干과 12지지地支의 글자를 차례로 조합하여 연도를 기록하는 방법으로 '천간지지 기년'이라고도 불린다. 천간과 지지는 황제黃帝 때 만들어진 것으로, 처음에는 제사와 점복占卜에 사용되었다고 한다. 천간지지 기년법을 정하는 방법은 천간의 첫 번째 글자를 지지의 열두 글자와 차례로 조합하고, 그 다음으로 천간의 두 번째 글자와 지지 열두 개를 조합하는 방식으로 연도를 기록한다. 천간은 10개, 지지는 12개이고 10과 12의 최소공배수는 60이므로 천간지지는 60년마다 한 번씩 맨 처음으로 돌아간다. 60년의 첫 번째 해가 갑자년甲子年이기 때문에 옛날에는 60년을 '갑자'라고 불렀다.

10천간

1	2	3	4	5	6	7	8	9	10
갑甲	을乙	병丙	정丁	무戊	기己	경庚	신辛	임壬	계癸

12지지

1	2	3	4	5	6	7	8	9	10	11	12
자子	축丑	인寅	묘卯	진辰	사巳	오午	미未	신申	유酉	술戌	해亥

옛날에는 역사적으로 중대한 사건에 연호를 붙여 부르기도 했다. 북송 때 범중엄范仲淹이 실시한 개혁에 대해 송나라 인종의 연호인 '경력慶曆'을 붙여 '경력신정慶曆新政'이라 했다. 악비岳飛의 시 「만강홍滿江紅」에 '정강의 치욕靖康恥'이라는 구절이 있는데, 정강은 바로 북송의 마지막 황제인 흠종欽宗의 연호다. 연호 기년은 특정 해가 대략적으로 어느 시대인지 금방 알 수 있다는 장점이 있지만 구체적인 연도는 파악하기 힘들다. 반면 간지 기년은 정확한 시점을 알 수 있기 때문에 중대한 사

건은 대부분 간지 기년법에 따른 연도 이름을 붙인다. 갑오전쟁(청일전쟁)은 갑오년에 일어났으니 1894년, 무술변법은 무술년에 발생했으니 1898년이라는 사실을 바로 알 수 있다. 그러나 간지는 60년 주기이기 때문에 아주 먼 과거의 연도는 헷갈릴 수 있다. 그래서 옛날 사람들도 연호 기년법과 간지 기년법을 섞어서 썼다. 연호를 앞에 두고 간지를 뒤에 두면 오해할 일 없이 정확하게 기억할 수 있는 것이다. 명대 위학이魏學洢가 쓴 『핵주기核舟記』에 나오는 "천계임술天啓壬戌의 가을날"이 바로 이 조합을 사용한 사례다.

옛날에는 큰 인물이 출생한 해 또는 중요한 사건이 발생한 해를 원년으로 하는 '중대사건 기년법'도 있었다. 예를 들어 '황제기년'은 황제가 역법을 창제한 해를 원년으로 하고 햇수를 계산하는 기년법이다. 신해혁명 당시 기원전 2698년을 황제기년의 원년으로 삼아 한동안 황제기년을 사용하기도 했다. 그러다가 서력西曆 기원으로 바뀌었다. 중화민국 시기에도 중화민국이 수립된 해를 원년으로 한 '민국기년'을 사용한 바 있다. 이 역시 중대사건 기년법의 일종이다. 타이완에서는 지금까지도 서기와 민국기년을 함께 사용하고 있다.

나도 이 기년법 때문에 재밌는 일을 겪었다. 대학에 다닐 때 타이완 대학생이 참여하는 여름 캠프가 있었는데, 타이완에서 온 예쁜 여학생을 슬쩍슬쩍 훔쳐보다가 그녀의 명찰에서 '76년'이라 적힌 숫자를 발견했다. 그 숫자는 나의 뇌리에 1976년으로 입력되었고 그녀의 출생년도라고 오해하게 만들었다. 나는 머릿속이 하얘졌다. 그녀는 교수님이란 말인가? 나중에서야 '76년'이 타이완에서 사용하는 '중화민국 76년', 즉 1987년이라는 사실을 알게 되었다.

기년법의 변화는 역사와 문화의 변천 그리고 문명의 전승을 보여준다. 최근에는 중국의 전통적인 기년법을 되살리자는 주장도 있고, 심지어 서력기원을 폐지하자는 주장까지 있다고 한다. 전통문화를 선양하고 문화적 자신감을 키우자는 뜻이 담긴 주장일 테지만 나는 이런 형식주의에는 반대하는 입장이다. 과거의 것을 존중하고 연구하는 태도는 옳지만, 이미 죽은 것을 굳이 역사의 잿더미 속에서 끄집어내어 사용하자는 것은 본질에서 비껴나 대중을 호도하는 것이라 생각한다.

06

원단,
음력과 양력의 기원

　'원元'은 시작 또는 처음을 의미하고 '단旦'은 아침을 뜻한다. 따라서 '원단'은 새해 첫날을 뜻한다. 원단은 중국에서 3000여 년간 이어져 온 명절로, 고대에는 원정元正, 원일元日, 원진元辰 등으로 불리다가 당나라 때 비로소 '원단'이라는 용어로 정착되었다. 또한 고대의 역법은 오늘날과 달랐기 때문에 그 날짜도 지금과는 달랐다.

　옛날 중국에서는 농력農曆, 즉 오늘날의 음력을 사용했다. 엄밀한 의미에서 농력은 음력이 아니며 '음양력陰陽曆(태음태양력)'이라는 표현이 정확하다. 음력은 달이 지구 주위를 도는 운행 주기를 바탕으로 만들어진 역법으로, 달이 둥글어졌다가 가늘어지는 삭망월朔望月이 한 달이다. 정확하게는 29일 12시간 44분 2초 8이다. 음력은 삭망월 12개를 1년으로 하기 때문에 음력의 1년은 354일보다 약간 길다. 반면 양력은 지구가 태양 주위를 도는 운행 주기를 바탕으로 만들어진 역법으로, 태양력이라고도 불린다. 지구가 태양 둘레를 한 바퀴 공전하면서 춘하추동을 한 차례 거치는 1년의 시간으로, 이를 회귀년回歸年이라고도 한다.

태양력에서 계산하는 1년은 정확히 365일 6시간 9분 10초다. 양력에서는 1년을 12달로 나누고, 긴 달은 31일, 짧은 달은 30일, 2월은 28일로 정한다.

간단히 말하자면 음력은 달을 기준으로 하여 월을 먼저 계산하고 나서 연을 계산한다. 반대로 양력은 태양을 중심으로 하며 먼저 연을 계산한 다음 월을 계산한다. 음력을 사용하면 달의 차고 이지러지는 모습을 볼 수 있고, 양력을 사용하면 봄·여름·가을·겨울의 변화를 볼 수 있다. 고대 이집트나 바빌론, 인도, 그리스, 로마 등 초기의 인류 문명은 달이 더 관측하기 쉽기 때문에 대체로 음력을 사용했다. 달이 한 바퀴 도는 모양을 관측하는 데는 30일 정도 걸리는 반면 태양은 365일이 걸리기 때문에 고대에 양력을 만드는 자들은 안타깝게도 1년 동안 꼼짝도 못하고 태양만 바라봐야 했다.

고대 중국에서도 처음에는 음력을 사용했다. 다만 이 역법에는 한 가지 문제가 있다. 삭망월 12개를 더하면 354일로, 태양력의 1년인 365일보다 11일이 적기 때문에 음력으로 1년이 지날 때마다 시간이 11일씩 앞당겨지고, 시간이 지날수록 월과 계절이 맞지 않게 되는 것이다. 하지만 지혜로운 고대인에게 이것은 그리 큰 문제가 아니었다. 그들은 음력과 양력을 통합했다. 즉 삭망월로 월을 정하고 회귀년으로 연을 정한 뒤 발생하는 일수의 차이는 윤달을 만들어서 보완한 것이다. 가령 우리가 음력을 이용하다 보면 '윤사월閏四月(음력 4월에 든 윤달)'을 맞곤 한다. 4월을 보낸 후 다시 윤사월을 맞게 되는 것이다. 이렇게 윤사월이 임시로 끼어드는 것은 음력과 양력의 시간 차이를 보완하기 위함이다.

옛날 중국의 각종 전통 역법은 모두 농력의 범주에 들며 기본적으로 동일한 원리를 따랐지만 각각의 명칭은 조금씩 달랐다. '농력'이라는 명칭은 1960년대에 등장한 것으로, 역사적으로 오랫동안 농업 생산을 이끌어온 역법이라는 의미가 강조된 것이다. 농력은 음력과 양력의 장점을 합친 것으로, 실제로는 음양 합력인 셈이다. 역대 왕조를 통틀어 여러 버전의 농력이 존재해왔는데, 현재 사용하는 농력은 청나라의 『서양신법역서西洋新法曆書』를 계승한 것이다. 이 책은 400여 년 전 유럽 예수회의 선교사였던 아담 샬Johann Adam Schall von Bell(탕약망湯若望)이 중국의 천주교 교인들과 힘을 합쳐 편찬했다.

옛날 중국의 원단은 농력에 따라 정해졌다. 즉 농력으로 새해 첫날을 원단으로 정한 것이다. 진秦나라 때의 농력은 10월을 1년의 첫 달로 삼았기 때문에 10월 초하루가 원단이었다. 한 무제 때에는 새로운 농력을 사용했는데, 정월을 첫 달로 삼았기 때문에 정월 초하루가 원단이 되었다. 그 후 2000년 동안 중국의 원단은 농력 정월 초하루였다.

1912년 중화민국 수립 후, 공력公曆(그레고리력)을 사용하면서 공력 1월 1일이 원단이 되어 지금까지 이어졌다. 공력은 로마 교황이 1582년에 시행을 반포한 서양의 역법으로, 서력西曆 또는 서원西元[8]이라고도 한다. 따라서 저우제룬이 부른 「서원 전의 사랑」이라는 노래는 '기원전의 사랑'이라는 뜻이다. 공력은 양력의 일종으로, 예수가 탄생한 해를 원년으로 하여 햇수를 계산한다. 예수 탄생 이전은 공원전公元前이라고 한다.[9] 올해가 2019년이니까 예수가 태어난 후 2019년째인 것이다.

공력은 서양의 역법이기 때문에 중국의 전통 띠와는 맞지 않는다. 새

---

8 한국에서는 서력기원西曆紀元을 줄여 서기西紀라고 주로 부름.
9 중국에서는 공력기원公曆紀元을 줄인 공원公元이라는 표현이 가장 보편적으로 사용되고 있다.

해 첫날에 '돼지띠의 해를 맞아 복 많이 받으세요'라고 축하인사를 나누는 이들은 정말이지 시간을 제대로 이해하지 못한 것이다. 우리는 습관적으로 농력의 정월 초하루에 새로운 띠의 시간이 시작된다고 생각하지만 역법의 관점에서 따지자면 띠는 천간지지의 24절기와 맞물리기 때문에 새로운 띠가 시작되는 시점은 입춘이다.

옛날 사람들은
어떻게 시간을 확인했을까?

앞서 옛날 사람들이 햇수를 계산하는 기년법과 연월일을 계산하는 역법을 살펴봤다. 그렇다면 옛날 사람들은 하루하루의 시간을 어떻게 확인했을까?

중국에는 일찍이 한나라 때부터 종루鍾樓와 고루鼓樓를 통해 시간을 알리는 제도가 있었다. 초기에는 종루와 고루가 황궁 안에 설치되어 있었기 때문에 황실에서만 시간을 알 수 있었고, 당나라 때에 이르러 아침에 종을 쳐서 시간을 알리고 저녁에 북을 쳐서 시간을 알렸다. 이 방식에서 '신종모고晨鐘暮鼓'라는 말이 생겨났다.

당나라 때 도성 장안성에 야간 통행금지 제도가 시행되었다. 이에 따라 주요 거리마다 가고街鼓를 설치하여 종루와 고루에서 알리는 소리에 따라 북을 쳐서 도성 전체에 통행금지를 알렸다. 저녁 북소리가 울리면 아무도 거리를 돌아다닐 수 없었으며, 이를 어긴 자에게는 처벌을 내렸다. 괜한 엄포가 아니었다. 실제로 당나라 때 술에 취해서 통금을 어긴 사람이 장형을 받고 죽은 사례가 있다. 그러니 당나라로 시간여행을 떠났는데 불행히도 밤에 도착한다면 목숨을 보전하기 어려울 수도 있다. 하지만 송나라 시대로 가게 된다면 걱정할 필요 없다. 도시가 유례없이 번성했던 이 시대에는 통금이 없었으니까. 그래서 올빼미족이 많았고, 그런 올빼미들을 위해 사원의 승려들이 거리를 순회하면서 철패鐵牌나 목어木魚를 두드려 시간을 알렸다. 옛날 사람들은 밤을 5경更으로 나누고 경이 바뀔 때마다 시간을 알렸기 때문에 시간을 알리는 것을 '타경打更'이라고도 했다. 날이 밝을 무렵 타경을 하는 승려들은 그날의 날씨를 알려주는 친절한 일기예보관이기도 했다. 원·명·청 시대에는 도성 외에 다른 지방에도 종루와 고루가 설치되었다. 시안에 남아 있는 종루와 고루를 당나라 태평성세의 유산으로 생각하는 사람이 많은데, 사실은 명나라 때 만들어진 것이다.

종루와 고루에서는 어떤 원리로 시간을 측정했을까? 초기에는 태양

해시계

동호적루(중국국가박물관 소장)

을 관측하여 시간을 측정했다. 즉 해가 떴을 때 만들어지는 그림자의 길이와 방향으로 시간을 쟀다. 3000여 년 전 주나라 때 발명된 해시계 '일구日晷'가 바로 그러한 도구다. 옛날 사람들은 시간을 '광음光陰'이라고 불렀는데, 원래 광음 1촌寸은 해시계에 비친 그림자의 길이가 1촌이라는 뜻이다. 해시계는 하루를 12시진으로 나눴다. 1시진은 2시간이며, 해시계의 최소 눈금은 오늘날의 15분에 해당한다. 그래서 옛날에는 15분을 1각刻이라고 불렀다. 옛날에는 하루가 12시진이고 1시진이 8각이었다.

24시간과 12시진 대조표

자시(子時)	축시(丑時)	인시(寅時)	묘시(卯時)	진시(辰時)	사시(巳時)
23:00-00:59	01:00-02:59	03:00-04:59	05:00-06:59	07:00-08:59	09:00-10:59
오시(午時)	미시(未時)	신시(申時)	유시(酉時)	술시(戌時)	해시(亥時)
11:00-12:59	13:00-14:59	15:00-16:59	17:00-18:59	19:00-20:59	21:00-22:59

해시계는 흐리거나 비 오는 날 그리고 밤에는 사용할 수 없었다. 그래서 사람들은 날씨의 영향을 받지 않는 측정 기구인 누각漏刻, 즉 물시계를 발명해냈다. '동호적루銅壺滴漏'라고도 불리는 이것은 구리로 된 병에 일정량의 물을 넣어 서서히 빠져나가도록 하여 그 물의 양으로 시간을 측정하는 도구다. 초기에 만든 물시계는 물의 수위에 따른 압력차 때문에 '수위가 높으면 물이 빨리 빠져나가고 수위가 낮으면 물이 천천히 빠져나가는' 결함 때문에 시간 계산에 오차가 발생할 수밖에 없었다. 이후 후한 시대의 과학자 장형張衡이 기존의 누각을 2단으로

하여 물병 하나를 더하는 식으로 이 문제를 개선했다. 물의 높이를 낮 춤으로써 물이 빠져나가는 속도를 좀더 균일하게 하여 시간 계산의 오 차를 줄인 것이다. 후세에도 이 방식의 해시계가 이용되었으며 송·원 시대에는 보다 정밀한 4단짜리 해시계가 등장했다.

　그 밖에 아주 간편한 시간 측정 방법으로, 향 피우기가 쓰이기도 했 다. 한 개의 향이 타는 시간, 즉 "일주향—炷香의 시간"이라는 표현은 여 기에서 나온 것이다. 이 방식은 중국에 불교가 유입된 이후에 발명된 것으로, 시간을 측정하는 용도의 향은 '경향更香'이라 불렸다.('경更'이란 글자는 시간의 눈금이라는 뜻을 지니고 있다.) 경향은 연소 속도가 균일한 목재로 만들어지며, 일정한 간격을 두고 향 중간에 금속 구슬을 박아 넣은 종류도 있었다. 경향의 한 구간이 다 탈 때마다 금속 구슬이 떨어 지게 하여 시간을 알리는 방식이다. 경향은 송나라 때 무역상들에 의 해 해외로 수출되었는데, 경향의 정확도에 외국인들은 감탄을 금치 못 했다고 전해진다. 조지프 니덤Joseph T. M. Needham은 『중국의 과학과 문 명Science And Civillisation In China』에서 경향에 대해 이렇게 평가했다. "나 는 지금껏 이것의 큰 오차를 발견하지 못했다. 이 발명은 자명종을 대 체할 수 있다." 서양의 시계가 매우 비싸게 팔리던 시대에 경향은 확실 히 훨씬 서민적이고 소탈한 도구였다. 명나라 때 단돈 3푼文짜리 경향 한 판이면 하루 종일 쓸 수 있었다.

　'일주향' 외에도 시간의 길이를 나타내는 말 중에는 불교와 관련된 것이 아주 많다. '일탄지—彈指'[10]란 오늘날의 0.72초에 해당하고, '한 순

10　손가락을 한 번 튕길 정도의 짧은 시간.

간一瞬'은 0.36초에 해당한다. 가장 짧은 것은 0.018초인 '일념一念'이다. "한 순간에 너를 잃었구나." 0.36초 만에 한 사람을 잃어버리다니, 확실히 너무 빠르다.

명나라 중반부터는 서양의 시계가 예물이나 상품으로 중국에 들어왔다. 1601년 이탈리아 선교사인 마테오 리치가 만력 황제에게 자명종을 바친 것이 그 시작이었다. 청나라 시대에 귀족과 관료 등 상류층에서는 시계를 보편적으로 사용했다.

중추절과
월병의 기원

중추절中秋節(추석)은 춘절春節, 청명淸明, 단오端午와 더불어 중국의 4대 전통 명절이다. 역사적으로는 중추절이 가장 나중에 탄생했으며, 그 탄생 배경에는 외국의 영향을 크게 받았다. 여기서 말하는 '외국'이란 먼 나라가 아닌 이웃 나라 한국으로, 당시의 명칭은 '신라'였다. 그러니 초기의 중추절은 영락없는 '외국 명절'이었다.

학계의 고증에 따르면 당나라 이전까지 중국에는 중추절이 없었다. 다만 8월 15일에는 유달리 달이 둥글고 밝았기 때문에 당나라 때에는 문사文士들이 달을 감상하면서 시를 읊는 행사가 있었고, 이후 매년 같은 날에 달을 바라보는 전통이 생기긴 했지만 명절로 자리를 잡지는 않았다. 그런데 신라에서 당나라로 건너온 유학생과 교민들은 8월 15일을 기리는 행사를 열었다. 역사적으로 이날은 대외적인 전쟁에서 처음 승리를 거둔 날이기 때문이다.[11] 당시 당나라의 문화는 매우 개방적이

---

11 신라가 삼국통일의 날을 기념하여 8월 15일에 즐겁게 놀았다는 기록은 『일본서기』에 담긴 것이다. 하지만 『삼국사기』 「신라본기」 유리왕 조에 따르면 우리나라의 전통 명절인 '추석'은 여인

고 포용적이었으므로 외국의 명절을 함께 즐겼다. 즉 달을 보는 전통과 신라의 경축일이 결합되어 8월 15일이 명절로 자리를 잡게 된 것이다. 주변 국가에 많은 영향을 끼치기도 하고 수많은 외래문화를 흡수했다는 데서 당나라 문화의 위대함이 드러난다. 자기 것을 외부에 전해주기도 하고 외부의 것을 받아들일 줄 아는 '주고받음'은 당나라의 문화 풍토였다.

송나라 때부터 중추절 풍속은 신라의 그것과는 완전히 다른 중국의 전통 명절이 되었다. 이렇게 말하면 다소 불쾌하게 여길 사람이 있을지도 모르겠다. 무슨 근거로 우리의 중추절이 한국에서 비롯되었다고 말하는 거지? 한국이 우리의 단오절을 자국의 명절로 삼았는데, 중추절까지 그들의 것이라는 말인가? 오해하지 마시길. 한국이 단오절을 세계유산으로 신청할 때 제출 서류에 "단오절은 원래 중국의 명절로, 한국에 전해진 지 이미 1500여 년이 되었다"라고 밝혔다. 이 문제에 대해 우리가 좀스럽게 굴 필요는 없다. 2000~3000년간 중화문화권에 속해 있었으며 그 문화의 영향을 받은 한국이 지금까지도 그러한 전통을 아끼고 좋아하고 있다는 것 자체로 중국 문화의 영향력을 입증하는 것이다. 실제로 한국이나 일본 등의 국가는 옛 중국의 많은 전통과 양식을 유지하고 있으니, 우리의 것을 대신 전승해주고 있다고 생각하면 오히려 자랑스러워해야 할 일이다.

시간이 지나면서 중국에서는 중추절에 월병月餠을 먹는 풍습이 생겨났다. 그 이유에 대해 여러 가지 설이 있지만 비교적 널리 알려진 하나

들이 길쌈 대결을 벌이는 '가배' 전통에서 유래한 것이다.

를 소개하고자 한다. 원나라 후반 조정에 불만을 품은 무리가 곳곳에서 봉기를 일으키자 주원장의 책사인 유백온劉伯溫이 8월 15일 중추절을 기해 만백성이 들고일어나게 하자는 묘안을 냈다. 그리고 이 내용을 백성에게 알릴 방법으로 집집마다 둥근 떡(월병)을 돌리면서 떡 안에 "8월 15일에 달자韃子를 죽이자"라고 쓰인 종이쪽지를 넣었다. '달자'란 몽골 민족을 대표하는 원나라 통치자들을 일컫는 말로, 이것이 반원反元 봉기의 시작이자 월병의 기원이다. 그러나 학계의 고증에 따르면 월병은 아무리 늦잡아도 남송 무렵에 등장한 음식이다. 달자 죽이기는 월병과 관계가 없고, 어디까지나 속설일 뿐이다.

09

'칠척장신'은
키가 얼마나 클까?

옛 문학작품이나 사극에서는 남성의 키를 묘사할 때 '위풍당당한 칠척장신'이라는 표현이 자주 등장한다. 1척은 약 33센티미터니까 칠척장신을 계산해보면 230센티미터나 된다. 이보다 더 과장된 표현도 있다. 역사서에 기록된 항우項羽의 키는 8척이고 여포呂布는 무려 9척에 이른다. 각각 260, 300센티미터라는 말이다. 가장 놀랄 만한 인물은 공자로, 역사서에 기록된 그의 키는 9척하고도 6촌이다. 이게 진실이라면 공자는 거인증이 아니었을까 싶다.

옛사람들은 과연 그다지도 키가 컸단 말인가? 후대로 오면서 점점 키가 작아진 걸까? 아무리 생각해도 그런 것 같지는 않다. 키에 가장 큰 영향을 주는 후천적 요소는 음식을 통한 영양 섭취인데 결코 지금의 생활여건이 옛날만 못할 리가 없다. 그러니 키가 어떻게 '옛날만 못할' 수 있겠는가?

알고 보면 옛날 사람들이 말하는 칠척장신은 그리 큰 키가 아니다. 당시와 지금의 '척'의 길이가 달랐기 때문이다. 특히 길이를 재는 표준 단위는 왕조마다 달랐다. 학계의 고증에 따르면 진秦나라 때 1척은 23.1센티미터, 한나라 때는 23~23.6센티미터, 수·당나라 때는 30센티미터, 송나라 때는 30센티미터가 넘었다. 그렇다면 항우의 키는 185센티미터 정도로 추정된다. 키가 큰 편이기는 하지만 이 정도는 요즘에도 드물지 않은 편이다. 2미터 남짓 되는 여포는 확실히 키가 큰 편이기는 하지만 야오밍姚明[12]보다는 작다. 그렇다면 거인증이 의심되는 공자의 키를 계산해보자. 춘추 시대 노나라 유적에서 출토된 자의 1척은 약 20.5센티미터이므로 이것을 기준으로 공자의 키를 계산해보면 196센티미터로 추정된다. 공자는 꽤나 훤칠한 스승이었던 모양이다. 오늘날 각지에 조각된 공자상 가운데 키 큰 형상으로 세워진 것들은 허구가 아니라 역사적 사실에 충실한 셈이다.

'칠척장신'이라는 표현은 최소한 전국 시대부터 존재했다. 『순자荀子』 「권학勸學」 편에는 "입과 귀 사이는 네 치밖에 안 되는데 어찌 일곱 척의 몸을 아름답게 하기에 족하겠는가?"라는 구절이 있다. 전국 시대와 가까운 진나라의 도량형 표준으로 계산하면 칠척장신도 160센티미터 남짓에 불과하다. 오늘날의 고분 연구들도 이를 증명해주는데, 진한 시대의 고분을 연구한 결과 당시 남성의 평균 신장은 168센티미터고 여성은 152센티미터로 나타났다. 우리의 추측과 얼추 비슷하다.

오늘날 중국의 칠척장신은 어느 정도나 될까? 2015년 국무원 신문판공실新聞辦公室에서 발표한 「중국 주민 영양 및 만성질환 상황 보고」에 따르면 중국 성인 남성의 평균 신장은 167.1센티미터, 여성은 155.8센티

---

[12] 중국의 유명한 전직 프로농구 선수로 키가 226센티미터다.

미터다. 2000년이 지나도록 중국인의 평균 신장이 높지 않은 이유는 무엇일까? 우선 오늘날 성인의 평균 신장을 집계할 때 노인층이 포함되기 때문이다. 이들은 1949년 전후에 태어나 유년 시절에 대기근과 물자 부족의 시절을 겪은 계층으로, 영양을 제대로 섭취하지 못해 대체로 키가 작은 편이다. 또 다른 원인으로는 지역에 따라 신장의 차이가 크다는 점을 들 수 있다. 특히 둥베이나 산둥 지역의 사람은 남부의 쓰촨과 충칭 지역의 사람보다 7~8센티미터 큰 편으로, 남부와 북부의 격차가 크다. 또한 진한 시대 남성의 평균 신장이 168센티미터라는 고고학 연구 결과는 서북 지역에 한정된 결과라는 점을 주목해야 한다. 오늘날 산시 지역 사람들의 평균 신장은 약 172센티미터로 2000년 전보다 키가 크다.

병마용의 키를 근거로 내 주장에 의혹을 제기하는 이들도 있을 것이다. 물론 병마용 박물관의 문화해설사는 모든 병마용의 키가 185센티미터가 넘는다고 자랑하듯이 소개했고, 실제로 갱 안에 있는 병마용들은 매우 커 보였다. 하지만 모든 병마용은 10센티미터 넘는 발판 위에 세워져 있으니 키만 따로 잰다면 실제 키는 대부분 170~181.5센티미터 정도인 셈이다. 물론 그 정도만 해도 앞서 계산한 168센티미터보다는 훨씬 크다. 다만 병마용의 실제 모델은 군인이었으며 더욱이 황제를 지키던 친위부대였을 테니 당연히 키가 큰 자들이 선발되었을 것이다. 따라서 병마용의 키를 기준으로 옛사람의 평균 신장이 컸다고 단정할 수는 없다.

10

'학부오거'는
얼마나 대단한 일일까?

옛사람들은 학식이 넓고 깊은 사람을 묘사할 때 '학부오거學富五車'라는 성어를 사용했다. 이 말은 『장자莊子』에서 전국 시대의 정치가인 혜시惠施를 설명하는 문장, 즉 "혜시는 여러 방면에 능하고 그 책은 다섯 수레다惠施多方, 其書五車"에서 비롯된 것이다. 여기서 수레 다섯 대의 책이란 혜시가 굉장히 많은 책을 읽었다는 뜻이다. 그렇다면 당시 수레 다섯 대 분량의 책은 어느 정도일까? 함께 계산해보자.

오늘날 우리가 읽는 종이책은 후한 시대 이후에 등장했기 때문에 '학부오거'에서 말하는 '책冊'의 형태는 지금과 크게 다르다. 물론 제지술을 발명한 채윤蔡倫도 후한 시대 인물이기는 하지만 그 당시만 해도 종이책은 보급되지 않았다. 위·진 시대에 이르러 불교가 전파되고 불경 보급이 요구되면서부터 비로소 값싸고 편리한 종이책이 개발되었다.

그렇다면 선진 시대의 책은 어떤 형태였을까? 바로 간독簡牘13이다.

---

13 중국에서 종이가 발명되기 전 글을 쓰는 데 사용했던 대쪽이나 얇은 나무쪽.

목독(창사長沙 간독박물관 소장)

죽간

간독은 그 넓이에 따라 '간'과 '독'으로 나뉘는데, 얇고 긴 것이 간이고 좀더 널찍한 것이 독이다. 재료는 둘 다 나무를 사용했으나 일반적으로 대나무로 만든 간은 '죽간竹簡'이라 했고, 일반 나무로 만든 독은 '목독木牘'이라 불렸다.

일찌감치 상나라 때부터 쓰이기 시작한 죽간은 전국 시대에 널리 사용되었으며 한나라 때까지 이어졌다. 제작 방법은 보기와는 달리 꽤 번거롭다. 우선 품질이 좋은 청죽靑竹을 골라 적당한 크기와 길이로 재단하여 자른다. 죽간의 폭은 0.5~1센티미터 정도이며 길이는 적어 넣을 내용에 따라 각각의 표준을 정했다. 예컨대 조서와 율령을 적는 죽간은 길이가 3척(약 67.5센티미터)이고, 경전의 필사본은 2척 4치(약 56센티미터)다. 민간에서 편지 용도로 쓰이는 죽간은 대개 1척 안팎(약 23센티미터)인데, 짧은 편지는 1척 길이의 목독 한 쪽이면 충분했다. 그래서 옛날에는 편지를 '척독尺牘'이라 부르기도 했다. 죽간의 무게를 줄이고 곰팡이가 피거나 좀이 스는 것을 방지하기 위해 잘라낸 대나무를 불을 쪼여 건조시킨다. 신선하고 촉촉하던 청죽 조각이 건조될 때 물방울이 떨어지는 모습이 마치 땀을 흘리는 것 같다 하여 이 공정을 '한청汗靑'

또는 '살청殺靑'이라 한다. 오늘날 영화계에서 촬영을 끝낼 때 '사칭殺靑'이라 말하곤 하는데, 바로 죽간 말리기에서 비롯된 것이다. 살청을 끝내면 비로소 글씨를 쓸 수 있는 죽간이 완성되며, 글자를 쓰다가 틀리면 칼로 긁어낸 뒤 다시 쓸 수 있다. 틀린 글자를 깎아내는 칼을 '서도書刀'라고 하며, 옛 문인들이 늘 지침하는 필기구 중 하나다. 글을 다 쓴 뒤에는 죽간 위아래에 구멍을 내고 줄을 꿰어 하나로 잇는다. 이것이 바로 책冊이다.

독의 주 재료는 나뭇조각으로, 한나라 때는 주로 호양나무胡楊(백양나무의 일종)나 다북위성류多北渭城柳를 사용했다. 독의 폭은 간보다 훨씬 넓게 하여 6센티미터 정도로 잡으며 때로는 15센티미터 이상으로 재단하기도 한다. 이렇게 만든 독 조각에는 간보다 훨씬 많은 글자를 적을 수 있기 때문에 책으로 엮지 않고 주로 낱개로 사용했다. 장방형 모양을 본떠 '방方'이나 '판版'이라고 불리기도 했다. 나라의 영토를 일컫는 '판도版圖'라는 용어는 지도를 그릴 때 주로 독을 사용하여 유래된 것이다.

'학부오거'의 시대에 죽간으로 만든 책은 종이책에 비할 수 없을 만큼 무거웠다. 이와 관련하여 『한서漢書』에는 다양한 책을 두루 섭렵한 동방삭東方朔이라는 인물에 관한 이야기가 실려 있다. 그가 한 무제에게 보낸 자기 추천서의 양이 무려 3000조각이나 되어 두 명이 간신히 궁으로 날랐다는 것이다. 죽간 한 조각에 30여 자를 쓸 수 있으니 3000조각이면 10만 자쯤 되었을 것이다. 이 책에 실린 글자 수와 맞먹는다. 죽간이 얼마나 무거웠을지 짐작할 수 있을 것이다.

그렇다면 죽간 다섯 수레의 무게는 어느 정도 될까? 타이완의 역사학자인 싱이톈邢義田 선생은 동방삭이 보낸 추천서 죽간의 무게를 고증한 결과 12킬로그램이 넘을 것이라 했다. 계산해보자. 죽간 3000조각에 10만 자 정도를 쓸 수 있고, 12킬로그램 남짓이라면 죽간 1킬로그램에는 평균 8000자가 들어간다. 마차에 실을 수 있는 최대 무게는 대략 200킬로그램이니 죽간 다섯 수레라면 1000킬로그램이다. 글자 수는 800만 자가 될 것이다.

800만 자 분량은 어느 정도일까? 중국 런민출판사에서 출판한 4대 명저를 예로 들어보자. 『홍루몽』 약 107.5만 자, 『삼국연의』 72.6만 자, 『수호전』 92.5만 자, 『서유기』 약 83만 자를 모두 더하면 약 355만 자가 된다. 학부오거의 독서량은 대략 4대 명저를 합친 분량의 두 배가 되는 셈이다. 오늘날의 고등학생이 기본적으로 도달할 수 있는 수준의 독서량이다. 그렇다고 해서 오늘날 우리는 수레 다섯 대가 아니라 열 대의 분량을 읽는다고 말할 수 있을까? 그건 아닌 것 같다. 첫째 옛날의 글은 문언체로 쓰였기 때문에 백화문보다 훨씬 많은 정보를 담고 있다. 둘째 옛사람들이 읽은 내용은 학술 서적이고 4대 명저는 백화문으로 쓰인 소설이므로 난이도 면에서 동등한 수준으로 논할 수도 없다. 무엇보다 중요한 점은 '학부오거'라는 말은 본래 다섯 수레 분량의 책을 '읽었다'가 아니라 그만한 분량의 책을 '썼다'는 뜻이다! 나는 밤낮으로 열심히 글을 쓰고 있지만 이 속도라면 옛날로 돌아간다 해도 다섯 광주리밖에 못 채울 것이다.

옛날에는
재판을 어떻게 했을까?

    청나라 말 동치同治 연간에 발생한 양내무楊乃武와 소백채小白菜 사건은 청대의 4대 기이한 사건 중 하나로 알려져 있다. 사건의 주인공인 양내무는 저장성 여항余杭현에 사는 부유한 집안의 거인擧人 신분으로, 소백채(본명 필수고畢秀姑)와 그의 남편에게 빈집 한 채를 내주고 세 들어 살게 했다. 두 집 사람들은 사이좋게 지냈으며 양내무는 틈날 때마다 소백채에게 글을 가르치기도 했다. 소백채보다 15세 연상인 양내무는 그녀에게 아무 사심이 없었으나 이웃 사람들은 둘이 같이 있는 장면을 볼 때마다 이러쿵저러쿵 입방아를 찧기 시작했다. 예나 지금이나 남녀 사이에 관한 일이라면 괜한 소문이 돌기 마련인지라 없던 '일'이 만들어졌다. 헛소문을 견딜 수 없어 소백채와 남편은 이사를 갔으나 얼마 지나지 않아 소백채의 남편이 병에 걸려 사망하고 말았다. 죽은 아들의 코와 입에서 피가 흐르는 것을 본 어머니는 며느리가 자기 아들을 독살했다고 믿고 현 관청에 고발했다.

    오늘날 죄를 심판하는 일은 사법부 주관이지만 옛날에는 주로 관료들의 권한이었다. 청나라 때 현은 가장 기초적인 행정단위였고, 현의 최고 재판관은 흔히 '현 영감'이라 불리는 지현知縣으로, 현을 다스리는 동시에 송사의 판결과 재판을 관장했다. 따라서 지현의 능력에 따라 재판 결과가 들쭉날쭉한 경우가 많았다. 칠순이 넘은 나이에 양내무와 소백채 사건을 재판한 유석동이라는 지현 역시 판단력이 흐렸던 모양이다. 그는 오늘날의 검시관에 해당하는 오작仵作을 대동하고 시체를 검안했으며 옛날 법의학계의 바이블이라 할 수 있는 『세원록洗冤錄』을 참고했다. 송나라 때 송자宋慈가 저술한 이 책에는 비상에 중독된 경우 "은침으로 망자의 목구멍을 찔러서 은침이 검게 변하면 비상 중독으로 사망했을 가능성이 크다"는 검사법이 소개되어 있다. 오작이 이 방법으로 검사한 결과 은침이 검게 변색되었고, 소백채의 남편은 비상에 중독된 것으로 결론이 났다. 하지만 『세원록』에는 이 검사에 대한 검증 기준인 "청흑불거青黑不去"에 대해서도 알리고 있다. 즉 "은침으로 목구멍을 찌른 후에는 조각皂角을 달인 물로 그 은침을 씻어야 한다. 검은색이 씻겨 나가고 은침에 다시 광택이 돌면 망자는 중독된 것이 아니다"라고 하여 확인 절차를 거치도록 했다. 그러나 사건을 그대로 종결짓고 싶었던 유 지현과 오작은 이 검증 절차를 밟지 않았다. 유 지현은 이미 양내무와 소백채가 '간통'했다는 소문을 들은 터라 심정적으로는 두 사람이 공모하여 소백채의 남편을 죽였다고 생각하여 검시 과정에 진지하게 임하지 않은 것이다.

재판 단계로 들어서자 유 지현은 죄에 대한 자백을 얻기 위해 소백채를 고문했다. 옛날의 형사 재판은 대개 구공口供, 오청五聽, 고문이라는 세 가지 방법으로 진행되었다. '구공'은 피의자 스스로 죄를 진술하게 하는 것으로, 옛 재판에서 가장 중요하게 여긴 과정이다. 피의자를 심문할 때 재판관은 '오청'을 해야 한다. 즉 피의자의 말, 안색, 기색, 청각, 눈빛을 살펴 거짓말인지 아닌지를 판단하는 것이다. 이런 방식은 참고할 만한 가치는 있지만 온전히 이 방식에 의지해 최종 판단을 하기에는 매우 비과학적이다. 오늘날 거짓말 탐지기를 사용하는 경우와 비슷하다 할 것이다. 죄가 뚜렷한데 피의자가 인정하지 않는 경우에는 고문 과정으로 넘어갈 수밖에 없다. 옛날에 고문으로 자백을 강요하는 것은 합법적이었으나 시행하는 데는 어느 정도 제약이 있었다. 당나라 때의 규정에 따르면 고문은 세 번을 넘길 수 없으며 곤장은 200대까지만 허용되었다. 법이 정해놓은 선까지 고문했는데도 피의자가 죄를 인정하지 않는다면 누명의 가능성을 고려하여 보증인을 세울 수 있도록 해준다. 과거에 급제했거나 관직에 있는 사람은 신체적 상해를 가하는 고문을 할 수 없다는 규정에 의해 유 지현은 소백채만 고문하고 거인 신분의 양내무는 고문하지 않았다.

사극 드라마에서도 재판을 진행하던 관료가 피의자에게 고문을 지시할 때 탁자에 놓인 첨통籤筒에서 제비 하나를 뽑아 땅에 던지는 장면을 엿볼 수 있다. 이렇듯 제비를 던져 명령하는 전통에서 우리는 '군사무력으로 사법의 권위를 세운다'는 고대 사법체계의 일면을 엿볼 수 있다. 말하자면 전쟁터에서 장군이 영전令箭이나 영패令牌로 명령을 내리는 것과 같은 이치라 할 수 있다. 명·청 시대에는 재판장의 판관 탁자 위에 '집執' '법法' '엄嚴' '명明'이라는 글자가 적힌 네 개의 첨통이 놓여 있었다. '집'자가 적힌 통에는 죄인을 체포하라는 제비가 들어 있다. 오늘날의 체포영장 같은 것이다. 다른 세 개의 통에는 각각 흰색·검은색·

붉은색의 제비가 들어 있는데 흰색 제비를 뽑으면 곤장 한 대, 검은색 제비는 곤장 다섯 대, 빨간색 제비는 곤장 열 대를 치라는 뜻이다. 제비를 던질 때에는 반드시 제비가 땅에 떨어지는 소리가 나야 하고, 고문 도구를 가져올 때도 땅바닥에 세게 던져서 소리를 내야 한다. 이는 피의자에게 두려움을 주어 스스로 죄를 시인하도록 하기 위한 것이다.

양내무는 자신에게 씌운 죄명을 끝까지 부정했으나, 소백채는 모진 고문을 견딜 수 없어 양내무와 간통을 저질렀으며 남편을 독살했다고 자백했다. 이처럼 옛날에는 고문에 의해 억울한 죄를 뒤집어쓰는 경우가 많았다. 유 지현은 이쯤에서 대강 판결을 지어 자신의 상관인 항저우 지부知府에 사건을 송치했다. 지부는 부府의 최고 재판 권한을 지닌 직책으로, 오늘날 시장에 해당한다. 당시 항저우의 지부인 진로陣魯는 이 사건에 대한 보고를 받아본 뒤 '복심復審'(오늘날의 2심)하도록 지시했다. 복심이 결정되면 피의자의 지위가 박탈되며 고문도 허락되었다. 이에 한 차례 고문을 당한 양내무는 자신이 짓지 않은 죄를 시인하고 말았고, 결국 참수형의 즉결 처형을 받았다. 소백채는 능지처참형을 선고받았다. 옛날에 여자가 간통하고 남편을 모살한 행위는 매우 중죄로 간주하여 대부분 능지처참의 형벌이 내려졌다. 보수적이고 낙후한 시대일수록 풍기문란의 죄를 막중하게 여겼기 때문에 간통 사건에 대한 처벌 수위는 높을 수밖에 없었다.

복심에서 사형을 언도받은 양내무와 소백채는 곧바로 끌려가 처형되었을까? 처형 집행은 그렇게 졸속으로 이루어지지 않는다. 반드시 추심秋審을 거친 후에 집행된다. 청나라의 추심 제도는 지방 추심과 중앙 추심, 두 단계에 걸쳐 진행된다. 오늘날 지방고등법원과 대법원에 해당한다. 즉 지방 추심에서 어떤 피의자에 대해 사형을 판결하면 성에 접수되어 독무督撫(총독과 순무)가 포정사布政使, 안찰사按察使와 함께 3심을 진행한다. 요즘으로 치면 성의 당위원회 서기와 성장省長, 사법 분야를 주관하는 부성장 세 명이 합동 심리를 진행하는 셈이다. 그리고 3심에서 이루어지는 재판 결과가 최종 판결이 된다.

지방 추심의 판결은 주로 '실實' '완緩' '긍矜' '유留'의 네 가지로 나뉜다. '실'은 죄상이 사실이고 양형이 적절하여 사형을 유지하는 것이고, '완'은 죄상은 사실이나 양형이 지나치니 사형을 면하고 감형하는 것이고, '긍'은 사건에 의혹이 있으니 다시 심사하라고 돌려보내라는 것이고, '유'는 죄상이 사실이고 양형도 합리적이나 피의자가 집안의 유일한 성인 남성이고 부양할 부모가 있어 사형을 면제해주는 것이다. 마지막의 경우를 '유양승사留養承祀'라 하는데 실제로는 거의 사용되지 않았다.

지방 추심 후에도 사형 판결이 유지되는 경우에는 조정으로 송치되어 중앙 추심에 회부된다. 중앙 추심에서는 우선 형부刑部와 내각 대학사內閣大學士 등 부국급副國級(오늘날의 부총리) 고위 관료가 심리를 진행한 뒤 의견을 모아서 황제에게 주청하면 황제가 최종 판결을 내린다. 황제가 사형을 집행할 만하다고 판단하면 곧바로 비준하는데, 이 최종 판결을 '구결勾決'이라 한다. 구결이 끝나면 즉각 죄인에 대한 사형이 집행된다. 청나라의 중앙 추심은 대개 농력 8월, 절기로는 가을에 열렸으며 사형은 가을과 겨울철에 집행했다. 한나라 때 마련된 이 사형 제도는 어떤 일이든 하늘의 때에 맞게 해야 한다는 옛사람들의 믿음에서 비롯된 것으로, 만물이 생명력을 잃고 사라지는 계절인 가을과 겨울이 사형하기에 '좋은 때'였던 것이다.

다시 양내무와 소백채의 이야기로 돌아가자. 2심에서 사형을 선고받은 두 사람은 이미 죽음의 문턱에 한 발을 들여놓은 상태였지만 추심을 기다리는 동안 양내무의 가족은 도성에 청원을 올렸다. 요즘으로 치면 중앙 정부에 민원을 제기한 것이다. 드라마에서는 황제나 재상에게 직접 청원을 할 수 있는 것처럼 그려지지만 현실적으로는 거의 불가능한 일이다. 황제나 재상을 알현하기가 그리 쉬운 일이겠는가? 일반적으로는 도찰원都察院이나 형부 또는 보병통령아문步兵統領衙門(흔히 구문제독九門提督이라고 함)으로 가는데, 이 세 기관은 각각 오늘날의 중앙기율위원회, 사법부, 공안부에 해당한다. 양내무의 가족은 도찰원에 민원을 제기했다.

상하이의 언론사인 『신보申報』에서 양내무와 소백채 사건에 대해 잇따라 보도하자 여론의 뜨거운 관심이 쏠렸다. 오늘날 웨이보 인기검색어에 오른 셈이다. 그러자 동궁과 서궁 황태후(동궁의 자희태후와 서궁의 자안태후)도 이 사건에 관심을 가지게 되었다. 당시 국가 실권을 장악한 자희태후慈禧太后(서태후)의 직접적인 개입으로 이 사건은 재심에 회부되었고, 형부상서 상춘영이 직접 심사를 맡았다. 지금으로 말하자면 대법원장이 직접 재판을 지휘한 격이다. 60년 경력의 검시관 한 명이 『세원록』의 검시 방법을 참고하여 소백채 남편의 관을 열고 다시 시체를 부검한 결과, 그 죽음의 원인은 중독사가 아니라 병사病死였음이 밝혀졌다. 이로써 양내무와 소백채는 간신히 누명을 벗을 수 있게 되었다.

이참에 저장의 관료 조직을 싹 정리하고 싶었던 자희태후는 이 사건과 관련하여 직무 태만 또는 직권 남용을 저지른 모든 관료를 색출하여 엄중 처벌하도록 했다. 유 지현은 헤이룽장으로 유배되었고, 나머지

30여 명의 관료도 관직을 박탈당하거나 충군充軍[14]에 처해지거나 조사 후 처벌을 받았다.

---

14 죄 지은 관리를 군역에 편입시키는 형벌.

12

옛날에는 죄인을 어디로 유배했을까?

유배는 선진 시대부터 있었던 아주 오래된 형벌이다. 선진 시대의 가장 유명한 유배 사건이라면 상나라 때 탕왕湯王의 제위를 물려받은 태갑太甲의 경우를 손꼽을 수 있다. 감히 천자를 유배 보내 근신토록 한 인물은 당시의 재상이자 권력자였던 이윤伊尹으로, 역사에서는 이 사건을 '이윤의 태갑 유배'라 한다. 초기에 유배는 귀족이나 권력층을 대상으로 한 정치적 형벌이었으나 후대에는 일반 백성도 유배에 처해졌다. 당나라 때에 이르러 유배는 태형笞刑·장형杖刑·도형徒刑·사형死刑와 함께 오형五刑에 포함되어 청나라까지 이어졌다.

요즘 사람들은 유배라 하면 먼 지역으로 보내는 정도의 대수롭지 않은 벌로 여기곤 하는데, 당시에는 사형 다음으로 가혹한 형벌이었다. 당시에는 자기가 나고 자란 고향을 떠난다는 것 자체를 매우 꺼렸기 때문에 조정의 대신大臣들도 퇴임하고 나면 자신의 뿌리인 고향으로 돌아가 남은 생을 즐기는 것을 당연시했다. 게다가 죄가 무거울수록 멀고 춥고 외진 지역 또는 무더위에 전염병이 들끓는 외딴섬으로 보내졌다.

대개는 경제가 낙후할 뿐만 아니라 의료시설이 열악한 척박한 땅이다. 유배지까지 가는 여정도 험난하기 이를 데 없어서 당도하기도 전에 병을 얻어 죽는 경우가 적지 않았다. 중범죄를 저지른 이들은 유배지에서 힘든 노역을 하거나 군역 생활을 해야 했고, 죄가 좀 덜하거나 좌천된 정치범은 비교적 자유로운 편이었지만 고달프기는 매한가지였다.

그렇다면 어떤 지역이 유배지였을까? 옛날의 유배 '성지聖地'에 대해 알아보자.

오늘날 후베이성 스옌十堰시에 속하는 방릉房陵 지역은 대부분 권력층의 유배지였다. 진秦나라가 조趙나라를 멸한 후 조나라 왕은 이곳에 유배되었고, 한나라 때 죄를 지은 황제의 친척과 세도가들 그리고 당 중종唐中宗인 이현李顯도 어머니인 무측천武則天에 의해 이곳에 유배되었다. 역사상 방릉에 유배된 왕만 16명이고, 귀족이나 세도가는 그보다 훨씬 많았다.

오늘날 광둥·광시·하이난海南 지역을 아우르는 영남嶺南 지역도 유명한 유배지였다. 지금이야 잘사는 도시지만 옛날에는 그야말로 '미개하고 황량한' 곳으로, 당나라 때 영남의 조주潮州에서 유배 생활을 한 문장가 한유韓愈는 이곳의 음식을 처음 먹어보고 화들짝 놀랐다. '세상에나! 이 괴물 같은 것을 먹으라니, 안 되겠군. 돌아가야겠어.' 그는 곧바로 황제에게 반성문을 써 바쳤고, 얼마 지나지 않아 특별 사면되어 유배지에서 벗어날 수 있었다. 한유를 놀라게 한 음식은 다름 아닌 생굴이었다. 오늘날 사랑받는 해산물이지만 당시에는 내륙에 알려지지 않아 괴생물체 취급을 받았던 것이다.

송나라 때 "문관과 사대부는 죽이지 말라"라는 선왕의 유훈 때문에 죄 지은 문관은 대부분 유배를 당했는데, 주요 유배지가 영남의 하이 난섬海南島이었다. 이곳에서 유배 생활을 한 대표적인 인물이 바로 소동 파다. 하이난섬 안에서도 가장 유명한 유배 성지는 싼야三亞 시내에서 40~50킬로미터 떨어진 야저우崖州로, 싼야의 '발원지'라 할 수 있다. 언 젠가 나는 싼야에 방문했을 때 야저우에서 유배 생활을 체험해보기도 했다. 그 옛날 이곳에서 유배 생활을 했던 문인들은 과연 "바다를 마주 하니 따뜻한 봄날에 꽃이 피네"(하이쯔海子의 시)라는 정취를 느낄 수 있 었을까?

청나라 때 조정은 만저우滿洲(명·청 시대에는 둥베이東北 지역을 만저우 라 불렀다)를 단골 유배지로 삼았다. 이곳은 만주족이 '용이 되어 승천 한' 장소인데다 군사 구역으로 관리되고 있어 경비가 철저하기도 했지 만 무엇보다 인가가 드물어 죄인이 달아나기 힘든 곳이었다. 만저우에 서 가장 유명한 유배 성지를 꼽는다면 오늘날 헤이룽장성 하이린海林시 와 닝안寧安현 일대인 닝구타寧古塔일 것이다. 사극 드라마에 나타난 청 나라 황실 이야기를 보면 죄 지은 관료에게 "닝구타로 유배하라"거나 "피갑인披甲人(하급 군인보다 신분이 낮은 소수민족)의 노예로 처하라" 등의 판결을 받는 장면을 자주 볼 수 있다. 그에 더해 "평생 관내에 들어올 수 없다"라는 판결까지 받았다면 이는 사형 판결이나 다름없는 것이다. 둥베이 지역의 극심한 겨울 추위도 견디기 힘든 것이지만 피갑인의 노 예, 즉 현지 군인의 종이 되어 힘든 노역 생활을 하는 경우 2~3년 안 에 죽음을 맞는 이들이 허다했기 때문이다. 물론 닝구타로 가는 여정 이 험난하여 길 위에서 죽는 사람도 적지 않았다. 그런 이유로 청나라 문인들 사이에서는 "사람들은 황천길을 두려워하지만 닝구타에 도착한 사람은 황천길 열 번도 두려워하지 않는다"는 말이 돌았다.

옛날에는 쓰촨四川, 구이저우貴州, 신장新疆, 몽골蒙古, 허베이성 창저우滄州도 단골 유배지였다. 물론 외지고 낙후한 지역이다. 이런 유배지에서 탈출한다면? 안타깝게도 불가능했다. 유배지 주변은 거의 허허벌판이기 때문에 무조건 탈출했다가는 황량한 땅 위에서 굶어죽기 십상이다. 게다가 중죄인은 유배되기 전 얼굴에 글자를 새기는 자자형刺字刑을 받았다. 보통 왼뺨에는 죄명을, 오른뺨에는 유배지 지명이 새겨진 탓에 어디로 가도 죄인임을 감출 순 없었다. 특히 청나라 때의 죄인들은 불쌍하게도 만주족의 문자와 한족의 문자를 모두 새겨 넣어야 했다. 유배지의 지명이 길면 얼마나 고통스러웠을까? 네이멍구 커얼친科爾沁구 쥐이후치左翼後旗로 유배된다고 생각해보라. 상상만 해도 두 뺨이 얼얼하다.

옛날 중국의
밸런타인데이는 언제였을까?

　개혁개방 이후 중국이 다원화 세계로 진입하자 서양의 다양한 기념일이 국내에 전해지면서 젊은이들의 관심을 받고 있다. 가장 대표적인 기념일은 크리스마스와 밸런타인데이일 것이다. 이에 대해 전통문화 지킴이들은 중국 고유의 '연인의 날'인 칠석七夕을 기념해야 한다고 주장한다. 내가 보기에 이 주장은 다소 엉뚱하다. 칠석은 '연인의 날'이 아니기 때문이다.

　칠석은 한나라 때부터 있었으니 최소한 2000년 넘는 역사를 지닌 셈이다. 그렇다면 한나라 때 사람들은 이날을 어떻게 보냈을까? 칠석에 관한 최초의 기록이 담긴 문헌은 동진 시대 갈홍葛洪이 쓴 『서경잡기西京雜記』로 "한나라 때 농력 칠월 초이렛날이면 궁 안에서 옷을 짓는 궁녀들이 바느질을 겨루었고, 민간에서도 이를 따라했다"는 내용이 담겨 있다. 이에 따르면 최초의 칠석은 남녀의 사랑과는 관계없는, 그저 여자들이 바느질 솜씨를 겨루는 날이었다. 이러한 풍습을 '걸교乞巧'라고 하며 베를 잘 짜는 직녀織女에 관한 민간 전설과 관계가 있다. 전설 속 직녀

고대의 칠석(「한궁걸교도漢宮乞巧圖」)

정월 대보름에 등불놀이 구경하기(이숭李嵩의 「관등도觀燈圖」)

는 원래 베를 짜던 사람이며, 삼국 시대에 여자들이 하늘의 직녀성을 향해 옷 짓는 솜씨가 늘어나게 해달라고 빌기 시작한 게 걸교 풍습이 되었다. 전설 속 직녀에게는 견우라는 연인이 있으며 칠석날이 되면 오작교에서 만난다는 이야기가 있는데, 이 이야기는 견우와 직녀의 사랑에 관한 것이지 일반 남녀의 사랑과는 아무 관계가 없다. 세월이 흐르면서 칠석날에 관한 이야기가 더해지기는 했지만 여성의 걸교 풍습만은 변함없이 이어졌으며, 남녀가 데이트하는 기념일이라는 의미로 해석된 적은 없다. 한 가지 덧붙이자면 예로부터 칠석은 결혼하지 않은 여자들이 옷을 잘 차려입고 삼삼오오 모여서 바느질 솜씨를 겨루기도 하고 음식을 함께 나눠 먹으면서 노는 날이다. 그러므로 이날은 연인의 날이라기보다는 오히려 '여성의 날'이나 '처녀들의 날'에 가깝다. 사실 조금만 생각해보면 이러한 풍습이 생겨난 까닭을 이해할 수 있을 것이다. 삼강오륜 등의 유교 관념이 뿌리 깊었던 전통 사회에서 여성은 집 밖으로 외출하기가 쉽지 않았으며, 특히 미혼인 경우에는 더욱 힘들었다. 그러므로 칠석날 연인을 만나 데이트를 즐겼을 가능성은 별로 없다.

그렇다면 옛날 중국 사회는 그토록 보수적이어서 밸런타인데이 같은 기념일이 없었을까? 그렇지도 않다. 매우 오래전, 적어도 후한 말기부터 기념해온 원소절元宵節이 있었다. 대략 2000년 정도 역사를 지닌 원소절은 초기에는 상원절上元節(음력 정월 대보름)이라 불리는 굉장히 중요한 명절이었다. 이날 도읍 사람들은 집집마다 등불을 달고 오색 천으로 장식한 뒤 노래와 춤을 즐겼다. 저녁이 되면 고관대작이든 시장 상인이든 모두 야외에서 등불놀이를 하면서 달구경을 했다. 송나라 전까지 도읍에는 야간 통행금지가 엄격했기 때문에 밤늦은 시간에 거리를 활보했다가는 관청 순찰대에 끌려가 벌을 받았지만 상원절 하루만은 예외였다. 당나라 때는 상원절 전후로 사흘간 야간 통행금지를 해제하여 사람들은 밤거리를 돌아다니거나 야외 등불놀이를 즐길 수 있었다. 송나라 때는 야간 통행금지가 없었으나 평소 여성은 저녁이 되면 문밖출입을 할 수 없었고 중문中門조차 넘지 못하게 했다. 그런 중에도 상원절 하루만큼은 여성도 마음껏 바깥 거리를 돌아다닐 수 있었다. 아가씨들이 거리에 나오면 총각들이 출동한다. 청춘남녀가 모이면 무엇을 해도 즐겁다. 그에 관한 이야기는 굳이 소개하지 않아도 잘 알 것이다. "달이 버드나무 가지 끝에 걸리고 사람들은 해 저문 후에 만나네月上柳梢頭, 人約黃昏後"라는 구절은 송나라의 시인인 구양수가 상원절의 밤 풍경을 묘사한 「생사자生查子・원석元夕(상원절 밤)」에 담긴 시구로, 남녀의 만남을 묘사한 이 대목은 특히 많은 사람에게 사랑을 받았다. 이렇듯 상원절은 명실상부 옛 중국의 연인의 날이었다.

사극 「대명궁사大明宮詞」에서 저우쉰이 연기한 태평공주가 상원절 밤에 흠모하던 '곤륜노崑崙奴'(남태평양 출신의 검은 피부 노예)를 만나는 장면이 있다. 이것만 보아도 상원절이 연인을 위한 날이었다는 것을 알 수 있다.

옛날 사람들은
어떻게 '노처녀' 문제를 해결했을까?

　옛날 사람들은 수명이 그리 길지 않았기 때문에 14, 15세가량 되면 일찌감치 혼인했다는 말은 익히 들어보았을 것이다. 과연 그 말이 사실일까? 대체로 그렇다고 할 수는 있겠지만 고대 사회에 혼인 적령기가 정해져 있었던 것은 아니다. 다만 각 사회 정세와 이념 또는 정책 등의 요인에 따라 달랐기 때문에 시대를 구분 지어 살펴볼 필요가 있다.

　선진 시기에는 남녀의 혼인 적령기에 대한 지침이 있었다. 예를 들어 『예기禮記』에 "남자 나이 서른, 여자 나이 스물이 넘도록 혼인하지 않았다면 중매쟁이로 하여금 혼인을 돕는다"라고 정하고 있다. 대개는 관청에서 지정한 중매쟁이가 배우자감을 주선하는데 당사자는 반드시 맞선에 응해야 한다. 이처럼 2000여 년 전 중국에서는 소개팅이 강제되기도 했다.

　『예기』에는 혼인 연령의 마지노선만 소개되어 있는데, 실제로는 몇 살쯤에 혼인을 했을까? 선진 시대에 관한 기록이 많지 않으므로 『좌전左傳』에 나타난 노나라 군주들의 사례를 통해 당시 서민 사회도 미루어 짐작해볼 수밖에 없다. 기록에 따르면 은공隱公은 30세 이전, 환공桓公은 약 18세, 장공莊公은 37세, 희공僖公은 25세 이전, 문공文公은 23세 이전, 선공宣公은 14~15세, 성공成公은 25세 이전에 혼사를 치렀다. 장공을 제외하고는 모두 18~30세 사이에 혼인했으니 서른 살이 되기 전에 혼인해야 한다는 규정에 부합하는 셈이다. 장공이 늦깎이 장가를 든 이유는 알 수 없으나, 조정에서 나라의 예법에 따라 혼사를 서두르지 않은 이유는 무엇일까?

전국 시대 후반에는 천하를 제패하기 위해 각 나라가 전쟁을 치르느라 사회가 불안정한데다가 진秦나라의 폭정까지 더해져 인구가 크게 줄어들었다. 그런 이유로 한나라 때에는 백성을 늘리기 위해 남자는 30세까지 여자는 20세까지 혼인하도록 했으며, 특히 여자는 15세에도 혼인할 수 있도록 했다. 한나라 혜제惠帝는 재위 6년 무렵 "여자 나이 열다섯부터 서른에 이르기까지 혼인하지 않으면 5산算을 부과하라"는 명을 내렸다. '산'이란 조정에서 세금을 거둬들이는 금전 단위로, 1산은 120전이었다. 이러한 명령은 나라에서 직접 중매를 주선하던 선진 시대와는 달리 세금을 혼인 장려의 지렛대로 삼은 정책이다. 다시 말해 15세가 된 딸이 아직 시집가지 않은 집에는 세금을 추가 징수한다는 것이다. 세수는 최대 5배까지 부과되었으며 서른이 될 때까지 계속 이어졌다. 서른이 되어서도 혼인하지 않는 경우에는 나라도 '구제'를 포기했다. 그렇다면 한나라 때 남녀의 일반적인 혼인 적령기는 어떠했을까? 양수다楊樹達의 『한나라 혼상례 풍속 연구』에 따르면 한나라 당시 일반 서민의 혼인 연령은 남자 15세, 여자 13~14세였다. 오늘날 남고생과 여중생이 한나라로 돌아간다면 딱 혼인할 나이인 것이다.

당나라 때에도 혼인 최저 연령에 관한 규정이 있었다. 현종은 개원 22년에 "남자 나이 15세, 여자 나이 13세 이상이면 혼인해야 한다"라는 명을 내렸다. 그렇다면 당시 사람들은 실제로 이 나이 규정에 따라 혼인을 했을까? 『당대묘지회편唐代墓地匯編』 문헌에서 상류층 여성 344명의 초혼 연령을 조사한 결과에 따르면 가장 어린 나이에 혼인한 자는 11세였고 가장 늦게 혼인한 자는 27세였다. 그러나 13세가 안되었거나 20세가 넘어서 혼인한 경우는 드물고 대개는 14~19세에 혼인했으며, 그중에서도 14~15세가 가장 많았다. 요즘으로 치면 중학교 졸업할 즈음에 시집을 간 셈이다. 종합해보면 당나라 때 혼인 연령대가 한나라 때보다 1, 2세 높은 편이다. 송나라 때도 당나라와 같은 연령 규율을 적용했지만 실제로는 늦게 혼인하는 사람들이 많았다. 송나라 시대 묘지에 비문을 남긴 여성 60명에 관한 통계를 실시한 결과 대체로 17~19세에 혼인했으며 평균 혼인 연령이 17.67세로 나타났다. 남성은 그보다 나이가 높았으며, 특히 지식층의 경우 평균 혼인 연령이 24.15세(20~25세)로 나타났다. 일반 서민 남자들은 대체로 20세 무렵 혼인하는 편이었지만 지식층 남성은 과거 시험을 치르기 위해 오랜 시간 공부에 몰두해야 했기 때문에 뒤늦게 혼인했을 것이다. 송나라 시대에 혼인 연령이 높은 까닭은 무엇일까? 우선 송나라는 도시 문명이 발달하여 혼인하지 않아도 다양한 활동을 할 수 있었다. 그런 관점에서 볼 때 송나라 때 확실히 근대 문명의 토대가 구축되었다 말할 수 있다. 송나라 때 혼인 연령이 높은 또 다른 이유로는 납채 예물이나 혼수 등이 엄청나게 비쌌다는 점을 들 수 있을 것이다. 혼례를 치르는 데 비용이 많이 들면 아무래도 혼인을 늦추게 되기 마련이다.

명·청 시대에도 혼인 연령은 송나라와 비슷했다. 명나라 학자 황좌黃佐가 집필한 『태천향례泰泉鄕禮』에는 이런 내용이 있다. "무릇 남녀의 혼인 시기는 남자 나이 16세가 안 되고 여자 나이 14세가 안 되었다면 이르다 할 수 있다. 남자 나이 25세 이상이고 여자 나이 20세 이상이 되어서도 혼인하지 않으면 늦었다고 할 수 있다." 이에 따르면 명나라 때의 혼인 연령은 남자 16~25세, 여자 14~20세인 셈이다. 또한 『명사明史』에 기록된 다양한 수치에 대해 통계를 낸 어느 학자의 결과도 황좌가 언급한 혼인 연령대와 일치하는 것으로 나타났다. 청나라 때에도 명나라의 전통이 이어져서 남녀 대다수가 17~20세에 혼인을 했다. '그럴 리가! 드라마에서 청나라의 황제와 혼인하는 빈嬪이나 비妃는 대부분 열서너 살이던데?' '강희제는 열세 살에 아이를 낳았던데?' 하는 의문이 생길지도 모르겠다. 청나라 황실의 혼인 연령이 낮았던 건 만주족의 전통에 따른 것으로, 원래 한족은 그다지 빨리 혼인하지 않았다.

종합해보면 옛사람들의 혼인 연령은 세월이 흐를수록 높아지는 양상을 띤다. 오늘날과 비교할 때 한나라 사람들은 중학생 즈음에, 당나라 사람들은 고등학생 즈음에 혼인했다. 송·명·청 때 사람들은 고등학교를 졸업한 뒤에 혼인했다. 다만 송나라의 서생들은 좀더 늦게, 오늘날로 치면 대학 졸업하고 난 뒤에 혼인할 수 있었다.

옛날에는
결혼하기가 어려웠을까?

　요즘 젊은 세대는 결혼하기가 쉽지 않다. 내가 어떤 사람을 사랑하게 되었을 때 그 상대도 동시에 나를 사랑하는 경우는 드물다는 것, 그것이 바로 '결혼이 어렵다'라고 생각하는 주관적인 이유다. 한편 결혼을 위한 준비라든가 복잡한 예식 절차 같은 것들은 '결혼을 어렵게' 만드는 객관적인 요소다. 그래서 많은 젊은이가 결혼하고 싶어도 망설이게 되고, 이대로 혼자 살아도 그만이라고 생각하는 사람이 적지 않다. 옛날 사람들도 지금처럼 결혼이 어려웠을까?

　상고 시대의 혼인 풍습은 오늘날과 많이 달랐다. 형제가 아내를 공유하는 군혼제群婚制든 다른 부족의 여성을 빼앗아 오는 약탈혼이든 자유롭게 혼인할 수 있었다. 정확히 말하자면 원시 사회에서는 딱히 혼인 제도라는 게 없었으며 서로 합의가 이루어지면 그뿐이었다. 그러다 문명사회로 접어들어 일부일처제가 정착되자 혼사는 중요하고도 번잡한 행사가 되었다. 특히 보수적인 가치관이 지배적인 유교사회에서는 미혼 남녀가 자유연애를 할 기회가 거의 없었다. 대부분은 '부모의 뜻'과 '중매인의 말'로써 혼인이 성사되었기 때문이다. 그래서 당사자인 신랑 신부가 혼례를 치르는 날까지 서로 만나보지도 못하는 경우가 허다했다. 좋아하고 싫어하는 감정은 혼인과 관계가 없었다는 말이다. 이렇듯 독단적인 방식으로 혼인이 이루어지던 시대에는 '주관적인 결혼의 어려움' 따위는 존재할 수 없었다. 그래서 그런지 영혼의 짝을 만나기 어려운 요즘에는 차라리 이유 불문하고 '부모의 뜻'에 따르는 과거의 혼인 방식을 그리워하는 젊은이들도 있다. 상대가 마음에 들든 말든 나이가 차면 수고스럽지 않게 결혼할 수 있으니까 말이다.

이제 '객관적인 어려움', 즉 복잡한 절차에 대해 중점적으로 이야기해보자. 선진 시기에 완성된 『예기』에는 여섯 단계의 혼례 절차, 즉 혼인 육례婚姻六禮가 규정되어 있다. 납채納彩, 문명問名, 납길納吉, 납징納徵, 청기請期, 친영親迎이 바로 그것이다. 이 절차에 대해 구체적으로 알아보자.

납채는 오늘날의 청혼의 과정이라 할 수 있다. 우선 신랑 집안에서 신부 집안에 혼담을 건네고 난 뒤 결혼하기로 정했다는 뜻을 전하는 절차다. 이 청혼 과정은 결혼 당사자가 직접 나서지 않고 집안의 어른과 매파가 알아서 진행했다. 맨 처음 매파가 신부의 집에 찾아가 신랑될 남자의 대략적인 이력과 그 집안에 대해 소개한다. 이때 매파는 남자의 집안을 한껏 띄워줘야 하기 때문에 청산유수 같은 말솜씨를 발휘할 필요가 있다. 『소림광기笑林廣記』에 이런 단락이 나온다.

옛날에 가난한 청년이 있었는데 하루 벌어 하루 먹고 사는 자신의 처지를 한탄했다. 이에 이웃사람이 그를 놀렸다. "매파를 찾아가서 말만 잘하면 돼." 가난한 청년은 무슨 뜻인지 몰라서 물었다. "매파가 팔자를 고칠 만한 돈벌이 방법이라도 가르쳐준다는 말씀인가요?" 이웃이 웃으며 말했다. "아무리 가난한 사람도 매파의 입을 거치면 단박에 출세할 수 있지!"

매파가 혼담을 넣는 데 성공하면 남자 집안에서는 정식으로 여자 측에 납채할 준비를 한다. 납채의 '채彩'자는 오늘날의 채례彩禮[1]와 같은 의미이지만 정식 채례는 아니고 견면례見面禮(첫 대면 때 전하는 선물) 정도라고 보면 된다. 옛날에는 납채할 때 주로 기러기를 선물했다. 기러기를 보내는 의미는 무엇일까? 여기에는 두 가지 설이 있다. 하나는 "나뭇잎이 떨어지면 남쪽으로 날아가고 얼음이 녹으면 북쪽으로 향하는" 기러기와 같은 철새들처럼 음양의 조화에 따른다는 뜻을 담고 있다는 것이다. 또 다른 하나는 한 번 짝을 잃으면 평생 다른 짝을 찾지 않는 기러기를 통해 상대에 대한 충성과 절개를 맹세하는 의미가 담겨 있다는 설이다. 또한 옛날에는 거위를 집기러기로 여겼기 때문에 기러기 구하기가 쉽지 않을 때는 거위로 대신하기도 했다.

납채가 끝나면 두 번째 단계인 '문명'으로 넘어간다. 문명이란 중매인을 통해 신부가 될 사람의 이름과 사주를 묻는 것을 뜻한다. 이름을 묻는 것조차 절차로 삼을 필요가 있을까? 사람을 시켜서 물어보면 간단한 거 아닌가? 하고 의아하게 생각할 사람도 있을 테지만 그 옛날에 여자의 이름은 비밀스러운 것이었다. 더욱이 미혼 여성의 이름은 집안 식구들 외에 외부에 알려져선 안 된다는 인식 때문에 식구들 사이에서도

---

1 신랑 집에서 신부 집으로 보내는 예물로, 요즘 중국에서는 주로 현금을 보낸다.

아명으로 불리곤 했다. 그러니 시간을 거슬러 과거로 돌아간다면 함부로 여자의 이름을 물어선 안 된다. 그 집에 장가가고 싶다는 오해를 살 수 있을 테니 말이다.

문명 절차에서는 신부가 될 여자의 이름뿐만 아니라 사주도 물었다. 옛사람들은 며느리가 될 여자의 태어난 일시日時를 점쟁이에게 보내 아들과의 인연이 길할지 또는 궁합은 잘 맞는지를 알아본 다음에 결혼 여부를 결정했기 때문이다. 이러한 전통은 오늘날까지 그대로 이어져서, 어르신들은 자식이 누군가를 사귀면 "궁합을 보라"는 말부터 꺼낸다. 옛날에는 이 '문명' 절차를 납채와 합쳐 진행함으로써 간소화하기도 했다.

신랑 집안에서 점쟁이를 찾아가 궁합을 볼 때는 일반적으로 길하다는 결론을 얻는다. 궁합이 안 좋게 나온 경우 그 이유는 둘 중 하나다. 점쟁이에게 복채를 적게 줬거나 신랑 측에서 궁합을 핑계로 혼사를 깨고 싶거나. 궁합이 좋게 나오면 신랑 측은 혼사의 진행을 재확인하는 뜻으로 궁합 결과를 곧바로 신부 측에 전한다. 좋은 소식을 알려준다는 뜻에서 이 절차를 '납길'이라 한다. 납길은 혼인육례 중 세 번째 단계로, 후대에는 이를 '정맹訂盟'이라고 하는데 요즘 말로는 '정혼定婚'과 같은 뜻이다.

네 번째 단계인 '납징'은 신랑 집에서 신부 집으로 '빙례聘禮(초청할 때 보내는 예물)'를 보내는 절차다. 옛날 사람들은 어떤 것을 예물을 삼았을까? 옛 예법에 따르면 예물에는 크게 세 가지가 있다. 진홍색과 연홍색으로 지은 의복(현표玄纁)과 비단 한 속束(다섯 필) 그리고 암수 한 쌍의 사슴 가죽(여피麗皮)이다. 예물 내용이 하나같이 결혼 후 사용할 집안 용품인 것을 보니 처음에는 비교적 납징이 소박했음을 알 수 있다. 물론 당시에는 물자가 부족했기 때문일 수도 있다. 개혁개방 전까지만 해도 사람들은 결혼 예물로 대야, 보온병, 이불 홑청 같은 생활용품을 예물로 주고받았으니 말이다. 이후에 경제와 사회가 발전하면서 생활이 풍족해지자 이제는 현금이 예물을 대신하고 있다. 옛날도 마찬가지였다. 처음에는 가죽이나 비단처럼 추위를 막을 수 있는 물품을 보내다가 점차 금·은이 주된 예물 항목이 되었다. 그래서 옛날 사람들도 빙례를 '빙금聘金'이라 했고 납채를 '납폐納幣'라고 불렀다.

옛날 사람들은 예물에 꽤 큰돈을 들인 편이었다. 하지만 결코 일방적으로 '주기만 하고 받지는 못하는' 식은 아니어서, 신랑 측에서 예물을 많이 보내면 신부 측에서도 그에 상응하는 지참금을 보냈다. 특히 송나라 때는 지참금을 많이 보내는 관례가 유행한 탓에 며느리보다 사위 들이기가 힘든 경우가 훨씬 많았다. 소식(소동파)의 남동생인 소철은 딸을 시집보낼 때 하남河南 신향新鄉의 옥토를 팔아 9400민縉이나 되는 지참금을 마련했다. 이에 대해 그는 일기에 "가산을 탕진하는 지참금"이라 표현하기도 했다. 9400민은 9400관貫을 뜻한다. 앞서 계산해본 것처럼 송나라 때 동전 1관의 구매력은 요즘 돈 800위안(약 13만7000원)이니까 소철이 딸을 위해 장만한 지참금은 요즘 돈으로 700만 위안(약 12억)에 해당한다. 지참금을 넉넉히 보내는 유행은 강남 지역에서 특히 심한 편이었다. 남송에 사는 정경일이라는 여자는 시집갈 때 땅 500무, 상점 30칸, 동전 10만 관을 지참금으로 가져갔다고 한다. 모두 합하면 1억 위안(약 171억5000만 원)이 넘는 수준이다.

시집가는 딸에게 왜 그토록 많은 지참금을 써야 했을까? 여기에는 두 가지 배경이 있다. 무엇보다 딸이 편하고 윤택한 생활을 할 수 있도록 미리 주머니를 채워주는 차원이다. 송나라 때에는 여성도 어느 정도 재산권을 행사할 수 있었기 때문에 신부 집에서 보낸 지참금은 며느리의 재산이었다. 신랑 집안에서 함부로 이 돈에 손을 댔다가는 처가에 무시당하기 십상이다. 그보다 중요한 이유는 지참금이 많을수록 결혼한 딸이 시댁에서 좀더 나은 대우를 받기 때문이다. 『삼조북맹회편三朝北盟會編』에 지참금에 대한 이야기가 하나 담겨 있다. 송나라의 재상 진회秦檜가 금나라 군대에 투항한 후 외국으로 파견을 나가게 되었는데, 아내인 왕씨는 남편이 자신을 버리고 떠날까 봐 이렇게 소리쳤다. "나는 중매인을 통해서 정정당당하게 진씨 집안에 시집왔어요. 지참금만 해도 20만 관이에요. 우리 아버지가 그렇게 큰 지참금을 내준 건 내가 당신과 평생 함께 잘살기를 바라셨기 때문이에요. 그런데 당신이 지금 나를 여기에 떼어놓고 가겠다고요?" 그녀는 일부러 금나라 사람이 보는 앞에서 악다구니를 쓰는 연기를 펼쳤고, 이 모습에 왕씨를 진회와 함께 떠나도록 허락한 것을 보면 금나라인도 비싼 지참금을 '헛되이 쓰면' 안 된다는 사실을 익히 알고 있었던 모양이다.

납징이 끝났으니 결혼식만 남았다고 생각하겠지만, 서두르지 마시라. 아직 다섯 번째 단계인 '청기請期'가 남아 있다. 청기는 남자 집안에서 혼례 날짜를 정한 후 예를 갖추어 여자 집안에 알려서 동의를 구하는 절차로, 민간에서는 '날짜 제안하기'라고 부른다. 비교적 간단한 절차긴 하지만 이 역시 점을 쳐야 하고 예물을 보내야 한다. 예물은 비교적 간단한 품목으로 보내며, 이때 역시 기러기가 많이 사용된다. 대체 기러기는 누구에게 무슨 잘못을 했기에 그런 신세가 되었을까?

혼인육례의 마지막 단계는 오늘날 결혼식에 해당하는 '친영'이다. 친영례는 예나 지금이나 가장 화려하고 번잡한 예식이며 시대마다 형식이 바뀌곤 했으나 핵심 절차는 두 가지다. 하나는 가족관계를 확인하는 것이다. 예를 들어 신부가 남편의 일가친척과 대면하고 인사하기, 술 따르기, 차 따르기 등이 있다. 다른 하나는 신랑 신부에게 축복을 해주는 것이다. 사희탕四喜湯(네 가지 복을 기원하는 탕) 주기, 영교迎轎(신랑이 말을 타고 신부 집으로 가서 신부를 가마에 태워 자기 집으로 데려가는 의식), 하교下轎(신랑 집에 도착하여 신부가 가마에서 내리는 의식), 천지에 제를 올리는 예식, 합진례合巹禮 등이 있다.

이렇게 해서 옛날의 혼인육례에 대해 대강 살펴보았다. 정신이 아찔하지 않은가? 예나 지금이나 결혼이란 세상에서 가장 어려운 일이다.

04

옛날에는
하루 중 언제 결혼식을 올렸을까?

오늘날 톈진시를 제외한 중국 북부 지역에서는 결혼 예식을 오전에 치른다.(재혼인 경우에는 오후에 한다.) 반대로 남부 지역에서는 대부분 오후나 저녁 무렵에 결혼식을 치르는 편이다. 원래 결혼結婚이란 말의 '혼婚'자는 저녁 무렵을 뜻하는 '혼昏'과 같은 의미다. 당나라의 『의례주소儀禮注疏』에도 "선비가 아내를 맞는 예는 해질 무렵에 치르기 때문에 명칭으로 삼는다"라고 기록되어 있다. 이처럼 옛날에는 대부분 어두워질 즈음에 결혼식을 올렸다.

이런 풍습은 어쩌다 우연히 정해진 것이 아니라 일찍이 상고 시대의 약탈혼에 기원을 두고 있다. 인류가 공동체를 이루어 살기 시작한 상고 시대에서는 결혼이라는 제도가 없었을 뿐만 아니라 중매인을 통해 배우자를 맞아들인다는 개념도 없었다. 모든 결혼은 군혼群婚(집단혼) 아니면 부족 내 군혼, 즉 자기 친족 가운데 누이를 아내로 삼는 식이었다. 그런데 부락 내에 여성이 부족한 경우에는 다른 부족의 여인을 빼앗아 오는 약탈혼이 나타났다. 즉 날이 저물기 시작할 무렵 다른 부락으로 쳐들어가서 부녀자를 들쳐 메고 와서는 그 여인을 자신의 아내로 삼는 것이다. 그들이 날이 어두워질 때까지 기다렸다가 행동에 나선 까닭은 들키지 않기 위해서였다. 그렇다면 깜깜한 밤에 훔쳐 오는 게 낫지 않을까? 달빛도 없고 바람도 거센 한밤중이라면 아무것도 보이지 않을 테니 눈에 띌 염려가 없지 않을까? 물론 한밤중에는 아무것도 안 보이니 침입하기에는 유리할 것이다. 하지만 데려온 신붓감이 나이든 여성이라면? 여자인 줄 알고 업어왔는데 남자라면? 그런 불상사를 피하기 위해 상고 시대의 약탈혼은 언제나 해질 무렵에 이루어졌다. 훗날 격식을 갖춰 배우자를 맞이하는 혼인 제도가 정착한 후에도 혼례 시간만큼은 상고 시대의 전통을 유지했다.

인류의 전통양식 중에는 상고 시대의 생활상을 반영한 것이 많다. 신부가 붉은 천을 머리에 쓰는 중국식 전통혼례 방식도 그러한 사례에 속한다. 이에 대해 어느 학자는 도적떼가 사람을 납치할 때 인질의 눈을 가리는 것과 같은 이치라고 주장한다. 신부를 데려올 때 집으로 돌아가는 길을 보지 못하도록 눈을 가린 데서 유래했다는 것이다.

해질 무렵에 결혼하는 전통은 원래 중원 지역에서 시작되었으며, 훗날 북방의 소수민족이 쳐들어오자 중원 사람들이 남쪽으로 피신하여 정착하게 되면서 중원의 문화와 풍습이 자연스럽게 남부 지역에 퍼진 것이다. 그런 까닭에 오늘날 중국 남부, 특히 광둥과 푸젠 지역에서 옛 중원 지역의 전통문화를 많이 볼 수 있다. 남부 지역 곳곳에서 오후에 결혼식을 치르는 관습도 그러한 흐름에서 만들어진 것이다. 반면 북부 지역에서는 북방의 소수민족과 한족이 어우러진 사회를 이루었기 때문에 중원 고유의 풍습은 점차 희미해졌다. 그리고 보면 중국의 전통문화

는 남쪽으로 갈수록 한족화하고 북쪽으로 갈수록 북방민족화한 경향
이 있으며, 북방민족과 한족 문화가 결합한 것이 바로 현재의 중화 문
화라고 할 수 있다.

　마지막으로, 글 첫머리에서 언급한 부분을 짚어보자. 톈진은 중국
북부에 위치해 있는데 어째서 결혼식을 오후에 치를까? 톈진은 중원
의 전통문화를 잘 간직하고 있다는 의미일까? 그렇지는 않다. 결혼식
시간대는 과거의 전통에 따라 정해지기도 하지만 후천적인 요인이 작
용하기도 한다. 후자에 속하는 톈진의 결혼식 관습은 과거에 항구도
시로 번창했던 특성과 관계가 있다. 즉 톈진에는 항구 관련 업종에 종
사하는 사람이 많았고, 그들은 대개 오전이 가장 바쁘게 일할 시간이
었다. 따라서 이곳 사람들은 짬을 낼 수 있는 오후에 모여서 결혼식을
올리기 시작했고, 세월이 흘러 지금은 톈진의 결혼 문화로 자리 잡은
것이다.

05

옛날의 혼인 제도 1

학자들은 옛날 중국의 혼인 제도를 연구할 때 대부분 서양의 이론을 토대로 한다. 특히 원시사회를 연구한 미국의 사학자 루이스 모건의 '혼인 단계' 이론을 받아들여 혼인의 형태가 점진적 또는 단계적으로 진화한 것으로 보고 있다. 한데 이보다 훨씬 이전에 중국의 학자들도 혼인 제도를 연구했으며, 그 내용 중에는 모건의 주장과 일치하는 부분이 상당히 많다. 인류 사회에 존재하는 보편성을 말해주는 대목이다. 이제 모건의 이론에 비추어 옛날 혼인 제도의 변천 과정을 살펴봄으로써 남자들은 과연 아내를 몇 명까지 둘 수 있었는지 알아보기로 하자.

인류사회 초기에는 결혼이라는 제도가 없었고, 있다 해도 '잡혼雜婚' 이었다. 즉 맘에 드는 남녀가 언제든 서로 짝을 지었다는 말이다. 『열자列子』「탕문湯問」편을 보면 옛날에는 "남녀가 섞여서 놀았으며 정혼이나 중매가 없었다男女雜游 不聘不媒"라는 구절이 있다. "섞여서 놀았다雜游"라는 표현에서 이성 간에 자유롭게 즐겼다는 사실을 눈치챌 수 있다. 한마디로 말해 당시에는 그 누구와도 부부가 될 수 있었다.

하지만 세월이 흐르면서 사람들은 "섞여서 노는" 방식이 짐승과 다를 바 없이 거칠고 비문명적이라고 여기기 시작했다.(자기 부모 세대와 "섞여서 노는" 행위는 생각만 해도 역겨운 일이다.) 이에 인류는 혼인 제도의 첫 단계인 혈족 군혼을 채택했다. 혈족 군혼이란 혈연 집단 안에서 세대를 구분하여 같은 세대끼리만 혼인하는 방식으로, 부모 세대와 자녀 세대 간의 혼인을 금지하는 것이다. 이때 인류 최초로 도덕 개념이 형성되었다 할 수 있다. 대신 자신의 누이 또는 사촌과 혼인하는 근친혼이 자리를 잡았다. 중국의 고대 신화에서도 혈족 군혼의 흔적을 확인할 수 있는데, 복희伏羲와 여와女媧는 남매지간이다.

그러나 한 집단 내에서만 혼인을 하다보면 싫증이 나기 마련이다. 게다가 때로는 여자는 적은데 남자가 많아지는 상황이 발생하기도 한다. 예컨대 어느 대가족 집단 내의 특정 세대에서 남자아이가 많이 태어난다면 혼인을 둘러싼 불화가 발생할 수 있다. 그래서 다른 부족의 여자를 빼앗는 방안이 생겨났다. 이것이 바로 약탈혼의 시작이다. 시야가 어렴풋한 해질 무렵 이웃 부락에 침입하여 눈에 띄는 여자를 들쳐 메고 집으로 데려와 자기 아내(엄밀히 말하자면 '형제'의 아내)로 삼는 것이다. 그때까지는 여전히 다부다처제 사회였기 때문에 약탈혼은 혈족 군혼을 보완하는 형식일 뿐이었다. 즉 약탈혼은 혼인 제도의 발전 과정에서 독립적으로 자리매김한 제도라기보다는 혈족 군혼을 보완하거나 조절하는 수준이었다.

오늘날 관점에서 약탈혼은 매우 야만적이고 인류사회의 퇴보를 말해주는 문화처럼 생각되겠지만, 꼭 그런 것만도 아니다. 인류는 이런 야만성 덕분에 의외의 사실을 발견하고 진보의 방향으로 나아가기도 하기 때문이다. 약탈혼은 인류에게 한 가지 중요한 발견을 선사했다. 다른 부족의 아내에게서 태어난 아이들은 비교적 건강한 반면 혈족 내 군혼으로 태어난 아이는 머리나 몸에 장애가 발생한다는 사실을 깨달은 것이다. 근친혼이 유전학적으로 기형의 자손을 유발한다는 사실을 인지한 이후 사람들은 씨족 외 군혼의 방식을 채택했다. 모건은 이를 '푸날루아혼punalua-婚'[2]이라 명명했다.

씨족 외 군혼이 등장하자 남매간의 혼인 풍습이 사라졌다. 짝을 얻으려면 자기 혈연이 아닌 다른 씨족 집단에 가서 알아봐야 했다. 이때 남자가 가야 할까, 여자가 가야 할까? 남자가 찾아가야 한다. 아이를 낳을 수 있는 여성은 자기 씨족 마을에 남아 집안의 번성을 도와야 했기 때문이다. 달리 말해 씨족 외 군혼은 남자가 데릴사위처럼 다른 씨족에 가서 혼인을 하되, 처가의 신세를 지지 않고 자기의 씨족 마을로 돌아와 생활했다. 한 가지 짚고 넘어갈 것은 이런 혼인도 1대 1 관계는 아니었다는 점이다. 예를 들어보자. 산 너머 동쪽에 있는 부족의 한 남자가 찾아와서 우리 씨족의 여자와 혼인을 했다. 그리고 며칠 후 산 너머 서쪽에 있는 부족의 한 남자가 우리 씨족을 찾아왔다. 그는 며칠 전 동쪽 부락에서 온 남자와 혼인한 여자와도 혼인할 수 있다. "유남이자원방래有男自遠方來"했으니 모두가 사위 아니겠는가. 그런데 문제가 있다. 시간이 흘러 여자가 아이를 낳았을 때 아이의 아버지가 동쪽 부락의 남자인지 서쪽 부락의 남자인지 알 도리가 없다는 것이다. 이처럼 모자 관계만 확실하고 부자 관계가 불확실하여 모계 혈통을 중심으로 함께

2 하와이 군도의 한 원주민 종족의 혼인 형태로, 푸날루아란 '친근한 동반자'라는 뜻의 원주민 언어.

사는 사회를 모계 씨족사회라고 한다. 다시 말해 씨족 외 군혼 시대에는 남자가 아내를 여럿 거느리는 식이 아니라 여자가 다수의 남편을 두며, 그녀가 낳은 아이의 아버지는 누군지 알 수가 없다.

이렇듯 씨족 외 군혼 사회에서 여자는 여러 남자와 혼인할 수 있으나, 사람은 감정의 동물인지라 남편들 가운데 어떤 장점을 지닌 한 남자를 더 좋아할 수 있다. 그러면 매일 그 남편과 함께 해가 뜨고 지는 것을 보기를 소망하게 된다. 이로써 인류는 혼인 제도의 세 번째 단계, 즉 한 남자 대 한 여자의 결합 방식인 대우혼對偶婚으로 진화했다. 이런 대우혼 사회에서도 여자는 여전히 본남편 외에 여러 씨족 외 남성과 혼인할 수 있으며, 남자 역시 본처가 있다 해도 다양한 씨족 출신의 아내를 맞이할 수 있었다. 본남편은 다른 남편들에 비해 상대적으로 오랫동안 여자의 마을에 머물 수 있었으며, 그 기간이 열흘이나 보름 이상이라 해도 장모에게 내쫓기지 않았다. 이렇듯 대우혼의 출현은 인류 사회에 정식 혼인 제도와 '가정' 형성의 밑바탕이 되었다. 물론 대우혼도 안정적인 방식은 아니어서 상대가 싫어지면 언제든 헤어지고 새로운 짝을 만날 수 있다. 윈난 지역의 일부 소수민족은 지금도 여전히 이런 대우혼 형태를 유지하고 있는데, 모쒀摩梭족의 '주혼제走婚制(일처다부제의 일종)'도 그중 하나다.

생산력이 발전함에 따라 남성의 역할은 점점 중요해지고 지위도 높아졌다. 농경사회는 남성을 선진적인 생산력의 주인공으로 만들었고, 사회는 모계 씨족 중심에서 부계 씨족 중심으로 옮겨졌다. 이는 인류 역사상 가장 커다란 변화 중 하나로 꼽힌다. 사람들에게 사유재산이라는 개념이 생기기 시작했으며, 자기의 가정을 꾸리고 싶다는 갈망이 생겨나면서 대가족 형태의 씨족 생활을 해야 할 명분도 약해졌다. 이에 따라 재산은 더 이상 전체 씨족사회의 소유가 아닌 남성 중심의 개별 가정 소유가 되었다. 즉 내가 소유한 재산은 다른 사람이 손댈 수 없으며, 내가 죽으면 재산은 자식에게 상속되었다. 이러한 흐름이 모계 중심의 대우혼 사회를 요동치게 했다. 자식에게 재산을 넘겨주고 싶어도 아내가 낳은 자식이 누구의 자식인지 알 수 없다는 게 걸림돌이었던 것이다. 인류는 재산의 승계를 위해 혼인 형태의 마지막 단계인 일부일처제 체제로 들어섰고, 오늘날까지 이 체제를 유지하고 있다.

중국은 선진 시대부터 지금까지 수천 년 동안 줄곧 일부일처제를 유지해왔다. 하늘의 아들이라는 존귀한 황제도 일정 기간 황후 외의 다른 여인은 궁 안에 들일 수 없었다. '나쁜 남자'인 건륭제는 황후를 셋이나 두었다고 반박할지도 모르겠으나, 건륭제는 동시에 세 명의 황후를 들인 게 아니라 황후가 죽었기 때문에 새 황후를 들인 것이다.

이쯤에서 '어째서 삼처사첩三妻四妾 단계를 빠뜨린 거지?' 하고 의아해하는 사람도 있을 것이다. 서두르지 마시길. 옛날의 일부일처제는 오늘날의 그것과 큰 차이가 있다. 옛날에는 일부일처제를 보완하여 여러 명의 첩을 들일 수 있었다. 따라서 옛날 일부일처제의 정확한 표현은 '일부일처다첩제'다. 누군가는 처나 첩이나 마찬가지니 '삼처사첩'이라는 말도 틀린 건 아니라고 할지 모르겠지만 그렇게 생각하면 큰 오산이다. 처와 첩은 완전히 다르다. 어떻게 다르냐고? 다음 장에서 살펴보자.

06

옛날의 혼인 제도 2

정실부인과 첩 사이의 이야기는 수많은 사극 드라마의 단골 주제다. 얼마 전 인기리에 방영되었던 드라마 「푸른 잎이 성하면 붉은 꽃이 시든다綠肥紅瘦」(이하 「푸른 잎」)가 그 대표적인 사례다. 북송 시대를 배경으로 대부호 가문에서 펼쳐지는 흥미진진한 이야기를 다룬 사극으로, 특히 처첩과 아들딸의 암투가 치열해 '집안 투쟁극'이라 불리기도 했다. 내용도 내용이지만 졸속으로 제작하지 않고 역사적 사실 고증에 꽤 공을 들인 흔적을 느낄 수 있다. 특히 송나라 시대의 가족 관계나 세세한 생활상이 반영되어 정실부인인 왕씨와 첩인 임소낭 사이의 암투가 인상적으로 전달되었을 뿐만 아니라 집안 내 처와 첩의 지위 차이가 적나라하게 조명되었다.

과연 처첩 간의 격차는 얼마나 컸던 것일까? 무엇보다 신분 자체가 달랐다. 『설문해자說文解字』에 따르면 처는 "남편과 대등"했다. 이는 남편과 지위가 동등하다는 뜻으로, 집안의 여주인으로서 재산과 아랫사람들에 대한 지배권을 가졌다. 처는 단 한 명인 반면 첩은 집안 사정에 따

갑골문 속의 '妾'

라 여럿을 둘 수 있었다. 『설문해자』에 따르면 첩은 '죄 있는 여자'라는 뜻으로, 갑골문에 기록된 글자 모양을 보면 쉽게 이해할 수 있다. 글자의 윗부분은 형벌이나 고문할 때 쓰는 도구이고 아랫부분은 '계집 녀 女'자로, 형구를 쓴 여자의 모양이다.

첩의 실질적인 신분은 '주인'의 시중을 드는 '노비'로서 주인과 동침하고 아이를 낳는 게 본연의 임무였다. 드라마 「푸른 잎」의 전반부에서 첩 임소낭이 가족의 재무를 관장하는 장면이 있는데, 첩이 이런 일을 맡는다는 건 있을 수 없는 일이다. 그런 까닭에 남자는 "첩을 너무 총애하여 부인의 체면을 땅에 떨어뜨렸다"라는 비난을 받기도 했다.

부인과 첩의 두 번째 차이는 출신이다. 부인은 대개 어엿한 집안 출신으로, 좋은 가문에서는 어느 한쪽이 기울지 않는 혼사를 중시했다. 반면 첩은 대부분 출신이 비천하다. 좋은 가문에서 태어났다면 남의 집에 첩으로 들어갈 리 있겠는가. 사실 첩이라는 신분은 고대에 부족 간 전투에서 비롯되었다. 싸움에서 승리를 거둔 부족이 여자들을 전리

품으로 데려와 시종으로 삼았던 풍토가 훗날 가난한 집안의 여자를 첩으로 들이는 관습으로 변화한 것이다. 기방의 기녀를 첩으로 들이는 경우도 많았다. 북송의 뛰어난 정치가였던 범중엄은 미모와 기예가 출중한 견금련甄金蓮이라는 기녀를 첩으로 들였다. 반면 비교적 부유한 가정에서 나고 자란 첩도 있었다. 이런 경우 아무리 첩일지라도 집안끼리 격이 맞는 것을 중시했기 때문에 자기 집안보다 더 높은 집안이라야 첩을 받아들였다. 예법의 관점에서 볼 때 황제의 빈嬪과 비妃도 어디까지나 첩이며 정실부인은 황후뿐이다.

부인과 첩의 세 번째 차이는 맞이하는 방식이다. 부인은 세 명의 매파를 통한 중매와 혼인육례 등 복잡한 절차를 거쳐 정식 혼례를 치르도록 되어 있다. 존귀한 황실에서도 이를 어길 수 없었으며, 오히려 황후를 맞이하는 예절은 민간의 절차보다 훨씬 까다롭고 엄숙했다. 청나라 때에는 황후가 혼례를 치르기 위해 궁으로 들어오는 경로에 대해서조차 규정이 엄격했다. 황후가 탄 가마는 황성의 정문인 대청문으로 들어와서 천안문과 오문 등 중축선中軸線[3]의 정문들을 차례로 거쳐 후궁으로 들어간다. 본래 대청문은 황제만 드나들 수 있는 문이지만 황후가 입궁할 때는 이 문을 통과할 수 있다. 이는 부부의 대등한 지위를 말해주는 대목이다. 반면 빈과 비는 황궁 뒤쪽의 신무문神武門으로만 입궁할 수 있었다.

부인은 '얻고娶' 첩은 '들인다納'는 표현 때문에 '취처납첩娶妻納妾'이라는 말이 생겼다. '납'이란 물건처럼 돈을 주고 살 수 있다는 뜻이다. 물

---

3 청나라의 궁내 건축물들은 대칭축이 되는 중축선을 기준으로 좌우 대칭 구조로 축조됨.

론 남에게 돈을 받고 팔 수도 있었다. 즉 첩은 거래의 대상이었다. 가격은 어떠했을까? 『이견지夷堅志』「병지丙志」에 따르면 북송 때 "구주衢州 용유龍遊현 사람 우맹문이 돈 14만에 첩을 샀다"라는 기록이 있다. 이 글에서 14만이란 제전制錢(명·청 시대의 엽전) 14만 문을 가리키며 약 180관 정도다. 북송 때 동전 1관의 구매력이 요즘 돈으로 약 800위안이니까 첩을 들이는 데 15만 위안(약 2500만 원)을 썼다는 말이다. 송대에는 첩을 종신 계약으로 사들이거나 몇 년 기한으로 계약하는 등 첩살이 기간을 정할 수 있었다. 중요한 것은 부인이 죽은 후에도 첩은 부인의 신분을 얻을 수 없다는 것이다. 당나라 때는 "첩은 천한 사람이다" "첩이나 객녀客女(여종보다 신분이 약간 높은 여성)를 부인으로 삼으면 1년 반의 도형徒刑(징역)에 처한다"라는 규정을 법으로 명시했다. 즉 첩을 부인으로 삼은 경우 남자와 여자 모두 1년 반의 징역에 처한 뒤 이혼하도록 했다.

부인과 첩의 네 번째 차이는 법정 허용 조건이다. 결혼 적령기의 남자라면 부인을 얻을 수 있지만 첩은 조건에 부합하는 사람에게만 허용되었다. 송나라 때에는 많은 집안에서 "마흔이 되면 첩을 들일 수 없다"라고 규율을 가법家法으로 정했다. 그러나 포강浦江현 정씨 가문의 『정식규범鄭式規範』에 보면 "나이 마흔에 자식이 없으면 한 명 들이는 것을 허한다"라는 예외 규정을 두었다. 명나라 때는 한술 더 떠서 "남자 나이 마흔에 후사가 없으면 첩을 들인다"라는 규정을 『대명률大明律』에 포함했다. 이런 단서를 붙인 것으로 보아 당시 첩을 들이는 주된 목적은 사내아이를 낳는 것임을 알 수 있다. 누군가는 '알고 보니 옛날이라 해서 처첩을 여럿 거느릴 수는 없었겠군. 첩 하나 들이는 게 그토록 까다롭다니!' 하고 놀랄지도 모르겠다. 그러나 법은 법이고, 현실은 현실이다. 실제로는 돈과 지위만 있으면 원하는 때에 원하는 만큼 첩을 들일수 있었다. 첩뿐만 아니라 양녀를 들이거나 가기家妓(관청이 아닌 사가의기생)를 두기도 했다. 물론 경제력이 뒷받침되는 경우의 일이지만, 송나라 때는 상인과 사대부들이 집안에 기녀를 들이는 게 유행하여 수십명에서 100명 가까이 거느리는 사람도 있었다. 심지어 부인이 시집올때 데리고 온 몸종이 남편의 첩이 되는 경우도 있다. 다만 부인이 동의하지 않으면 첩을 들이는 모든 일은 불가능했다.

다섯 번째, 신분상 부인은 주인이고 첩은 노비이기 때문에 집안에서부인과 첩에 대한 대우에도 큰 차이가 있었다. 예를 들어 명나라 시대에 부인이 첩을 때려서 장애자로 만들거나 죽게 한 정도가 아니라면 처벌받지 않았다. 반면 첩이 부인을 때린 경우에는 장형 100대에 처하는규정을 법률로 두었다. 씀씀이에 관한 부분도 격차가 컸다. 『홍루몽』에서 정실인 왕부인은 매달 은 20냥을 받았지만 첩인 조이낭은 고작 은2냥을 받았다. 첩은 죽어서도 차별을 받았다. 정실부인이 죽으면 남편과 함께 합장되었지만 첩은 그럴 수 없었다.

마지막으로, 부인과 첩은 그 신분이 다르기 때문에 그들이 낳은 자녀의 지위 또한 달랐다. 부인이 낳은 자녀는 적출嫡出이라 하고 첩이 낳은 자녀는 서출庶出이라 했다. 서출인 자녀는 아버지의 정실부인을 '대모大母' 또는 '적모嫡母'라고 부르며 어머니로 섬겨야 하는 반면 자기를낳은 어머니에게는 '친모' 또는 '생모'라 불러야 했다. 「푸른 잎」에는 '소낭小娘(지금의 발음으로 샤오냥)'이라 부르고 있는데, 이는 송나라 당시 어머니에 대한 호칭이 아니라 유곽이나 기방의 여자들을 일컫는 호칭으로 오늘날의 '계집'과 비슷한 표현이다.

그렇다면 옛날에 남편이 첩을 들이는 것에 대해 부인은 어떤 태도를 취했을까? 처첩간의 지위 격차가 워낙 커서 질투심을 일으키지 않았던 모양인지 대개 부인은 관용적이었다. 아랫사람 문제로 실랑이할 필요가 없다고 생각했을 것이다. 심지어 어떤 경우에는 남편에게 첩을 들일 것을 먼저 권유하여 사리 밝은 정실부인으로 존경받기도 했다. 북송 시대 왕안석王安石의 아내는 남편을 위해 90만 전을 주고 첩을 들였다고 한다(요즘 시세로 환산하면 최소 70만 위안, 한화로는 1억2000만 원). 큰돈을 주고서 들인 첩이니만큼 재색을 겸비한 여자였을 것이다.

07

옛날 사람들은
어떻게 이혼했을까?

옛날 사람들의 이혼은 결코 놀랄 만한 일이 아니다. 일찍이 선진 시대에도 있었던 풍습이기 때문이다. '이혼'이라는 표현은 근대 이후에 등장한 것으로, 『시경』에는 이혼을 '비리俾離'(비俾는 이별이라는 뜻이다)라 표현했고, 『전국책』과 『한비자』에는 '거처去妻', 진秦나라 때는 '기棄', 한나라 이후에는 '출처出妻' 또는 '휴처休妻'라고 했다.

옛날 사람들의 이혼 방식은 어떠했을까? 가장 보편적인 방식으로 세가지가 있다. 첫 번째는 남편의 요구에 따라 혼인 관계가 끊어지는 방식으로, 이런 경우는 출처에 해당한다.(민간에서는 휴처라 했다.) 선진 시대에는 제도적으로 이혼에 대한 규정이 마련되어 있지 않아서 출처하는 경우가 비일비재했으며, 한나라 때에 이르러 민간의 안정을 위해 함부로 아내를 내쫓지 못하게 하는 규정을 두었다. 다만 아내가 자식을 낳지 못하거나 행실이 문란하거나 부모를 공경하지 않거나 입버릇이 나쁘거나 도둑질을 하거나 질투가 강하거나 중병을 앓는다면 이혼할 수 있게 했다. 그렇다. 아내가 질투만 해도 이혼을 당할 수 있다. 잘 '삐

지는' 성격의 여성이라면 까딱하면 이혼당하기 십상이니 웬만하면 옛날로 돌아가지 않는 편이 낫다. 이러한 관습법을 '칠출七出'(한국의 '칠거지악七去之惡')이라 하는데, 당나라 때에는 국가의 법률로 포함되었다. 칠출은 옛날 가부장제 사회에서 여성의 지위가 얼마나 낮았는지를 말해주는 제도라 할 수 있다. 그러나 무조건 여성의 권익이 무시된 것은 아니다. 예컨대 부인의 잘못이 칠출에 해당하지 않는데 무고하게 이혼당했다면 남편은 형벌에 처해졌다. 당나라 때는 1년 반의 유배형을 받았고, 원·명·청 시대에는 장형 80대 또는 100대에 처해졌다. 또한 아내의 잘못이 칠출에 해당하더라도 남편이 쫓아내거나 이혼을 요구할 수 없는 세 가지 경우, 즉 '삼불출三不出'(한국의 '삼불거三不去') 규정을 두었다. 이혼한 아내가 돌아갈 곳이 없는 경우, 시부모의 삼년상을 치름으로써 효도를 다한 경우, 집안이 가난할 때 혼인하여 현재 부유해진 경우다. 이러한 삼불출의 규정은 꽤 인간미가 담겨 있다. 특히 마지막 경우가 그러하다.

두 번째 이혼 방식은 관청에서 강제로 이혼을 진행하는 '의절義絶'이다. 후한 때의 『백호통덕론白虎通德論』에 보면 "인륜을 거스르고 아내와 부모를 죽였거나 삼강三綱과 오상五常을 저버리고 큰 혼란을 야기한 자는 의절한다"는 내용이 담겨 있다. 이것은 시행 초반의 경우에 해당하며 후반에는 의절의 범위가 좀더 확장되었다. 대개 남편이 아내와 부모를 때렸거나 간비죄(강간죄나 간통죄)를 저질렀을 때, 아내를 팔아넘겼을 때, 아내와 오래 떨어져 있는 동안 중혼重婚을 했을 때 의절을 강제했다. 가정폭력도 의절 사유에 포함된다. 의절에 따른 이혼은 그리 많지 않았다. 명·청 시대에는 의절의 정황이 있다 해도 당사자들이 혼인 관계를 유지하고자 한다면 관청에서 강제 이혼시킬 수 없었다.

세 번째 방식은 비교적 평화로운 것으로, 부부간의 애정이 식어서 자발적으로 하는 이혼이다. 옛날에는 이를 '화리和離'라고 했다. 남편이 일방적으로 이혼을 요구하는 휴처의 경우와 달리 화리는 부부 쌍방이 헤어지기를 원할 때, 특히 아내가 원할 때 이루어진다. 화리는 오늘날 보편화된 협의이혼과 비슷하며 절차도 대동소이하다. 남편과 아내가 헤어지기로 합의한 후 양가 부모와 가족의 동의를 얻어야 하며, 화리 서류에 부부와 부모가 서명하고 수인手印을 찍은 다음 관청에 제출하는 식이다. 관청으로부터 허가를 받고 나서 호적을 변경하면 절차가 마무리된다. 이러한 화리 서류를 '방처서放妻書'라고 하는데, '방放'자에 깊은 뜻이 담겨 있다. 애정이 식어서 결혼생활을 유지할 수 없으니 부부가 서로를 놓아주자는, 즉 좋게 만났던 것처럼 좋게 헤어지자는 의미다. 1900년에 출토된 둔황 문서에는 당나라 시대의 문헌이 한 무더기 포함되어 있었는데, 그 가운데 10개가 넘는 방처서가 발견되었다. 하나같이 고상하면서도 감동적인 글이었다. 그중 한 편을 소개한다. "헤어지기로 한 후 아내가 흑단 같은 머리를 다시 빗고 아름다운 눈썹을 다듬는다. 하나가 헤어져 둘이 되니 각자 행복하게 살자." 문득 시인이자 화가인 시무룽席慕蓉의 말이 떠오른다. "헤어져야 한다면 곱게 작별인사를 나누고 고마움을 간직하자." 방처서는 현대인이 다다르기 어려운 경지를 보여준다.

당나라 때나 이전 시대에는 이혼에 대한 시각이 비교적 포용적이었으며 부끄러운 일로 여기지도 않았다. 당나라 때는 이혼한 공주도 여럿 있었다. 그러나 이혼을 함부로 하거나 서너 번 하는 사람들은 반감을 샀다. 송나라 때부터 사회에 영향을 미치기 시작한 '정주이학程朱理學'[4]의 가치관, 즉 욕심을 없애고 천리天理(객관적 도덕법칙)를 따라야 한다는 이념이 전파되면서 점차 사람들은 이혼을 수치로 여기게 되었다. 명·청 시대에는 사람들의 자유가 더욱 속박되면서 이혼도 죄악시되었다. 사대부는 아내가 사납거나 질투가 심하더라도 함부로 이혼할 수 없었다. 근대에 신문화 운동이 일어나 '혼인의 자유'라는 인식이 확산되면서부터 이혼은 다시 대수롭지 않은 일이 되었다. 마지막 황제인 푸이도 '이혼을 당했'다. 오늘날에는 외부인이 함부로 간섭하거나 훈수를 둘 권리가 없는, 완전히 개인적인 사생활로 인식되고 있다. 이혼은 안타까운 일이며 때로는 당사자에게 매우 고통스러운 일이지만 결코 부끄러운 일이 아니다. 이혼을 수치스럽게 여기거나 이혼한 사람을 비난한다면 그는 옛날 사람보다도 진보하지 못한 사람이다.

---

4 성리학에 대한 다른 명칭으로, 북송의 정호·정이 형제가 창시하고 남송의 주희가 집대성했다는 의미가 담겨 있다.

옛날 사람들은
왜 녹색을 천시했을까?

    예로부터 중국 사람들은 누군가의 배우자나 연인이 불륜을 저질렀을 때 "녹색이 되었다"고 하거나 "녹색 모자를 썼다"고 말한다. 즉 '녹색'은 불륜 피해자의 대명사로 자리 잡았다. 왜 하필 녹색일까? 옛날 사람들은 왜 이 색을 경멸했을까?

    중국인은 오래전부터 빨강·노랑·파랑의 삼원색을 알고 있었다. 이 세 가지 색과 함께 하양과 검정을 '정색正色'이라 하고, 그 외의 다른 색들은 삼원색을 조합하여 만들어지므로 '중간색'이라고 했다. 사람들은 정색은 순수하고 고귀한 색으로 여기고 중간색을 잡스러운 색으로 여겼다. 오행설에서 말하는 쇠金, 나무木, 물水, 불火, 흙土도 이 다섯 가지 정색과 상호 대응한다. 새롭게 탄생한 수많은 왕조는 정권 교체의 합법성 및 건국의 합리성을 입증하기 위해 오행학설을 끌어들이고 정색 중의 하나를 왕조의 색으로 채택했다. 예를 들어 상나라는 하양, 주나라는 빨강, 진秦나라는 검정을 숭상했다. 한나라의 색은 좀 복잡하다. 우선 한 고조는 진나라가 정권을 유지한 기간이 너무 짧다는 이유로 진을 왕조로 인정하지 않았기 때문에 오덕五德의 순환 과정에 포함시키지 않았다.[5] 이 논리에 따르면 한나라는 주나라 다음 왕조가 되어 수덕水德을 얻어 마땅하며, 수덕은 검은색이므로 한나라 초기에는 검은색을 숭상했다. 이후 한 무제는 한나라가 토덕土德에 해당한다고 보아 노란색을 숭상하기 시작했다.

옛사람들은 녹색을 '파랑과 노랑'의 중간색으로 여겼다. 즉 하늘의 파란색과 토지의 노란색을 섞으면 얻게 되는 색이므로 높지도 낮지도 않은, 정색이 아닌 비천한 색으로 여겼다. 그런 이유로 북송 때 편찬된 『광운廣韻』에서는 녹색을 '청황색'이라 표기하고 있다. 선진 시대부터 사람들은 녹색을 비천한 색으로 여겼다.『서경』「패풍邶風·녹의綠衣」에 "녹의황상 심지우의綠衣黃裳 心之憂矣"라는 구절이 있다. 저고리가 녹색이고 치마가 황색이라 근심스럽다는 뜻이다. 이유가 무엇일까? 이에 대한 해석이 있다. 옛날에는 대부분 황색 상의에 녹색 하의를 입었는데 이 시에서 상의와 하의의 색상이 바뀐 것은 신분의 전도를 상징하고 있다는 것이다. 다시 말해 천한 첩이 윗자리를 차지하여 지위를 잃은 부인은 근심이 깊은 상태다. 이때 미천한 첩을 녹색으로 표현했다는 것은 녹색이 그만큼 천하게 여겨졌음을 말해준다.

사실 녹색이 비천함을 나타낸 사례는 많다. 춘추 시대에 자기 아내와 딸을 팔아 음식을 구한 사람은 비천함을 알리는 표식으로 녹색 두건을 써야 했다. 수·당 시기 복식 제도를 보면 의복 색상으로 관원의

---

5 '오덕'이란 오행에서 발생하는 다섯 종류의 작용德을 의미한다. 고대에 한 왕조의 제왕은 이 오행의 덕 가운데 하나를 갖추어 군주에 오르며, 모든 왕조는 목·화·토·금·수 오행의 순서에 따라 흥망하게 된다고 믿었다.

품계를 구분 지었는데 품계가 낮은 관원의 관복은 녹색이었다. 당나라 정원貞元 연간에 『봉씨견문록封氏見聞錄』의 기록에 따르면 연릉延陵의 현령인 이봉李封은 죄를 지은 관리에게 벌을 내릴 때 장형杖刑을 내리는 대신 녹색 두건을 씌워 치욕을 주었다. 녹색 두건이 곧 징계 수단으로서 죄가 무거울수록 두건을 쓰는 기간이 길었다.

원나라 때 녹색은 가장 비천한 색이 되었으며 '녹색 모자'라는 표현이 파생되었다. 『원전장元典章』에는 "원 5년(1268), 중서성中書省의 공문에 따르면 창기娼妓 집안의 가장과 친족 남자는 청색(녹색) 건을 두른다"라는 기록이 있다. 집안에 기생인 여자가 있을 때 그녀의 가족 중 남자들은 모두 녹색 두건을 쓰게 함으로써 녹색은 기생 가족을 대표하는 색이 되었다. 명나라 때에는 노래와 공연을 업으로 삼은 광대들도 녹색 두건을 두르고 녹색 옷을 입게 했다. 특정 직업군의 의복을 아예 녹색 옷으로 규정해버린 것이다. 이에 따라 원나라 이후 녹색은 비천하고도 모욕적인 색상으로 굳어졌다.

옛날에 기생이 있는 집안의 남자들이 녹색 두건을 썼으며 기생은 대부분 매춘을 했기 때문에 녹색 두건은 그 집안에 다른 남자와 관계를 맺는 여성이 있음을 나타내는 기호가 되었다. 후대에는 두건 대신 모자를 썼기 때문에 '녹색 모자'는 이성관계에서 배신을 당한 사람의 상징이 되었다.

옛날 돈은
어떤 모양이었을까?

　돈은 우리가 매일 접하는 것이며 많은 사람은 돈을 벌기 위해 부단히 노력한다. 옛날 사람들도 다르지 않았다. 사마천은 "세상 사람은 이익을 위해 우르르 몰려왔다가 이익을 위해 우르르 흩어진다"라는 명언을 남기기도 하지 않았는가. 옛날의 돈은 어떤 모습이었을까? 물론 화폐가 생기기 전에는 현물을 교환하는 식이었다. 교환 과정에서 많은 사람이 좋아하는 특정 물건은 가치를 매기기에 유용하여 점차 화폐로 기능하게 되었다. 인류 문명사에서 최초의 화폐는 대부분 조개껍질이었다. 조개껍질은 장식품으로 인기가 좋은데다 작고 단단해서 휴대하거나 보관하기 편리하기 때문에 화폐로 쓰이기에 적절했을 것이다. 더욱이 중국의 내륙 문명권에서 조개껍질은 쉽게 얻을 수 없는 희소성 때문에 가치가 떨어질 염려도 없었다. 한자에서 돈과 관계된 글자에는 거의 '조개 패貝'자가 들어 있는 것도 조개껍질이 초기 화폐였기 때문이다.

　이후 생산력이 향상되면서 조개껍질은 차츰 화폐 기능을 잃게 되었으며 사람들은 금속 화폐를 주조하기 시작했다. 춘추전국 시대에는 나라마다 화폐의 형태가 달랐을 정도로 금속 화폐의 종류가 다양해졌다. 예컨대 칼 모양의 도폐刀幣, 농기구를 본뜬 포폐布幣, 귀신의 얼굴 모양을 한 귀면전鬼面錢 등이 주조되었다. 진시황은 여섯 나라를 통일하고 나서 둥근 동전 안에 네모난 구멍이 있는 원형방공圓形方孔의 주화로 화폐 형태를 통일했다. 이러한 화폐 형태는 중화민국 초기까지 계속 유지되었으며 옛사람들은 이 엽전을 '공방형孔方兄'이라는 친근한 별칭으로 부르기도 했다.

진나라에서 청 말기까지 중국에서는 주로 동전, 지폐, 은화를 화폐로 사용했다. 동전의 경우 모양은 거의 원형방공 형태였으나 명칭은 나라마다 달라서 진秦나라에서는 반냥전半兩錢, 한나라에서는 오수전五銖錢이라고 불렸다. 오수전은 한 무제부터 당 고조까지 700년 넘게 사용된 중국 역사상 가장 오랫동안 유통된 화폐다. 그러다가 당 고조 때 '개원통보開元通寶'가 주조되기 시작했다. 개원통보의 뒷면에는 손톱만 한 초승달 문양이 있는데 문양의 유래에 관해 여러 흥미로운 이야기가 전해지고 있다. 가장 유명한 설은 황제의 비빈 중 한 명이 밀랍으로 제작된 엽전 주형鑄型을 보다가 실수로 손톱자국을 남겼는데 장인들은 이를 함부로 제거할 수 없어 할 수 없이 훼손된 주형에 엽전을 찍어냈다는 것이다. 이와 달리 화폐사를 연구하는 펑신웨이彭信威는 페르시아를 비롯한 외국의 화폐에 별과 달 문양이 새겨진 영향을 받았을 가능성이 크다고 주장했다. 확실히 당나라는 이민족의 영향을 많이 받은 편이긴 하다. 개원통보 이후 1300년 넘도록 중국의 동전에는 모두 '××통보' 또는 '××원보'라는 이름이 붙었다.

진秦나라 반량전(왼쪽), 오수전(오른쪽)

중국 역사에서 군주제 시대의 마지막 동전은 위안스카이袁世凱가 스스로 황제에 오른 후 베이양北洋 조폐공장에서 만든 홍헌통보洪憲通寶다. 중화민국 시기에는 푸젠 지역에서 푸젠통보福建通寶가 발행되기도 했는데, 군주제 시대의 동전과 차별화하기 위해 원형원공圓形圓孔 형태로 만들었다. 옛날에는 동전의 재료인 구리를 채굴하는 기술이 요즘처럼 발달하지 않았기 때문에 항상 동전은 시장의 수요를 충족시키기 힘들었다. 따라서 걸핏하면 '구리 흉년'과 '금전 부족' 문제가 발생했다. 금전 부족 현상이 심각한 경우에 정부는 철전鐵錢을 만들어 부족분을 메울 수밖에 없었다. 중국 화폐 역사의 이단아라 할 수 있는 철전은 없어졌다가 부활하는 과정을 거듭하면서 500~600년 동안 존재했는데 특히 송대에 많이 주조되었다.

한편 송대의 교자交子, 원·명 시대의 보초寶鈔 같은 화폐는 고대의 지폐였다. 그러나 지폐가 통용되는 데 필요한 예치금이 없어서 신용을 담보할 수 없었기 때문에 등장한 지 얼마 지나지 않아 휴지 조각이 됐다.

개원통보

청나라 조정에서는 이 사실을 교훈 삼아 지폐 발행에 신중을 기했다. 전기에는 아예 지폐를 발행하지 않았고 후기에는 태평군 토벌과 자연 재해에 따른 재정 위기로 인해 어쩔 수 없이 함풍 연간에 호부관표戶部 官票와 대청보초大淸寶鈔라는 두 종류의 지폐를 발행했다. 그러나 이 두 지폐도 빠른 가치 하락의 운명을 피하지 못해 10년이 안 되어 폐기되 었다.

은화는 송나라 전까지 거의 시중에서 사용되지 않았고 송나라 때에 도 드물게 유통되다가 명대 이후부터 널리 유통되기 시작했다. 그 주 된 원인은 세 가지를 들 수 있다. 첫째, 명나라 이전까지 중국의 은 채 굴량은 매우 제한적이어서 은을 쓰고 싶어도 쓸 수가 없었다. 그러다 명나라 때 새로운 항로가 열리면서 아메리카 대륙의 은이 중국으로 대 량 유입되어 주요 화폐로 자리 잡을 수 있는 여건이 형성되었다. 학자 들의 계산에 따르면 명 말의 100년 동안 해외에서 유입된 은은 약 1만

대청보초

4000톤으로, 중국에서 생산되는 양의 10배에 달했다. 둘째, 상품 경제가 발달하면서 많은 화폐가 지불용으로 쓰이게 되었는데 은의 구매력은 동전보다 월등히 높았기 때문에 물품을 대량 거래하기에 적합했다. 마지막으로 국가 정책의 변화를 들 수 있다. 명나라 초기까지만 해도 은의 사용이 금지되고 지폐가 유통되었으나 지폐가 빠르게 평가절하되다 보니 나라에서도 은 금지령을 해제할 수밖에 없었다. 오히려 장거정張居正이 정무를 주관하던 시절에는 일조편법一條鞭法을 실시하여 은으로 지불하는 방식이 장려되기도 했다. 이 세 가지 원인으로 인해 은이 명나라 때부터 주요 화폐로 자리 잡기 시작했고, '은화는 주요 수단, 동전은 부수적 수단'이라는 화폐 체계가 형성되어 청나라 후기까지 이어졌다. 중국의 화폐사에서 명·청 시대는 '은의 시대'였다.

금의 경우 화폐로 유통되지는 않았지만 비축 또는 지불용 화폐로 이용되었다. 예컨대 황실에서 귀족에게 상을 내릴 때 또는 공물을 바칠 때 사용되었다. 금이 가장 과시적으로 사용되었던 시대는 전한前漢 때로 당시의 '큰손들'에 관한 기록이 역사서에 많이 담겨 있다. 한 예로 한 무제는 위청衛靑에게 금 20만 근을 한꺼번에 하사했다. 요즘으로 치면 50톤에 달하는 양이다. 그러나 전한 이후에는 이렇게 많은 금을 하사한 사례를 찾아볼 수 없다. 왜 그럴까? 한나라 때 죽은 황제와 귀족들의 부장품으로 많은 양의 금이 땅에 묻혔기 때문이라는 주장도 있고, 한나라 때 하사한 '금'의 대다수는 황금이 아니라 동이었다는 설도 있다.

근대에 들어 중국에서는 네 가지 경화硬貨, hard currency가 유행했다. 기존의 금과 은(은화) 그리고 달러와 아편이다. 이 네 가지 경화는 색이 제각각이라 '황백녹흑'의 4대 경화라 불렸고, 최종적으로는 네 가지 '돈'이 되었다.

옛날 은화 한 냥은
가치가 얼마일까?

옛 시대를 다룬 영화나 드라마에는 은화를 지불하는 장면을 자주 볼 수 있다. 그렇다면 은화 한 냥의 값어치는 오늘날 얼마나 될까? 자세히 알아보기로 하자.

옛날 도량형은 오늘날과는 달랐다. 명·청 시대의 한 냥은 대략 37그램이다. 오늘날 순은의 가격이 그램당 3.5위안이니까 은화 한 냥의 값어치는 대략 130위안(약 2만2000원)과 맞먹는다. 그러나 단순히 가격을 환산하는 것만으로는 옛날 은의 가치를 정확히 추정할 수 없다. 옛날의 은 채굴력은 오늘날과 차이가 있는데다 시장에 유통되는 양이나 희소성도 다르기 때문이다. 그러므로 우리가 계산해야 할 것은 단순한 은의 가격이 아니라 옛날에 은이 화폐로서 지녔던 구매력이다. 구매력을 계산하기 위해서는 옛날과 오늘날 공통적으로 쓰이는 상품을 비교해보는 편이 낫다.

먼저 송나라 때 은화 한 냥의 구매력을 살펴보자. 당시 시장에서 주로 유통되던 화폐는 동전으로, 동전 1관貫(꿰미)이 은화 한 냥과 맞먹었다. 동전 한 개는 1문文이고, 1000문을 엮어 1관이라 했다. 옛날에는 동전 구멍에 줄을 꿰어 묶음 단위로 주고받았기 때문에 이를 관(꿰미)이라고 했다. 그래서 부유함을 표현할 때 "허리에 만 관을 둘렀다(요전만관腰纏萬貫)"라는 고사성어가 생겨나기도 했다. 그러나 1관을 주고받을 때 그 자리에서 1000개나 되는 동전 수를 일일이 세기는 힘들기 때문에 "무게나 수량이 부족한" 경우가 잦았다. 즉 거래할 때 동전 몇 문을 빼놓고 돈 꾸러미를 내주는 자들이 많아진 것이다. 그러다 보니 다른 사람들도 손해를 보지 않으려고 똑같은 부정행위를 저질렀고, 시간이 흐를수록 관행으로 굳어져 1관은 동전 700~800문이 되었다. 이러한 계산법을 단맥短陌이라 한다. 이 부분에 대해서는 학계에서도 논쟁이 있지만 아직 결론이 나지 않았으니, 여기에서는 그냥 1관에 1000문으로 계산하도록 하자.

송나라 인종仁宗 시기에 쌀은 1섬에 600~700문이었다. 오늘날 우리가 일반적으로 구입하는 쌀은 1근(500그램)에 3~4위안이다. 송대의 1섬이 오늘날의 118.4시근市斤(1근과 마찬가지로 500그램)이므로 쌀 1섬은 오늘날 450위안(약 7만 7000원) 정도다. 즉 송대의 600~700문은 오늘날 450위안에 해당하므로 1문은 대략 0.7위안이고 은화 1냥은 700위안(약 11만 9000원)이라 할 수 있다.

구매력 비교의 기준이 될 만한 품목을 몇 가지 더 찾아보자. 북송의 수도인 동경東京 변량汴梁(카이펑의 옛 이름)의 사회상을 기록한 문헌 『동경몽화록東京夢華錄』에는 동경 변량의 야시장에서 파는 허파 볶음 한 접시의 가격이 20문에 못 미친다는 기록이 있다. 허파 볶음은 요즘 베이징 길거리의 포장마차에서 15위안(약 2500원) 정도에 팔리는 양잡탕(양내장탕)이나 루주鹵煮(돼지내장탕)와 비슷한 음식으로 추정된다. 이 가격을 기준으로 은화의 값어치를 계산해보면 은화 1냥은 750위안 내외로, 앞서 쌀값으로 추정한 액수와 별 차이가 없다.

송대 소설집인 『청쇄고의靑瑣高議』에는 다음과 같은 문장이 있다. "경력慶曆(송 인종의 연호) 연간에 도하(도성)의 마길이 닭 도축을 업으로 하였는데, 닭 한 마리를 죽일 때마다 동전 10문을 받아 하루에 수백 문을 벌었다." 이 구절을 통해 당시 시장에서 닭 한 마리를 도축하는 데 동전 10문이 들었음을 알 수 있다. 요즘 시장에서 닭 도축비가 마리당 8위안이라 치면 당시 은화 1냥은 800위안(약 13만7000원)과 맞먹는다. 이러한 계산 결과를 종합하면 송대 은화 1냥의 구매력은 오늘날 700~800위안에 준한다.

이제 명나라 당시 은화의 구매력에 대해 알아보자. 명대 만력萬曆(명 신종의 연호) 연간에 쌀값은 1섬에 은화 반냥 정도였다. 명대의 한 섬은 10말이었는데, 고고학 연구자의 추정에 따르면 명대 성화成化(헌종의 연호) 연간에 구리로 만든 말의 부피는 9635밀리리터, 쌀 1000밀리리터의 무게는 1.5시근 정도였으므로 쌀 1섬은 약 145근이다. 오늘날 쌀 145근이 약 500위안(약 8만5000원)이므로 명대에 은화 1냥으로 쌀 2섬을 샀다면 요즘 돈 1000위안(약 17만 원) 조금 넘게 지불한 셈이다.

명대 중후반에 출판된 소설 『금병매』에는 서문경이 수재秀才[1] 온溫씨를 비서로 삼고 매달 은화 3냥을 월급으로 주었다는 구절이 나온다. 앞

---

1 한나라 때부터 당나라 때까지는 과거 시험의 한 과목이었고, 송나라 때에는 과거에 응시하는 모든 선비를 가리키는 말이었으며, 명·청 시기에는 부府·주州·현縣의 학교에 입학한 자를 가리키는 호칭.

서 계산에 따르면 은화 1냥은 요즘 돈으로 1000위안보다 약간 많은 수준이니 은화 3냥이면 3000위안(약 51만 4000원) 조금 넘는다. 옛날의 수재는 학업의 난이도로 볼 때 오늘날의 대학 졸업생 정도이고, 서문경이 살던 곳은 현의 도읍이었다. 오늘날 현 정부 소재지에서 일하는 대학 졸업자의 월급도 3000~4000위안(약 51만 4000~68만6000원)이므로 이러한 추정치는 비교적 합리적이다.

마지막으로 청나라 시대 은화의 구매력은 어떠한지 보자. 건륭 연간 후광湖廣과 장시江西 지역에서 쌀 한 섬은 은화 1냥 반~2냥에 매매되었다. 쌀 한 섬의 무게는 약 145근으로 명대와 거의 비슷하다. 오늘날의 쌀값을 기준으로 계산하면 청대의 은화 1냥은 요즘 돈으로 약 350위안(약 6만3000원)이다.

역사학자인 다이이戴逸는 『18세기의 중국과 세계: 농민편』에서 건륭제 무렵 중간계층 농가의 연소득이 은화 32냥 정도였다고 밝히고 있다. 그렇다면 지금 농가의 연 평균소득은 얼마일까? 중국 국가통계국의 자료에 따르면 2017년 중국의 전국 농촌주민 1인당 가처분소득은 1만 3432위안이다. 한 가구에 2명의 성인이 사는 것으로 계산하면 2017년 한 가구당 평균소득은 2만7000위안 선이다. 청나라 시대의 은화 32냥이 오늘날의 2만7000위안과 맞먹는다면 당시 은화 1냥의 구매력은 요즘 돈으로 약 850위안(약 14만6000원)이 된다.

이 두 가지 계산법으로 계산한 결과는 큰 차이를 보인다. 청나라 시대 은화 1냥을 쌀값으로 계산하면 350위안이고, 농가의 평균소득으로 계산하면 850위안이다. 왜 이렇게 큰 차이가 나는 것일까? 이에 대해 청대 중기에 인구가 급증한 반면 농업 생산력은 그리 발전하지 못한 탓에 쌀이 부족했다는 합리적인 해석도 있다. 쌀값은 급등했지만 농민의 삶은 빈궁해졌다는 것이다. 건륭제 당시 농가소득은 오늘보다 월등히 적었으니 두 시기의 농가소득을 같은 선상에서 비교할 수는 없다. 역사학자 장홍제張宏杰는 건륭제 시기가 태평성세로 평가되고 있지만 당시 1인당 식량 점유량은 진시황 이래 역대 최저 수준으로서 백성의 '굶주림 위의 태평성세'였다고 주장했다. 강희 연간에는 0.7냥 정도였던 쌀한 섬 가격이 건륭 연간에는 최소 2배가 되었다. 이는 백성의 소득이 절반으로 줄었고 은화의 구매력도 절반이나 떨어졌다는 것을 뜻한다. 이렇게 볼 때 앞서 살펴본 두 가지 계산 방식, 즉 쌀값으로 계산한 '은화 1냥=요즘 돈 350위안'은 건륭제 시기의 현실에 어느 정도 근접한 수치라고 할 수 있다. 다만 청나라 시대에 은화 1냥의 구매력은 강희제 시기의 700위안에서 건륭제 시기의 350위안에 이르기까지 큰 차이를 보였다. 송대의 은화 1냥은 요즘 돈으로 700~800위안, 명대에는 1000위안, 청대에는 350~700위안이다.

옛날 은화의 구매력을 알아보기 위해 특정 상품을 기준으로 삼는 것이 과학적이고 합리적인 방법은 아니다. 옛날의 생산성은 요즘과 큰 차이가 있는데다가 과거와 현재의 엥겔 지수(개인의 소비지출 총액에서 식료품비가 차지하는 비중)도 매우 다르며, 소득 수준과 빈부격차 양상도 비교하기가 어렵기 때문이다. 게다가 옛날에는 풍년이나 흉년 등 작황의 영향, 자연재해와 전란 등의 영향으로 쌀값의 변동 폭이 아주 컸기 때문에 쌀값을 기준으로 삼으면 한시적인 구매력만을 살펴볼 수밖에 없다. 따라서 지금까지의 계산 방식은 옛날의 물가 수준을 엿보기 위한 참고적인 수단일 뿐이다.

옛날 사람들은 은화를 내고
잔돈은 어떻게 거슬러 받았을까?

무협 소설에는 강호를 떠돌던 협객이 식당에서 밥을 먹는 장면 묘사가 많다. 식사를 마친 후 은화 한 닢을 던져놓고 멋지게 사라지곤 한다. 거스름돈도 안 받고 말이다. 옛날 사람들은 다들 그렇게 넉넉했을까?

앞서 소개했듯 은화는 송나라 때부터 시중에 사용되기 시작했고 명·청 시대가 되어서야 주요 통화로 자리 잡았다. 다시 말해 송나라 이전에 밥값으로 은정銀鋌을 내미는 건 마치 서민 식당에서 고액 수표를 내는 것과 같은 일이다. 물론 송나라 시대에 들어서도 식당에서 은정을 쓰는 일은 거의 없었다. 은정의 액면가가 너무 크기 때문이다.

원보元寶라고도 불리는 은정은 대개 10냥짜리와 50냥짜리로 주조되었다. 송대 은화 1냥의 구매력은 요즘 돈으로 700~800위안이므로 10냥짜리 은정은 7000~8000위안이고 50냥짜리 은정은 4만 위안에 달한다! 따라서 은정은 주로 재산을 저축하거나 상품을 대량으로 사고팔 때 쓰였으며 시중에 유통되는 일은 거의 없었다. 밥 한 끼에 7000~8000위안이나 되는 돈을 내거나 액면가 높은 지폐를 내고도 거

10냥짜리 은정

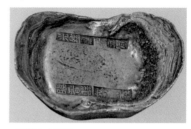

50냥짜리 은정

조각 은화

스름돈을 받지 않는 일은 거의 없는 것처럼 말이다. 자기 돈으로 먹는
게 아니라면 모를까.

옛날에 시중에서 가장 많이 사용된 것은 은정보다 액면가가 낮은
조각 은화였다. 은화의 무게는 규정으로 정한 표준이 없어서 무거운 것
도 있고 가벼운 것도 있었다. 그래서 옛날 사람들은 조각 은화를 사용
하려면 항상 가위와 작은 저울을 가지고 다녔다. 적당한 크기의 은화
를 가위로 자른 후 저울로 무게를 확인해야 했기 때문이다. 이 가위는
일반 가위와는 달리 가윗날이 짧고 손잡이는 길고 두꺼운 모양인데,
은덩이를 자를 때 힘이 덜 들도록 지렛대의 원리를 활용한 것이다. 저
울은 정확도가 높고 크기가 작은 등자等子라는 천칭을 사용했다. 송나
라 때부터 사용된 것으로 전해지는 등자는 리釐(1리는 약 31.25밀리그램)

단위까지 측정이 가능하며, 은화뿐만 아니라 금화나 약재 등 다른 귀중품의 중량을 재는 데도 쓰였다. 이렇듯 옛사람들에게 등자는 은화 거래의 필수 도구였다.

프랑스의 저명한 사학자인 브로델은『물질문명과 자본주의』라는 책에서 옛날 사람들이 물건을 사는 광경을 이렇게 묘사했다. "철로 만든 가위를 들고 다녔고, 사고자 하는 물건의 가격에 맞춰 은정을 크고 작은 조각으로 잘랐다. 조각 하나하나 저울에 달아봐야 했기 때문에 사는 사람이나 파는 사람 모두 등자를 사용했다." 소설『홍루몽』에도 등자를 사용하는 장면이 여러 차례 등장한다. 한 예로 51회에는 이런 구절이 있다. "그래서 서랍을 열었더니 그제야 작은 소쿠리 안에 은화 몇 조각이 들어 있는 것이 보였다. 심지어 등자도 있었다. 사월은 은화 한 조각을 들고 등자를 꺼내더니 보옥에게 물었다. '어디가 1냥을 가리키는 눈금이죠?'"

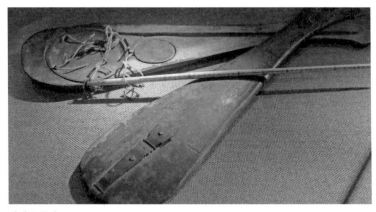

갑에 든 등자(중국 화교역사박물관 소장)

은화를 가위로 자르는 데는 은의 순도를 확인하기 위한 목적도 있었다. 즉 가짜 은이 섞이지는 않았는지, 단층에 납이 끼지는 않았는지 등을 확인하려면 그 자리에서 은을 잘라봐야 했다. 은화를 자주 거래하는 이들은 허리에 구리 방울 모양의 물건을 하나 달고 다니곤 했다. 그 안에는 밀랍 조각이 들어 있는데 그 용도는 가위로 은을 자를 때 떨어진 은 부스러기를 이 밀랍 조각으로 주워 모으는 것이다. 일정량의 은 가루를 모으면 이것을 녹여서 은 덩어리를 만들 수가 있었다. 옛날 사람들은 우리가 상상하는 것만큼 씀씀이가 크지 않았으며 돈을 아끼기 위해 온갖 방법을 동원했음을 알 수 있다.

04

옛날 사람들은
외식 한 끼에 얼마를 썼을까?

    옛날에는 식당에서 밥을 먹고 나서 함부로 은화 한 냥을 내밀 수 없었다는 사실을 알게 되었다. 그렇다면 한 끼를 사먹는 데 얼마를 지불했을까? 물론 어떤 식당에 가느냐에 따라 밥값은 달라지게 마련이다. 도시경제가 발달했던 송나라 때는 백성도 형편이 넉넉했기 때문에 외식이 흔한 편이었다. 이에 관한 문헌 자료도 많으니 송나라의 외식비에 대해 먼저 알아보기로 하자.

    가장 저렴한 음식은 길거리에서 파는 간식이다. 『동경몽화록東京夢華錄』에 따르면 도성인 동경 변량(지금의 카이펑) 노점에서 파는 생선구이, 오리·닭·토끼고기 볶음, 전분 수프 따위는 한 접시에 15문 정도였다. 앞서 계산한바 송나라 때 1문은 요즘 돈으로 7~8마오毛에 해당하니까 15문이면 12위안(약 2000원) 정도다. 요즘 베이징에서 루주 한 그릇에 20위안이 조금 넘으니 이 정도면 비싼 편은 아니다. 육유陸游의 『검남시고劍南詩稿』에는 "100문이면 농촌에서 요리 하나에 작은 동이 술을 주문할 수 있다"라는 기록이 있다. 그렇다면 송나라 때 맛집에서 한 끼 사먹는다면 요즘 금액으로 70~80위안(약 1만2000~1만3700원) 정도일 것이다.

좀더 비싼 식당은 어느 정도일까? 소식은 『동파지림東坡志林』에서 "그때 사대부 두엇이 모이면 대개 500문은 썼다"라고 밝히고 있다. 요즘 돈으로 400위안(약 6만8000원) 안팎이다. 물론 고급 식당은 얘기가 다르다. 『도성기승都城紀勝』의 기록에 따르면 남송의 도성인 임안臨安(지금의 항저우)에 있는 고급 요릿집 음식을 맛보려면 한 끼에 5000문 넘는 비용을 지출해야 했다. 요즘 돈으로 4000위안(약 68만6000원)이다. 송 휘종 시기에 관리가 동경 변량에 있는 요릿집에서 손님에게 요리를 대접할 때는 한 끼에 1만 문이 넘는 비용을 썼다. 요즘 돈으로 치면 1만 위안(약 171만 원) 안팎이다! 하지만 관리의 식사 대접보다 더 비싼 경우는 부잣집 도령들이 구애할 때다. 진융金庸의 『사조영웅전射雕英雄傳』을 보면 곽정郭靖이 황용黃蓉을 위해 은화 19냥이나 되는 밥값을 치렀다. 남송 연간에 은화 1냥은 2000문이 넘었으니 은화 19냥은 요즘 돈으로 3만 위안(약 514만 원)이 넘는 거금이다! 예나 지금이나 여자의 환심을 사려면 돈이 많이 든다.

이어서 다른 시대의 부유층은 밥값을 어느 정도 썼는지 살펴보자. 『홍루몽』에서 류씨 할머니가 영국부榮國府(영국공의 저택)에 갔다가 대관원大觀園(영국공 저택 안의 대규모 원림)에서 먹은 게 요리는 은화 23냥짜리였다. 깜짝 놀란 류씨 할머니가 이렇게 말했다. "우리 같은 농사꾼이 1년 동안 쓸 돈이구나." 『홍루몽』의 시대적 배경은 분명 청나라 강희 연간이고, 앞서 계산해봤듯이 당시 은화 1냥의 구매력은 요즘 돈 700위안(약 12만 원) 정도다. 그렇다면 영국부에서 대접받은 한 끼 식사

비는 요즘 돈으로 1만4000위안(약 240만 원) 내외라는 말이다. 한 가지 짚고 넘어가자. 이 한 끼는 그저 가족끼리의 저녁식사일 뿐이고 식비는 식재료 값만 따진 금액이라는 것이다. 영국부는 실로 엄청난 부자였던 것이다!

영국부의 경우도 충분히 비싸지만 그보다 더 비싼 밥이 있었다. 청나라 때 관청에서 주최한 공식 연회가 그것이다. 도광 연간에 산시성의 양곡 운송 책임자인 장집형長集馨은 각지의 관료를 접대하곤 했는데, 연회를 열 때마다 은화 2000냥 이상을 썼다. 게다가 그는 공금으로 먹고 마신 세부 내역을 기록으로 남겼다. "한 번 연회를 열 때마다 공연을 두 번 선보였고, 주빈 식탁인 상석에는 5인분을 차리고 중석中席에는 14인분을 차렸다." 상석에는 제비집 구이가 놓였고 중석에는 상어 지느러미와 해삼 요리가 필수로 들어갔다. 모든 식탁에는 활어, 뱀장어, 사슴 꼬리 요리가 빠지지 않았다. 장집형의 관직은 요즘으로 치면 시장보다는 높고 성장省長보다는 낮은 부성장급에 해당하는 도태道台였다. 건륭 연간의 은화 1냥을 요즘 돈 350위안으로 치면 이 작자가 1회 접대비로 쓴 은화 2000냥은 70만 위안(약 1억2000만 원)이다. 70만 위안으로 19인분을 대접했으니 한 명당 3만 위안(약 514만 원) 넘게 먹인 셈이다. 아, 그들은 비싼 술을 마셨을 터. 한 명당 마오타이 5병씩 마셨다고 치면 밥값에서 1만 위안씩은 빠지겠구나!

옛날 사람들은
돈을 어떻게 '보관'했을까?

옛날에는 남들에게 재산을 드러내지 않는 것을 미덕으로 여겼다. 하지만 돈을 맡아줄 은행이 없던 시절에 사람들은 돈을 어떻게 보관했을까? 대개 넉넉하지 못한 서민층은 얼마 안 되는 동전을 꿰어 집의 대들보에 걸어놓고 필요할 때마다 꺼내 썼다. 그런 까닭에 좀도둑을 '대들보 위의 군자'라고 부르기도 했다. 좀도둑은 왜 대들보 위에 올라갔을까? 거기에 돈이 있으니까!

옛날에도 돈을 모아두는 저금통 비슷한 것이 있었다. '박만撲滿'이라 불리는 이 통의 재질은 주로 도기나 자기였으며 모양은 주둥이와 손잡이가 없는 찻주전자 또는 동물 형태로, 오늘날의 돼지저금통처럼 윗부분에는 동전을 넣을 수 있을 정도의 좁고 길쭉한 구멍이 뚫려 있다. 박만을 끈에 꿰어 대들보에 매달 수 있도록 박만의 배 부분에 고리를 달아놓은 것도 있다. 박만이 생겨난 것은 진나라 시대이며 한나라와 당나라 때 유행했다. '박만'이라는 뜻도 재밌다. '가득 차면滿 때려잡는다撲', 즉 동전이 가득 차면 깨뜨려서 꺼내 쓰겠다는 뜻이다. 타이완에서는 지금까지도 저금통을 박만이라고 부른다.

돈이 많은 부잣집에서는 박만의 업그레이드 버전인 저금 단지를 고안해냈다. 돈과 재물을 단지 안에 넣고 입구를 잘 봉해서 집 마당이나 주변의 은밀한 장소에 묻어놓았다가 큰돈이 필요할 때 꺼내어 쓰곤 했다. 박만이 '적립식 예금'이라면 저금 단지는 '정기예금'이라 할 수 있다. 저금 단지를 묻은 위치를 들키지 않기 위해 위장 전술을 펼치기도 했다. 저금 단지를 묻은 땅 위에 "이곳에 은화 300냥 없음"이라고 적힌 표지를 꽂아두는 위장 전술을 펼친 예도 있다. 그런가 하면 재물을 가득 넣은 단지를 땅속 깊이 묻은 뒤 그 위에 약간의 돈을 넣은 단지를 묻는 '다층 매립법'도 있다. 이는 도둑이 땅을 팠을 때 위에 있는 단지만 가져가게 하려는 위장술이다. 중화민국 시기에 상하이의 명의名醫인 천춘런陳存仁의 집안이 분가하면서 재산을 분할하게 되었는데 집 안에 은화 단지가 20개나 숨겨져 있다는 기록을 발견했다. 가족들이 집 안 곳곳을 뒤졌으나 단지는 8개만 찾아냈다. 나머지 12단지는 어디로 갔을까? 가족들은 다시 발굴 범위를 넓혀서 주변을 샅샅이 뒤졌지만 소용이 없었다. 이때 8개 단지가 있던 자리를 좀더 깊이 파보라는 웃어른의 조언에 따라 땅을 파봤더니 아니나 다를까, 바로 그 자리에 은화 12단지가 묻혀 있었다. 옛사람이 땅에 묻어둔 은화를 찾으려면 과연 1미터는 더 파봐야 한다!

지방 호족 중에는 재산이 하도 많아 단지보다 규모가 큰 '움'을 만들기도 했다. 집 안에서 가장 안전한 공간에 움을 판 뒤 움의 입구를 최소화하여 은폐하는 식이다. 땅굴과 비슷한 내부 공간에는 1톤이 넘는 돈을 보관할 수 있다. 실제로 2010년 산시성 화華현에서는 수 톤의 동전이 묻힌 송나라 시대의 움이 발견되었다. 그토록 많은 돈이 묻혀 있는 움이 그대로 방치된 이유는 무엇일까? 대개 정치적 혼란이나 집안의 변고로 인해 가산을 몰수당하게 되어 급히 몸을 피할 수밖에 없는 경우가 그러하다. 역사적으로 이런 일은 드물지 않은데, 그들은 나중에 다시 돌아와서 돈을 꺼낼 계획이었을 테지만 그러지 못한 것이다. 또는 갑자기 전란이 터져 가족이 거처를 옮겨야 하는 상황에서 움에 묻어둔 재물을 못 챙겼을 수도 있다. 산시성에서 발견된 송나라 시대의 움은 아마도 금나라 군대가 남하했을 때 집주인이 황급히 피란을 떠난 것으로 보인다.

오래된 가옥에서는 전에 살던 사람이 감춰둔 돈이 발견되는 일이 종종 있었다. 특히 유구한 역사를 지닌 옛 도읍지라면 그런 일이 더 많았다. 과거에는 '발굴된 유물은 국가에 귀속한다'는 규정이 없었으니 자기 집 마당에서 발견된 재물은 자기가 가질 수 있었다. 송나라 때 낙양洛陽에서도 이런 일이 빈번했다. 집 안에서 재물이 발견되어 돈방석에 앉는 사람들이 생기자 낙양 사람들은 집을 살 때 전 주인에게 집값 외에 보상비 명목의 '발굴비'를 따로 낼 정도였다. 문헌에조차 "곳곳에 오래 숨겨진 재물이 있는데 그 위에 저택을 지었으니 움을 파지 않은 자가 묻힌 돈을 꺼내는구나"라는 기록이 남아 있다.

옛사람들은 땅속뿐만 아니라 여러 기발한 장소에 귀한 물품을 숨겼다. 그중 하나가 담벼락의 벽돌 틈새다. 『한서漢書』에도 진나라 분서갱유 당시 공자의 후손들은 공자가 살던 집 담벼락 틈에 고서古書를 숨겨 보존했다는 기록이 있다. 훗날 부호들이 돈을 숨길 때 이 방법을 차용했으며 청나라 때나 중화민국 시대까지 이어졌다. 한편 청나라 때 '산서상인[2]은 은화를 녹여서 마룻바닥에 흘려 넣는 기발한 방법을 고안했다고 한다. 이런 방법이라면 돈을 잃어버릴 일은 없을 것이다.

오늘날에도 오래된 주택의 무너진 담벼락에서 돈이 발견되었다는 뉴스를 접하곤 한다. 2014년 광둥성 레이저우雷州의 농촌에 사는 농부는 태풍으로 무너진 담장을 수리하다가 청나라 말기와 중화민국 초기의 은화 29개를 발견했다. 요즘 돈으로 치면 수백 위안에 해당하는 금액이다. 2016년에는 산둥성에서 철거 중이던 낡은 가옥의 담벼락에서 대량의 동전이 발견되었는데, 그 액수가 무려 1000만 위안(약 17억1000만 원)에 달했다.

---

2 중국 산시山西 지역 출신의 상인으로, 명·청 시대에 경제 및 금융계에서 큰 영향력을 발휘했다.

06

옛날 사람들은
1년에 세금을 얼마나 냈을까?

옛사람들은 한 해에 얼마의 세금을 냈을까? 한나라를 예로 들어보자. 역사 교과서에서 한나라는 세금이 낮았던 왕조로 소개되고 있지만 당시 잡다한 세금 가운데 실제로 세금 액수가 적은 것은 '전조田租' 한 가지뿐이었다. 전조는 토지에서 거둔 수확량의 일정 비율을 내는 것으로, 금전 대신 곡물이나 가축의 먹이 같은 현물로 냈다. 자주 언급되는 한나라의 '15분의 1세稅' 또는 '30분의 1세'가 바로 전조 세율이다.

두 번째 세금으로는 인두세에 속하는 '부賦'가 있다. 이 세금은 가족 구성원 수에 따라 납부하며 사람마다 납부 기준이 다르다. 3~14세의 유아와 청소년은 해마다 구전口錢으로 23전을 내고, 15세가 되면 성년으로 간주하여 56세까지 해마다 산부算賦로 1산算(1산은 120전)을 내야 한다. 또한 집안에 노비를 둔 경우에 주인은 해마다 노비 한 명당 2산을 내야 한다. 노비에게 두 배의 산부를 부과한 이유는 호족이나 부호 가문이 많은 노비를 둘수록 일반 백성의 수가 줄어들기 때문에 국가 재정수입에 지장이 없도록 하기 위한 것이다. 그와 동시에 부호 세력을 견제하는 용도이기도 했다. 상인 계층 역시 가족 한 명당 2산씩 내야 했다. 이는 농업을 중시하고 상업을 억제하는 중농억상重農抑商 정책에 따른 것으로, 상업 종사자가 많아지면 농업 생산성이 줄어들 것을 우려한 조치다. 가장 억울한 경우는 나이 들도록 혼인하지 않은 딸이 있는 집이다. 한나라 혜제惠帝 당시 결혼과 출산을 장려하기 위해 15~30세의 미혼 여성이 있는 집에는 2배 또는 최대 5산까지 세금을 부과하는 규정을 두었다. 다만 30세 이상의 미혼 여성에게는 배액 부과를 하지 않았다. 서른이 넘도록 혼인하지 않았다면 앞으로 혼인할 가능성이 거의 없다고 판단한 것이다.

세 번째 세금은 '경부更賦'다. 이는 요역 의무를 대체하는 데 따르는 '요역 면제세'라 할 수 있다. 옛날에 성인 남성은 매년 국가를 위해 요역을 해야 했다. '경졸更卒'은 1년에 한 달간 거주하는 지역에서 수로를 파거나 성벽을 쌓는 등의 노역을 하는 것이고, '정졸正卒'은 도읍에 가서 군사로 병역을 하는 것이다. 정졸은 평생 한 번만 수행하는 대신 기간은 1년이었다. 가장 힘든 경우는 해마다 변경으로 가서 사흘씩 수자리를 서야 하는 '수졸戍卒'이다. 그나마 집에서 변경까지 거리가 가까우면 다행이지만 집이 먼 경우에는 매우 난감할 수밖에 없다. 사흘간 수자리를 서기 위해 왕복 몇 개월을 걸어야 하기 때문이다. 이에 한나라 조정에서 대책을 마련했다. '수졸로 가지 않으려거든 돈을 내라. 나라에서 당신을 대신할 사람을 고용하겠다. 1년에 한 번, 300전이다.'

한나라 백성은 '헌비獻費'라는 것도 바쳐야 했다. 누구에게 바치냐고? 당연히 황제지! 황제가 매일 나라와 사직을 위해 애쓰고 매순간 천하와 백성을 생각하는데 '황제에게 경의를 표하는 것'이 당연하지 않은

가! 이것이 바로 전제군주 사회의 개똥철학이다. 한나라 백성은 모두 해마다 63전씩 헌비를 바쳐야 했다. 토지 생산량과 가족 수에 따라 내는 세금 외에, 가정마다 1년에 200전씩 내는 '호부戶賦'세도 있었다.

이 밖에도 특수 상품에 대한 소비세도 있다. 한나라 때는 소금과 철의 생산과 판매를 나라가 직접 관리했는데, 생활에 없어선 안 될 소금을 국가에서 전매하다 보니 값이 아주 비쌌다. 그러다 보니 소금을 사는 것 자체가 국가에 세금을 내는 것으로 변질되었다.

한나라 때 5인 가정(부모와 아들 둘, 딸 하나)의 경우 한 해에 내야 하는 세금을 어림잡아보자. 우선 이들의 부세는 대략 2000전쯤일 테고, 여기에 곡식 생산량의 7퍼센트가 추가된다. 물론 딸이 성년이 지나도록 시집을 못 간 경우라면 내야 할 세금은 훨씬 많을 것이다.

그렇다면 한나라 때 가구당 소득은 어느 정도였을까? 평황산鳳凰山 10호 한나라 묘에서 출토된 죽간竹簡 기록에 따르면 한 가구당 최대 50무畝의 땅을 소유할 수 있었다. 한나라 때 1무에서 생산되는 곡식이 대략 2섬이니까 해마다 가구당 100섬 정도의 소득을 거두었다고 추정할 수 있다. 물론 이 정도 소득이면 비교적 풍족한 집이었을 것이다. 참고로 그 당시 현령縣令의 1년 수입이 곡식 400~500섬이었다. 곡식 가격으로 비교해보자. 작황이 좋은 해에는 곡식 1섬이 약 50전이었다. 100섬이면 5000전인데, 세율이 40퍼센트나 되었으니 나라에 2000전을 내야 한다. 세율이 너무 높다고 느껴질지 모른다. 하지만 진秦나라 때는 세수가 개인 총수입의 3분의 2에 달하는 '태반지부泰半之賦'였으니, 진나라에 비하면 한나라의 세금은 애교 수준이다.

07

옛날에는
어떤 업종이 돈을 많이 벌었을까?

"징을 치든 설탕을 팔든 각자 자기의 일이 있다"라는 말이 있다. 옛날에도 직업은 다양했다. 한때 당나라 시기의 직종이 36종이라는 설이 제기되었는데 이후 그 수가 점점 늘어나 72종, 360종까지 확대되었다. 이 수치는 어디까지나 직업의 종류를 어림잡은 것일 뿐 실제로는 훨씬 많았다.

옛날의 업종 가운데 돈벌이가 가장 좋은 직업은 무엇이었을까? 아마도 사람들은 청나라의 광저우 13행行(상단)을 가장 먼저 떠올릴 것이다. 당시 청나라는 쇄국 정책을 펼치면서 광저우의 13개 상단에만 대외무역 권한을 허용했기 때문이다. 독과점이었던 만큼 이윤이 매우 높았으며, 13개 상단은 국가와 맞먹을 만큼 막강한 부를 축적했다. 도광 14년 무렵 총 행상인 오병감伍秉鑑의 자산은 2600만 은원銀元으로, 은화 2000만 냥에 해당한다. 참고로 당시 청나라 정부의 1년 재정수입이 4000만 냥 정도였다. 『월스트리트저널』은 오병감에 대해 "세계 최대의 상업 자산을 보유한 천하 제1의 대부호"라고 평가하기도 했다. 이처럼 오병감은 그 시절 세계 최고의 갑부였다.

특정 시기에만 존재하는 독점적 대외무역은 특수한 체제가 만든 산물이기에 보편적일 수 없다. 반면 옛날에 비교적 보편적이었던 업종 가운데 가장 수익이 뛰어난 분야는 단연 소금 판매였다. 소금은 인간이 생명을 유지하는 데 반드시 필요한 필수품으로서 냉장고가 없던 시대에는 식재료를 소금에 절이는 방식으로 부패나 변질을 늦출 수 있었다. 게다가 소금은 아무데서나 생산되지 않았기 때문에 희소성도 있었다. 따라서 소금은 오늘날의 석유와 비슷한 위상을 지녔다. 소금 채산 비용도 낮아서 옛날에 소금 산지를 소유한 자는 오늘날 중동 산유국의 부호들처럼 막대한 돈을 긁어모을 수 있었다.

물론 이렇게 큰돈이 되는 업종을 국가가 가만히 내버려둘 리 만무하다. 오래전부터 중국에서는 소금의 생산과 판매를 국가가 관리해왔다. 춘추 시대에 제나라가 강성해질 수 있었던 것 또한 관중管仲에 의해 '국가가 자원을 관리'하는 정책이 추진되면서 소금 산업도 관리하여 "어업과 염업의 이익을 편리하게" 한 덕분이다.[3]

전국 시대 진秦나라의 상앙商鞅이 주도한 변법에도 이와 비슷한 정책이 포함되어 있었다. 한나라 초기에는 염업이 민간에 개방되어 소금 판매상들이 막대한 이윤을 얻었는데, 조정은 이들의 자산이 황제나 제후들보다 많아지는 것을 크게 우려했다. 한 무제 때는 거듭되는 전쟁으로 국가 재정이 부족해지자 다시 소금 전매를 실시했다. '염철관영鹽鐵官

---

3 "어업과 염업의 이익을 편리하게 하다便魚鹽之利"라는 구절은 『사기』 「제태공세가齊太公世家」에서 인용한 것이다. 주나라 무왕 때 강태공이 제후국인 제나라에서 상공업을 발전시키고 어업과 염업을 편리하게 하여 제나라를 대국으로 일군 역사를 관중에게 적용한 말이다.

鹽'이라 불리는 이 정책의 골자는 식용 소금의 생산·운반·판매 과정에 민간 참여를 금하고 정부가 직접 관리한다는 것이다. 이 정책 덕분에 재정을 확보한 한나라 조정은 전시 상황을 견딜 수 있었으며 지방 호족 세력을 견제하는 효과도 거두었다. 이후 역대 왕조는 염업을 엄격하게 규제했으며 소금의 사적 판매를 역모와 맞먹는 중죄로 다스렸다. 그러나 염업의 이윤은 어마어마했기 때문에 엄격한 규제에도 불구하고 목숨을 걸고 사염私鹽 매매에 뛰어드는 이들이 적지 않았다.

사염의 이윤이 얼마나 높았던 것일까?『속자치통감장편續資治通鑑長編』의 기록에 따르면 북송 시기에 정부가 산시陝西 지역에서 독점적으로 관리했던 청해염의 판매가는 1근에 44문인 반면 산지인 칭하이青海 지역에서는 1근에 단돈 5문에 판매되었으며 채취 원가는 이보다 훨씬 적었다. 원가의 20배 넘는 금액으로 판매하는 이러한 경우는 오늘날 마약 외에는 없을 것이다. 폭리를 취해 엄청난 부를 거두고 집안을 일으킨 사염 밀매업자 중에는 사병을 키워 반역을 일으킨 자들도 있다. 수나라 말기의 정교금程咬金, 당나라 말기의 황소黃巢, 원나라 말기의 장사성張士誠 모두 소금 밀매업 출신으로 농민 봉기의 우두머리가 된 자들이다.

명·청 시대에 정부는 염업 경영권을 허가제로 바꾸고 장사꾼들에게 소금 판매 허가증을 발급했다. 오늘날 특별 경영 허가증과 같은 것으로, 이 허가증이 있으면 제염업자로부터 합법적으로 식용 소금을 사서 판매할 수 있다. 싼값에 식용 소금을 사서 비싸게 팔면 엄청난 부자가 될 수 있기 때문에 소금상은 판매 허가증을 따내기 위해 군량미를 군사 지역까지 운반하는 등 최대한 나랏일에 협조했으며 염업을 관장하는 관료들에게 거액의 뇌물을 바치는 것은 기본이었다. 청나라 때 각 지역의 소금 운송로를 관리하는 직책은 그야말로 '노른자위' 자리였다.

명·청 시대에 염업은 정경 유착으로 폭리를 취하는 업종의 상징이었다. 당시 번창했던 산시山西의 진상晉商과 안후이安徽의 휘상徽商이 바로 경영 허가제 체제에서 권력에 유착하여 세를 키운 이들이다. 휘상은 주로 교통이 편리한 양저우揚州를 기반으로 소금을 판매한 반면, 양저우의 염상은 통치자와 권세가의 환심을 사기 위해 수단과 방법을 가리지 않았다. 한 예로 건륭제는 강남 지역을 일곱 차례 순시했는데 양저우 염상은 그때마다 황제의 영접과 의전을 자처하여 극진히 모셨다. 건륭제 당시 포지도鮑志道라는 염상은 20년 동안 회염淮鹽(화이허강 유역에서 나는 소금) 상인 대표를 맡고 있는 동안 조정에 은화 2000여 만 냥과 곡식 12만여 석을 바쳐 조정으로부터 여러 번 포상을 받기도 했다. 많은 돈을 벌려면 권세가에게 잘 보여 권력의 비호를 받아야 하는 법. 양저우의 염상은 이러한 이치를 꿰뚫고 있었기 때문에 명·청 시대에 가장 부유한 상인 집단이 될 수 있었다.

08

옛날 사람들도
밤 문화를 즐겼을까?

전통적인 농경사회인 중국에서는 거의 모든 사람이 '해가 뜨면 일하고 해가 지면 쉬는' 생활방식을 따랐다. 그런 까닭에 선진 시대부터 전해 내려온 12시진 시간 계산법에서 밤 9시에 시작되는 해시亥時는 '인정人定'이라 불리곤 했다. 인정이란 사람이 잘 곳을 정하여 자야 할 시간이라는 뜻이 담겨 있다.

옛날이라 해서 모든 사람이 날이 저물자마자 잠자리에 들었던 것은 아니다. 비록 계층에 따라 즐기는 방식은 달랐지만 각자 밤 문화가 있었다. 물론 대다수의 농촌 사람들은 날이 어두워지면 바로 잠자리에 들었다. 옛날에는 등잔불이든 촛불이든 서민이 사용하기에는 너무 비쌌기 때문이다. 평민층이 밤에 촛불을 켤 수 있게 된 것은 명·청 시대에 들어서였으며, 밤에 등잔 심지를 돋워가며 공부한다는 것도 어디까지나 부잣집에서나 가능한 일이었다. 소설 『아Q정전』을 보면 부유한 조씨 집안에서도 등잔 기름을 아끼려고 밤까지 등불을 켜지 않는 장면이 있다. 평민들은 잠이 오지 않는 밤이면 달빛을 조명 삼아 이런저런 이야기를 나누는 것이 고작이었다. 건전한 이야기로는 대개 '옛날이야기'라 불리는 역사적 사건 또는 노인이 자손들에게 들려주는 예의범절이나 인생 경험 등이다. 할머니 할아버지에게 듣는 흥미진진한 옛날이야기는 무료함을 달래주기도 하지만 사회적 가르침을 전달하는 효과도 있다. "노인이 옛날이야기를 들려주지 않으면 후손은 사람의 도리를 모르게 된다"라는 말이 있듯이 말이다. 물론 동네에 떠도는 소문이나 우스갯소리, 음담패설 같은 '잡담'을 나누기도 했는데, 그중에서도 민간에 떠도는 괴이한 소문이나 어리석은 자를 풍자하는 우스갯소리가 인기가 좋았던 것을 보면 예나 지금이나 사람의 관심사는 다 똑같은 모양이다. 담소를 나누고도 잠이 오지 않을 때는 '사랑의 박수'를 쳤다. 그것 말고는 마땅한 오락거리도 없었다.

성 안은 그나마 사정이 좀 나은 편으로, 밤이면 화재나 범죄 예방을 위해 야경꾼이 딱따기 치는 소리를 들을 수 있었다. 당나라 시대 전까지는 야간 통행금지 제도가 있어서 밤에 거리를 활보할 수 없었으며 심지어 당나라 시대에도 "야간 통행금지를 어기는 자는 곤장 20대에 처한다"라는 법이 존재했다. 『삼국지』에도 이러한 내용을 알 수 있는 장면이 있다. 영제靈帝의 총애를 받는 환관 건석蹇碩의 숙부가 통행금지 시간에 거리를 돌아다니다가 잡혔는데 조조가 법을 엄격히 적용하여 사형을 선고한 이후로 도성 안에 통금을 어기는 자가 없었다는 것이다. 옛날의 통금 제도가 얼마나 엄격했는지를 보여주는 대목이다. 이렇듯 통금을 철저히 실시한 이유는 범죄와 민중 반란을 방지하기 위해서이기도 하지만 그보다 근본적인 목적은 전제 군주제를 수호하는 데 있었다. 그러나 당대 중반 이후 사회와 경제가 발전하고 정부의 규제가 느슨해지면서 통금제도 차츰 사라져갔다. 학계의 고증에 따르면 양주성이 가장 먼저 야간 통금을 폐지했다.

통금제가 완전히 폐지되자 북송의 도성인 카이펑開封은 그야말로 '불야성不夜城'을 이루었다. 매일 밤 야시장이 열리고 사람들은 고급 주점이나 찻집에서 음악과 춤을 감상했다. 오늘날 공연을 하는 술집이나 나이트클럽과 비슷한 분위기로, 『동경몽화록』에는 다음과 같이 묘사되어 있다. "동경(카이펑)의 모든 술집 앞에는 색색의 비단으로 장식한 환문歡門이 세워져 있다. (…) 밤이 되면 불빛이 휘황찬란하게 아래위를 비추고, 화려하게 화장한 기녀 수백 명이 주랑主廊의 기둥 앞에 모여 있다." 성에서 밤에 가장 번화한 거리는 마행가馬行街였다. 등불이 거리를 환히 밝히고 있는 가운데 왁자하게 떠드는 사람들의 목소리와 담배 연기가 자욱했다. 모기는 등유를 가장 싫어했기 때문에 마행가에는 모기도 없었다. 설창說唱(노래와 이야기가 혼합된 무대 예술), 노래하는 옷장수, 진맥, 이발, 그림, 짧은 사詞, 강사講史4 등 다양한 오락거리가 있었다.

송대 야시장에는 노점상과 포장마차가 즐비해서 20문짜리(요즘 돈으로는 10위안 남짓) 간식도 사 먹을 수 있었다. 이런 야시장 노점은 밤늦도록 또는 새벽까지 영업을 했다. 노점상이 장사를 접을 때쯤 오전 장사를 할 상인들이 출근한다. 옛사람들이 이렇게 행복한 밤 문화를 즐길 수 있었던 기간은 송나라 300년 정도로, 원나라 때부터 다시 야간 통금이 시작되어 명·청 시대까지 이어지면서 예전처럼 정적에 싸인 밤으로 돌아갔다.

---

4 송대 설화 화본의 일종으로, 역사적 사실을 이야기 형식으로 풀어 쓴 통속문학.

옛날의 연회(고굉중의 「한희재야연도」)

　　야간 통금이 엄격하던 그 시절 상류층은 자기 집에서 밤새 놀았다. 소규모 술자리를 갖기도 하고 성대한 연회를 벌이기도 했다. 역사상 가장 유명한 상류층 연회는 남당南唐 시대의 병부상서 한희재韓熙載가 벌인 연회를 꼽을 수 있다. 그때의 장면을 담은 「한희재야연도韓熙載夜宴圖」라는 그림을 통해 우리는 당시의 유흥 문화를 엿볼 수 있다. 연회에서는 관료와 상류층이 참석한 가운데 비파 독주, 거문고 반주에 맞춘 독무, 관악기 합주가 이어졌으며 이제 막 장원에 급제한 인물과 한희재의 승려 친구도 참석하고 있다.

09

옛날 사람들의
휴가는 며칠이었을까?

옛날에는 '출퇴근'하는 사람들이 별로 없었기 때문에 정부 관료를 비롯한 소수의 계층에게만 휴가 기간이 주어졌다. 그들의 휴가는 며칠이었을까? 선진 시대는 문헌 자료가 거의 없어 휴가 제도를 고증하긴 어렵다. 다만 관직과 봉록이 대대로 세습되는 세경세록世卿世祿 제도를 감안할 때 자기에게 주어진 관직은 직업이자 일상이며 자신을 위한 삶이었기 때문에 휴가가 있고 없고는 별 의미가 없었을 것이다.

한나라 시대의 관료들은 닷새 일하고 하루 쉬었으며, 쉬는 날을 '휴목休沐'이라고 했다. '목沐'은 머리를 감는다는 뜻으로, 닷새 동안 일했으니 하루는 집에 돌아가서 가족도 만나고 머리도 감고 온다는 의미가 있다. 『사기』에도 "5일마다 돌아가서 씻고 머리를 감고 가족을 만난다"라는 기록이 있다. 한나라 때 머리 감기를 이렇게 강조한 이유는 무엇일까? 가장 큰 이유는 관청의 기숙 생활에 있다. 관료들은 관청에서 일하는 동안 청사 안에서 생활하게 되어 있는데 아무래도 머리를 감기에는 불편한 내부 시설이었을 것이다. 더욱이 당시는 모두 장발이었으니 닷새 동안 머리를 감지 않으면 두피의 기름 때문에 힘들었을 것이다. 그런 이유로 닷새마다 하루 휴가를 준 것이다. 즉 집에서 깨끗이 씻고 돌아와서 황제를 위해 일하라는 것이다. 이런 방침은 군주의 이미지와 권위를 높이는 효과가 있었다. 생각해보라. 신료들이 수염은 덥수룩하고 머리는 개기름으로 번들번들하다면 아랫사람들에게 지시할 때 권위가 서겠는가. 한나라의 휴목은 오늘날의 주말과 같은 개념으로, 중국은 맨 처음 주말을 실행한 나라다.

한나라 때는 휴목 외에 명절 연휴도 있었다. 한 무제 때부터 음력설인 춘절을 지내기 시작했으므로 자연히 사람들은 춘절 연휴를 즐겼다. 또한 동지와 하지 절기에도 하루씩 쉬었다. 이를 토대로 계산해보면 한나라 관료의 1년 휴가는 총 60일 내외였다. 전한 때 이르러 낭관郎官은 궁중에 필요한 물자를 사서 바치는 조건으로 휴가를 얻을 수 있었다. 이러한 방식은 백성이 돈을 내고 노역을 면제받는 것과 비슷하다.

당나라 때는 관료들이 관청에서 기숙하지 않고 출퇴근하는 방식으로 바뀜에 따라 휴목의 명분도 사라졌으나 조정에서는 황제를 위해 일하는 관료들의 노고를 치하하는 뜻으로 휴가를 제공했다. 다만 자주 휴가를 쓰면 공무에 지장을 초래하기 때문에 열흘 근무하고 하루 휴가를 쓰는 '순가旬假'가 주어졌다. 그럼 당나라 때는 전보다 휴가가 줄었을까? 그럴 리가. 당 현종 때 "정월 초하루(원단), 동지 각각 7일의 휴가를 준다"라는 규정이 담긴 「가녕령假寧令」을 반포하여 공휴일 수는 줄이고 명절 연휴를 늘렸다. 1000여 년 전 당나라 조정은 '황금연휴'를 발명해낸 셈이다. 관료의 명절 연휴에 대한 내용은 『당육전唐六典』에 상세하게 기록되어 있다. 두 번의 황금연휴 외에 한식절과 청명절을 붙여서 나흘간 휴가를 쓸 수 있으며, 중추절과 하지와 섣달에 사흘씩, 입춘이나 입동 등 중요한 절기에도 하루씩 쉴 수 있었다. 이 밖에 사월 초파일의 부처님오신날 같은 종교 기념일에도 휴가가 주어졌다. 역사학자 천롄성陳蓮生의 통계에 따르면 당나라의 명절 연휴는 총 53일이었고, 덧붙여 주말 개념의 순가까지 더하면 당나라 관료의 연간 휴가일은 최소 100일에 달한다.

송나라는 중국 역사상 가장 풍요로운 시대였으니 휴가 또한 적었을 리 만무하다. 『문창잡록文昌雜錄』을 보면 이러한 기록이 있다. "관리의 휴가는 원단·한식·동지에 이레씩, 상원·하지·중원에 사흘씩, 입춘·청명에 하루씩이며, 매월 공휴일은 사흘로 연간 총 68일이다." 이 밖에 송나라 때 지방 관청에서는 매년 섣달 20일부터 관료들의 업무를 중단했다. 이를 '봉인封印'이라고 하는데 각자 고향에 내려가서 설을 보낼 수 있게 한 것이다. 그렇다면 '개인開印', 즉 봉인을 여는 때는 언제였을까? 이듬해 정월 20일 이전까지 돌아와 업무에 복귀하게 했다. 따져보면 송나라 관료들은 세밑과 새해에 걸쳐 거의 한 달을 쉰 셈이다. 이 밖에 송나라 때는 특이한 임시휴일도 많았다. 송나라 때 태조의 부친이 섣달 초이레에 세상을 떠나자 관료들에게 이레 동안 휴가를 내렸으며, 인종 모친의 생신이 섣달 초열흘이라는 이유로 사흘간 휴가를 내리기도 했다. 진종 때는 정월 초사흘에 "천서天書가 인간 세상에 내려왔다"며 상서로운 일을 기념하여 이날을 천경절天慶節로 지정하고 닷새를 쉬게 했다. 이런 특별 휴가까지 합치면 송나라의 실제 휴일은 당나라 때보다 훨씬 많다. 전통 왕조 가운데 송나라 때의 행복지수가 가장 높았다는 말을 실감할 수 있다.

원·명·청대에는 중앙집권화가 강력해지고 사회 통제 또한 강화되어 관료들은 업무를 소홀히 할 수 없었다. 그래서 순가가 점차 축소되었으며 한때는 폐지되기도 했다. 명절 연휴도 거의 생략되다시피 했다. 명나라의 『고금사무고古今事務考』에는 "본국은 정단절正旦節(원단)에 닷새, 동지에 사흘, 정월 대보름에 열흘 쉰다"라고 기록되어 있다. 가장 혹독한 시기는 주원장 치세였다. 일 중독자였던 주원장은 관료들에게 3일 이상의 휴가를 허용하지 않았다. 이런저런 자료를 종합해보면 명·청 시대의 연간 휴가 일수는 최대 50일을 넘지 않았다.

휴가 일수의 차이는 근본적으로 통치자의 인간미를 드러내기도 하지만 사회에 대한 정권의 통제 정도를 말해주기도 한다. 즉 전제 사회일수록 사회에 대한 관리와 통제를 강화했기 때문에 관료들의 휴가는 적을 수밖에 없다.

옛날 사람들은
어떻게 편지를 부쳤을까?

"전쟁이 석 달이나 이어지니, 집안의 편지가 만금보다 비싸구나."(두보, 「춘망春望」)

편지는 통신 기술이 발달하지 않았던 시대에 가장 일반적인 통신 수단이었다. 그렇다면 옛사람들은 어떻게 편지를 부쳤을까? 역참 방식을 떠올릴 수도 있을 것이다. 전국적으로 역참 시설이 갖춰져 있어 '하루 500리'라는 급행 운송도 가능했으니 말이다. 하지만 역참은 황실과 관청을 위해 존재하는 것이었을 뿐 평민과는 무관한 시스템이었다. 옛날에 '인민을 위한 복무'는 없었다.

일반인들이 편지를 보낼 때 가장 많이 이용한 방식은 인편人便이었다. 옛날에는 유생이 과거 시험을 치르기 위해 큰 도시로 가는 것처럼 특별한 경우가 아닌 한 멀리 떠날 일이 거의 없었다. 그래서 유생들은 편지 배달을 부탁받곤 했다. 예컨대 수재秀才, 즉 현학縣學의 학생은 향시를 보기 위해 도성으로 가는 길에 지인의 편지를 대신 전해주었다. 향시에 합격한 거인擧人은 회시會試를 보기 위해 수도로 가는 길에 편지

옛날 우편배달부('역사도驛使圖'가 그려진 「도화전圖畫磚」, 간쑤박물관 소장)

를 전달했다. 관료의 경우 전근을 갈 때 또는 조정에 업무 보고를 하기 위해 도성에 갈 때 지인의 편지를 대신 전해주기도 했다. 간혹 친구가 너무 많아서 다른 지역에 갈 때마다 편지 전달이 짐스럽게 느껴지는 관료도 있었다. 『세설신어世說新語』에 이런 이야기가 소개되어 있다. 동진 시대에 은홍교殷洪喬라는 이름의 예장豫章(지금의 장시성 난창南昌) 군수가 업무 보고를 하기 위해 남경으로 떠나게 되자 여러 지인으로부터 편지를 전해달라는 부탁을 받았다. 그가 건네받은 편지를 세어보니 세상에, 100여 통이나 됐다. 남경에 도착한 은홍교는 편지들을 죄다 강물에 던지고는 이렇게 투덜댔다고 한다. "가라앉을 건 가라앉고, 뜰 건 뜨겠지. 나 참, 이 은홍교가 집배원도 아니고 말이야!" 오늘날에도 이와 비슷한 풍경이 있다. 누가 해외여행을 간다고 하면 너도나도 면세점 품목을 들이밀며 사다 달라고 부탁하는 경우가 얼마나 많은가. 꽤 귀찮은 일이긴 하다.

인편으로 편지를 보내는 방법 다음으로 자주 쓰인 방법은 전문 대리

인에게 맡기는 것이다. 옛날에도 정기적으로 출장을 다녀야 하는 직종의 상인들이 있었다. 그들은 물건을 팔기 위해 빠르게 전국을 돌아다녔기 때문에 편지 배달을 의뢰하기에 적합했다. 물론 이들에게는 비용을 지불해야 한다. 때로는 수십 문을 주기도 하고 100문 이상 주는 등 천차만별이었는데 평균적으로 오늘날의 180위안(약 3만9000원) 정도였다. 목적지까지 배달을 완료했을 때 수취인이 상냥한 사람이라면 밥 한 끼를 대접받을 수도 있었다.

사실 옛날에도 편지나 물건 배달을 직업으로 하는 신객信客이라는 자들이 있었다. 그 시절의 택배기사라 할 수 있는 이 직업은 20세기까지 존재했다. 작가 위추위余秋雨는 「신객」이라는 제목의 산문으로 그들에 관한 추억을 남기기도 했다.

옛날 사람들은 편지를 보낼 때 가늘고 긴 원통 안에 편지를 넣고 밀봉했다. 대개 대나무통으로 만든 이것은 당나라 때부터 '우통郵筒'이라 불렸으며 오늘날까지 이 명칭이 사용되고 있다. 우통을 쓰는 이유는 편지가 훼손되지 않게 하고 기밀을 유지하기 위해서다.

비둘기를 이용해 편지를 전달하는 방법도 있었지만 성공률은 낮았다. 거리가 가깝다면 모를까 GPS 위성항법 시스템이 없는 비둘기를 먼 곳까지 날려 보내긴 쉽지 않았다. 이 방법은 발신자가 비둘기를 데리고 목적지에 도착한 뒤 비둘기 다리에 편지를 묶어서 출발지로 돌아가게 하는 방식이다. 이처럼 비둘기는 단거리 서신 왕래에 쓰이기 때문에 먼 지역에서 날려 보내면 비둘기가 돌아가는 길을 찾지 못할 수 있다. 게다가 비둘기 고기를 즐겨 먹는 지역도 있어서 편지 배달 중에 비둘기가 '순직'할 수도 있다. 내가 사는 도시 창춘長春 근교에 있는 이통伊通현이 바로 비둘기구이로 유명한 동네다. 비둘기가 이 도시를 지나게 된다면 무사히 통과하기 어렵지 않겠는가. 전서구傳書鳩의 성공률이 낮다는 점을 감안하여 옛사람들은 똑같은 내용의 편지를 여러 마리에게 매달아 보내는 묘책을 고안했다. 비둘기가 살아서 돌아올 확률을 높인 것이다.

집에서 보낸 편지를 받기가 "만금보다 비싸던" 시대에 가족이나 친구의 편지를 받을 수 있다는 것은 커다란 행복이었다. 통신이 발달한 오늘날에는 느낄 수 없는 행복이다. 그래서 옛날 사람들은 편지에 담긴 애정과 위안을 소중하게 여겼다. 이것이 바로 '짧은 편지에 담긴 깊은 마음'이다. 말이 끄는 수레를 이용하던 시대에는 연인이 보낸 편지 한 통을 받기까지 반년이라는 시간이 소요되기도 했다. 그래서 오히려 그 시대에는 '평생 한 사람만을 사랑하는' 것이 가능했다. 휴대전화로 쉽고 편리하게 썸을 타고 반년 사이에 애인이 몇 번씩이나 바뀌곤 하는 요즘과는 다르다.

11

옛날에도
'급송 택배'가 가능했을까?

"말 한 필이 붉은 먼지 일으키니 귀비가 웃네. 여지가 오고 있다는 것을 아무도 모른다네." 양귀비가 여지荔枝(리치)를 즐겨 먹었다는 사실은 익히 알려져 있다. 그런데 교통이 발달하지 않은 그 옛날에 양귀비의 여지는 어떻게 운반되었을까?

먼저 운반 거리를 파악할 필요가 있다. 양귀비가 먹었던 여지는 파촉과 영남, 두 지역에서 생산되었을 가능성이 높다. 파촉은 오늘날의 쓰촨과 충칭 일대로, 당나라 때는 지금보다 기후가 훨씬 따뜻해서 여지가 많이 생산되었다. 양귀비는 합강合江(지금의 쓰촨성 북쪽의 허장)이나 부릉涪陵(지금의 충칭시 중부의 푸링구)에서 생산된 여지를 먹었을 것이다. 또 다른 생산지인 링난은 지금의 양광兩廣(광둥과 광시)과 하이난 일대로, 지금도 각종 과일의 주요 산지로 유명하다. 파촉에서 양귀비가 있는 수도 장안까지의 거리는 2000여 리로, 북쪽으로 올라오다 친링秦嶺산맥만 넘으면 바로 닿을 수 있었다. 비교적 가까운 거리였음에도 불구하고 당 현종은 사랑하는 양귀비를 위해 국가의 역량을 동원했다.

여지를 수송하기 위한 '고속도로'를 건설한 것이다. 일찍이 진秦나라 때 지방 통제를 강화하기 위해 중국 전역에 사통팔달의 국가급 도로가 건설되었고, 이후 역대 왕조들이 이를 유지하거나 확충하면서 전국적 도로망이 형성되었다. 그 가운데 가장 중요한 노선은 장안에서 자오곡子午谷(장안 남쪽의 남북으로 긴 협곡)으로 내려가다가 친링산맥을 넘어 한중漢中과 파촉에 이르는 '자오도子午道'다. 당 현종은 이 자오도를 기반으로 더 빠른 노선을 만들고 그 길 위에 역참을 세워 여지의 쾌속 운송을 촉구했다. 그래서 이 길에 '여지도'라는 별칭이 붙었다.

여지도를 지날 때 가장 빠른 속도는 어느 정도였을까? 안녹산安禄山이 범양范陽에서 군사를 모아 난을 일으켰을 때 당 현종은 이 소식을 엿새 후에 들었다고 한다. 범양에서 장안 근교의 화청궁華淸宮까지는 약 1500킬로미터니까 계산해보면 전령은 하루에 250킬로미터 속도로 내달린 셈이다. 여지도를 통해 여지가 운반된 속도도 큰 차이가 없었을 것이다. 말에 채찍을 가해 1000킬로미터를 달렸다면 여지는 닷새 만에 배송되었을 것이다. 다만 미친 듯이 말을 몰았을 '황실 택배기사'가 안쓰러울 뿐이다.

울퉁불퉁한 길에서 빨리 달렸다면 수레에 담긴 여지가 짓눌리면서 '여지 주스'가 되기 십상이었을 터. 게다가 여지는 무더운 날씨에 열매 맺는 과일이라 빨리 상하기 마련이다. 그러나 양귀비는 신선한 최상급의 여지를 먹을 수 있었다. 『신당서新唐書』에는 "귀비가 여지를 좋아하여 신선할 때 도착해야 했다. 이에 역을 설치하여 운송하게 하니 수천 리를 달려 맛이 변하기 전에 도성에 도착하였다"라고 기록되어 있다. 당시 어떻게 여지의 신선도를 유지한 채 배송할 수 있었을까? 나는 두 가지

설을 알고 있다.

첫 번째는 죽통 보관 운송법이다. 갓 딴 신선한 여지를 가지와 잎이 달린 그대로 죽통에 담고 진흙으로 밀봉하는 방식으로, 이렇게 하면 신선도를 유지하면서 짓눌림도 방지할 수 있다. 두 번째 방법은 좀더 세심하다. 일명 궤짝 저온 운송법이라고 이름 붙일 수 있는 이 방식은 칸칸이 나뉜 나무 궤짝에 솜과 양모를 채운 다음 여지와 얼음덩어리를 함께 넣어 밀봉하는 식이다. 이렇게 하면 궤짝 내부의 저온이 유지되어 장안까지 배송된 여지는 색과 향, 맛 모두 완벽했다. 그야말로 세계 최초의 콜드체인 기술이다.

양귀비는 영남산 여지도 즐겼다. 특히 양광 지역은 일조 시간이 길어서 여지의 당도가 높았다. 『신당서』에는 양귀비가 영남 여지를 먹었다는 기록이 담겨 있다. "양귀비는 신선한 여지를 좋아하여 영남 절도사인 장구장이 말을 타고 수천 리를 달려 도성에 도착했다." 덧붙이자면 이 문장 속의 장구장張九章은 "바다 위로 밝은 달 떠오르니, 하늘 끝에 있어도 이 시간 함께하리海上生明月, 天涯共此時"(「망월회원望月懷遠」)를 쓴 대시인 장구령張九齡의 동생이다. 양귀비가 총애를 받던 무렵 각지의 관료들이 앞다투어 공물을 바쳤는데, 장구장은 여지를 바쳐 호부시랑 직에 오를 수 있었다. 영남에서 장안까지는 거리가 2000여 킬로미터나 된다. 앞서 확인했듯이 당시 가장 빠른 운송 속도가 하루에 250킬로미터였으니 2000여 킬로미터를 가려면 최소 열흘이 소요된다. 그렇다면 여지가 상하지 않게 배송하는 방법은? 합리적인 추측은 '여지나무 운반법'이다. 여지가 완전히 익기 전에 여지나무를 통째로 화분에 옮겨 심고 배에 실어 운송하는 방식이다. 급행선이 장안에 도착할 때쯤 잘 무르익은 여지 열매를 따서 수레에 싣고 장안까지 배달했을 것이다.

그러고 보면 황제가 여심을 사로잡을 때도 전략과 기술이 필요했던 모양이다. 하지만 양귀비가 여지를 즐겨 먹었다는 사실은 역사적으로 매도된 측면이 있다. 두목杜牧을 비롯한 세력이 당나라가 몰락한 원인을 양귀비의 탓으로 몰아붙인 경우가 그러한데, 원래 여지는 한나라 고조 때부터 남월南越의 왕이 조정에 진상하던 과일이다. 한 무제 때에도 여지나무를 통째로 장안의 상림원上林苑에 옮겨 심은 적이 있다. 그러나 장안의 기후가 적합하지 않아 여지가 잘 자라지 않자 한 무제는 담당 관리를 처형해버렸다. 청 건륭제 당시에도 푸젠福建 지역에서 여지를 진상했다는 기록이 있다. 제왕들이 여지를 즐겨 먹은 사실은 대수롭지 않게 여기면서 양귀비가 여지를 먹었기 때문에 나라가 망했다니, 참으로 어처구니없는 논리다. 흔히 '미인은 재앙의 근원'이라는 말이 있는데, 엄밀히 근본적인 원인은 미인 뒤에 있는 남자에게 있다. 미인은 그의 잘못을 대신 뒤집어쓴 것이다.

12

옛날 사람들은
어떻게 길을 찾았을까?

오늘날 낯선 지역을 여행할 때는 걸어가든 자동차로 가든 길을 잃을 걱정이 없다. 내비게이션이 있으니 말이다. 내비게이션 기능이 이만큼 발달하지 못한 10여 년 전까지만 해도 먼 곳까지 자동차로 이동하려면 도로교통지도에 의지해야 했다. 게다가 낯선 도시에 있는 어느 장소가 지도에 표시되어 있지 않은 경우에는 길을 안내해줄 사람이 필요했다. 그래서 도시마다 진입로 근처에는 전문 안내원이 있었다. '길 안내 10위안' 같은 문구가 적힌 종이를 들고 길가에 서서 호객 행위를 하던 그들은 대부분 그 지역의 도로와 교통 사정에 훤한 현지인이었다.

내비게이션도 없고 교통도 발달하지 않았던 옛날에는 어떻게 길을 찾을 수 있었을까?

옛날에 교통수단이 발달하지 않은 것은 사실이지만 교통망은 잘 구축된 편이었다. 진秦나라가 천하를 통일한 후 지방에 대한 통제를 강화하기 위해 각지를 잇는 도로망을 정비한 덕분이다. 진시황은 앞서 각 제후국이 닦아놓은 주요 도로를 연결하고 수레의 바퀴 간격을 도로 폭에 맞추어 통일했다. 이것이 바로 '차동궤車同軌', 즉 모든 수레의 폭을 균일하게 한 것이다. "오랫동안 천하를 다스리려면 먼저 전국의 대로를 정비하라"는 교훈은 이후 역대 왕조의 지침으로 이어졌다.

이처럼 정부가 기획하여 건설 또는 정비한 도로는 '관도官道'라 불렸으며, 관청의 정보를 전달하는 역로驛路로도 사용되었다. 관도 가운데 간선은 도성을 중심으로 각 지방의 상급 행정단위와 대도시로 퍼져나가는 방사형으로 건설되었다. 간선 이하로는 지방의 모든 도시를 연결하는 몇 개의 지선이 있다. 청나라의 예를 살펴보자. 청의 관도는 3개 등급으로 분류된다. 첫 번째는 도성인 북경에서 전국으로 방사되며 각 성의 성도까지 이어지는 관도 간선인 '관마대로官馬大路'인데, 오늘날의 유료 고속도로에 해당한다. 두 번째는 주로 각 성의 성도에서 관할 지역의 주요 도시들을 잇는 '대로'인데, 오늘날의 국도와 비슷하다. 세 번째는 대로와 연결되어 소도시를 잇는 '소로小路'인데, 오늘날의 성도省道(성급 간선도로)에 해당한다. 결국 관도는 전국 모든 도시와 연결된 셈이다.

그렇다면 옛날 사람들은 어떻게 관도의 분포와 방향을 알 수 있었을까? 당시 '노정서路程書'라 불리던 교통지도 덕분이었다. 송대 이후 상품 경제가 발달하면서 전국 각지를 누벼야 하는 많은 상인에게 상세한 길 안내지도가 필요해지자 각종 수륙水陸 노정서와 지도가 제작되었다. 노정서에는 주요 도로의 분포와 방향이 기록되어 있어 먼 길을 다니는 사람들에게 큰 편의를 제공했다. 명나라 때 가장 유명한 노정서인 『일통노정도기一統路程圖記』는 노정서이자 상업 활동 지침서였다. 이 밖에 관료들이 조정에 들어가 업무 보고를 할 때에도 길을 안내해줄 노정서와 지도가 필요했다. 『고항잡기古杭雜記』에는 송대에 "역로에 있는 백탑교에서 「조경이정도朝京里程圖」를 인쇄하여 판매했다. 임안臨安(남송의 도읍)으로 가는 사대부라면 반드시 사서 읽어야 한다'라고 되어 있다.

노정서와 지도를 이용할 때 길을 잘못 들지 않고 정확한 노선과 방향을 잡으려면 어떤 방법을 동원했을까? 바로 도로의 양쪽에 도로의 방향을 판별할 수 있도록 나무를 심었다.『국어國語』「주어周語」편에도 "나무를 놓아 길을 표시했다"라는 기록이 있다. 즉 규칙성 있게 심어놓은 나무를 알아볼 수만 있다면 길을 잘못 들 일은 없다. 이러한 나무는 길의 방향을 나타내기 위한 것이기도 하지만 나그네들이 그늘 아래 더위를 식힐 수 있는 쉼터가 되어주기도 했다.

그렇다면 얼마나 걸어야 하는지는 어떻게 판단했을까? 옛날 주요 관도에는 관부에서 일정한 거리마다 역참을 세웠다. 당나라 때는 전국적으로 30리마다, 송·원나라 때는 60리마다, 명나라 때는 60리 또는 80리마다 역참이 있었다. 역참은 오늘날의 고속도로 휴게소와 비슷한 공간으로, 지친 말을 교체할 수 있으며 밥을 먹거나 잠을 잘 수도 있었다. 단 이러한 역참 서비스는 관부에서만 이용할 수 있었다. 일반 평민은 편의를 이용할 수는 없고 다만 역참을 기준으로 가야 할 거리와 현재 위치를 파악하는 정도였다. 물론 오늘날 고속도로를 주행할 때 목적지까지의 거리를 판단하는 이정표 비슷한 것이 옛날에도 있었다. 관도에 5리마다 작은 흙더미를 쌓아 거리를 가늠할 수 있게 한 '후堠'라는 것으로, 적어도 후한 시대부터 사용되었다.

갈림길을 만났을 때 어느 길로 가야 할지를 안내하는 도로표지판 비슷한 지시비도 있었다. 후난湖南성 사오양邵陽 지역에는 고대에 세운 도로 지시비가 지금까지 남아 있다. '방패 비석'이라 불리는 이 비석은 도로의 교차로에 세워져 있으며 왼쪽 길은 어디로 이어지고 오른쪽 길은 어디로 이어지는지, 앞쪽에는 무슨 마을이 있고 뒤쪽에는 무슨 마을이 있는지 등의 내용이 새겨져 있다. 표지판이 없을 때 가장 무식한 방법은 길목에서 누군가에게 길을 묻는 것이며, 대개 중요한 도로의 갈림길은 교통 요지이기 때문에 역참은 없어도 사람 사는 마을은 있게 마련이다. 하지만 한 가지 짚고 넘어가야 할 것은 옛날 사람들은 다른 지역으로 이동할 때 육로보다는 뱃길을 택했다는 사실이다. 특히 수나라 때 대운하가 개통된 이후 남북을 오가는 상인들은 대부분 운하가 닿는 부두로 이동한 뒤 배를 탔다. 강 위에서는 길을 잃거나 잘못 들어설 기회 자체가 없기 때문이다.

13

학교에 다니려면
어느 정도의 돈을 내야 했을까?

  개혁개방 이후 경제와 사회가 빠르게 발전하면서 삶의 질에 대한 사람들의 열망도 강해지고 있다. 특히 부모 입장에서는 자녀에게 좋은 교육 여건을 마련해주고 싶은 바람이 가장 크기 때문에 학군 좋은 지역으로 이사하거나 그 지역 학원에 등록하는 등 최대한 '아이의 내일을 위해' 노력한다. 그런 만큼 생활비에서 교육비가 차지하는 비중도 높다. 과연 옛날의 학교는 어땠을까? 그때도 학비가 비쌌을까?

  옛날의 학교는 크게 관학과 사학으로 나뉜다. 관학이란 중앙 조정과 각 지방의 관부에서 직접 설립하고 관리하는 학교를 말한다. 중앙급 관학은 우리에게 잘 알려진 태학과 국자감이고, 지방 관학은 각급 행정 관부에서 운영하는 향학 또는 학궁學宮이다. 『주례周禮』에는 "향鄕에는 상庠이 있고, 주州(2500가구 마을 단위)에는 서序, 당黨(500가구 마을 단위)에는 교校, 여閭(25가구 마을 단위)에는 숙塾이 있다"라고 기록되어 있다. 상·서·교·숙은 모두 지방의 학교 명칭으로, 대체로 교와 숙이라는 명칭은 익숙하겠지만 상과 서는 낯설 것이다. 내가 대학에 다닐 때 단과 대학인 역사대학의 로비에 거울이 있었는데, 거울 위쪽에 '음택상서陰澤庠序'라는 네 글자가 적혀 있었다. 당시 대부분의 학생은 세 번째 글자인 '상'을 읽지 못했으며 네 개의 글자가 무슨 뜻인지는 더욱 몰랐다. 우리는 이 말이 '학교의 은혜'라는 뜻임을 한참 뒤에야 알게 되었다.

서주 시대에는 중앙과 지방의 각급 관학이 왕성하게 발전하여 "학재관부學在官府", 즉 관부에서 교육을 담당하며 관직에 있는 사람만 교육을 받을 수 있는 전통이 형성되었다. 관학 자체가 학교인 동시에 정부 기구였고, 관료가 교사 역할을 맡았다. 관학의 학비는 무료였으며 그 후 역대 왕조의 관학도 대부분 무료였다. 그렇다면 관학의 운영비는 어떻게 충당했을까? 주로 정부가 지원하거나 지방 사신士紳 및 상인 계층의 기부에 의지했다. 송나라 때는 인구가 팽창하면서 관학 학생이 넘쳐났고, 이에 정부의 지원과 기부금만으로는 관학을 운영하기 어려워지면서 일종의 '학전學田' 제도가 개설되었다. 학전이란 국가가 학교에 나눠주거나 학교가 자체적으로 매입한 일정 분량의 토지로, 학교는 이 토지를 인근 농민들에게 소작을 주고 그 수익으로 학교 운영비를 충당했다. 훗날 중앙의 국자감에서도 학전 제도를 실시했다. 이 제도는 이후 교육 경비 문제를 해결하는 좋은 사례가 되어 관학의 무료 운영을 보장해주었다.

관학은 학비가 무료였을 뿐 아니라 때로는 학생에게 약간의 용돈을 주기까지 했다. 예를 들어 송나라의 태학은 학생들에게 숙식을 제공했을 뿐만 아니라 한 달에 1000문씩 용돈을 지급했다. 이는 요즘 대학생들도 넉넉하게 쓸 수 있는 액수로 약 800위안(약 13만7000원) 정도에 해당한다. 다시 한 번 강조하지만 이 돈은 숙식비가 포함되지 않은 순수

한 용돈이다. 물론 옛날에는 관학에 들어가는 것 자체가 매우 어려웠기 때문에 초기에는 대부분 귀족 집안의 자제, 즉 상류층만 관학에 들어갈 수 있었다. 당·송 시대부터는 평민층도 관학에 들어갈 수 있었지만 각별히 우수한 인재라야만 기회를 거머쥘 수 있었다. 사실 1990년대 전까지만 해도 중국의 대학 교육 시스템은 관학의 무상 교육 방식과 흡사했다. 나라가 교육비와 숙식을 제공했을 뿐만 아니라 졸업 후에는 일자리도 제공했다.

한 가지 특이한 점은 자비를 들여 관학에 들어오는 학생도 있었다는 사실이다. 예를 들어 한나라의 중앙 태학에는 두 부류의 학생이 있었다. 우선 중앙에서 직접 선발하여 입학한 '정식 학생'은 일종의 국비 장학생으로, 정부로부터 월급까지 받았다. 반면 지방에서 선발되어 태학에 입학한 '특별 학생'은 학비를 내지는 않았지만 월급이 없고 자비로 숙식을 해결해야 했다. 집안이 가난한 학생들은 학업과 동시에 잡일을 해야 했다. 요즘 아르바이트를 하는 대학생과 비슷하다.

이제 사학의 비용에 대해 알아보자.

사학의 창시자는 공자다. 그는 "유교무류有教無類", 즉 가르침에 차별을 두지 않는다는 교육이념을 제시하고 서민에게도 공부 기회를 주었다. 사학의 교사는 정부 관료가 아니었으며 국가에서 월급을 제공하지도 않았다. 관학의 교사가 오늘날의 정규직 교사라면 사학 교사는 비정규직이라 할 수 있다. 사학은 오늘날의 사립학교와 비슷해서 학생들은 학비를 내고 배워야 했다. 공자가 정한 학비 기준은 속수束脩 10줄이다. 속수란 말린 고기로, 오늘날의 라러우臘肉5와 비슷하다. 이 정도면 비싼 걸까? 그 시대에는 고기를 먹기가 쉽지 않았기 때문에 결코 싸다고 할 순 없다. 그럼 속수를 바칠 형편이 안 되면 학교에 갈 기회조차 얻지 못했을까? 그렇지 않다. 선생이 학비를 받지 않는 대신 학생이 선생의 집안일을 도울 수 있다. 잡일로 학비를 대신하는 것이다. 오늘날 지도교수가 대학원생을 조교로 두는 것과 비슷하다.

　사학은 후대로 이어지면서 운영 방식도 성숙해졌다. 지방 유지의 기부금부터 정부 보조금까지 다양한 경로로 경비를 조달받았으며, 이에 따라 개인이 내는 학비도 일반 가정이 감당할 수 있는 수준으로 낮아졌다. 명·청 시대를 예로 들자면 사숙에 다니는 학생은 한 해에 밀 80~120근 정도를 냈는데, 이는 반 무畝 규모의 밭에서 생산되는 소출이다. 청나라의 인구가 급증하기 전 소득이 중간 정도인 자작농가의 평균 경지 면적이 5무였으니, 학생 한 명의 학비는 연간소득의 10분의 1 정도인 셈이다.

5　베이컨과 비슷한 중국식 말린 훈제 돼지고기.

14

옛날 사람들의
학교생활은 어땠을까?

중국은 예로부터 교육을 중시한 나라로, 중국의 문명이 끊임없이 발전하고 번성한 이유 가운데 하나다. 그렇다면 옛날 사람들의 학교생활은 어땠을까? 함께 살펴보자.

한나라 때 중앙의 관학인 태학의 수업 규정은 그다지 엄격하지 않았다. 졸업 기한을 두지 않았고 출석 관리도 엄격하지 않아서 비교적 자유롭게 수업에 참석할 수 있었다. 그러나 시험만큼은 매우 중시하여 시험을 통해 학생들이 스스로 공부하도록 독려했다. 이 점은 오늘날 서양의 대학 교육방식과 비슷하다. 학교는 학생들의 평소 출석 여부를 관리하지 않으며 스스로 알아서 공부하도록 장려하되 시험으로써 우열을 판가름하는 식이다. 한나라의 태학은 1년에 한 번 시험을 치르기 때문에 '세시歲試'라 불렸다. 세시는 '설과사책設科射策', 즉 과科를 나누고 문제가 적힌 간책簡策을 고르는 방식으로 진행되었다. 문제를 출제하는 관리가 시험 문제가 적힌 죽간을 난이도에 따라 두 과로 분류하면 응시생이 탁자 위에 있는 죽간 중 하나를 골라 그 안에 적힌 문제에 답을 하는 방식이다. 세시에서 좋은 성적을 거두면 관직을 맡게 되지만 성적이 안 좋으면 퇴학 명령을 받는다. 성적이 그저 그런 경우에는 계속 태학에 남아 공부할 수 있다. 보아 하니 한나라 시대의 면학 풍토는 온전히 자발적이었던 모양이다. 그러니 어떤 학생은 학교생활이 힘겹기도 했겠지만 어떤 학생은 전혀 그렇지 않았을 것이다.

당나라 때에도 중앙의 관학 운영 방침은 전반적으로 한나라와 비슷했지만 시험 빈도는 대폭 높아졌다. 당나라 때는 열흘 고사, 월말 고사, 계절 고사, 연말 고사 등 기간에 따라 여러 번의 시험을 치렀다. 오늘날 고등학교도 주간고사, 월말고사, 중간고사, 기말고사, 모의고사 등이 있는 것을 보면 그야말로 '전통'은 살아 있음을 느낀다. 한편 3년 연속 불합격하거나 9년 동안 학교를 다니고도 졸업하지 못한 학생, 무단결석이 잦은 학생 등에게는 퇴학 명령을 내렸다. 물론 학생으로선 시험도 많고 규칙도 많은 학교생활이 피곤할 법도 하다. 그런 사정을 감안해서인지 열흘마다 하루씩 쉬도록 하는 '순가'가 주어졌다. 요즘의 주말과 비슷한 개념이다. 여기에 더해 음력 5월이면 고향으로 돌아가서 농사일을 거들도록 하는 '전가田假'와 음력 9월 무렵에 월동 준비를 도우라는 취지로 '수의가授衣假'를 각각 15일씩 제공했다. 이것은 오늘날의 여름방학, 겨울방학과 비슷하다.

수·당 시대에는 과거제가 생겨나면서 학생들의 학업 부담이 심했다. 과거 시험을 치르기 위해 모두가 밤낮 없이 공부에 매달려야 했기 때문에 당나라 이후 학생들의 학교생활은 더 힘들어졌다. 관학이 이러하거늘 사학이 느슨했을 리 만무하다. 사학은 강사나 학습 여건이 관학보다 열악한 편이었기 때문에 학생들은 몇 배나 더 노력해야 했다. 사숙이나 서원 같은 사학에서는 수업 시간이나 쉬는 시간에 관한 통일된 규정이 없어서 개별적으로 결정되곤 했다. 대체로 날이 밝으면 수업을 시작해서 오후 무렵에 마쳤다. 요즘에 비해 하교 시간은 이른 편이지만 집에 돌아가서 해야 할 숙제가 꽤 많았다. 특히 과거 시험을 보려면 각종 경전과 문헌을 달달 외워야 했기 때문에 학생들은 집에 돌아온 후에도 줄곧 암송 공부를 했다. 반드시 외워둬야 하는 유교 경전을 '십삼경十三經'이라 하는데, 원문과 주석을 합하면 60만 자가 넘는다. 오늘날 고시 몇 수, 문언문 몇 편 외우는 것에 비할 바가 아니다. 상황이 이렇다 보니 명나라 문인 사조제謝肇淛는 "밤에 하는 공부는 자시子時를 넘겨서는 안 된다"라는 충고를 남기기도 했다. 자시는 밤 11시에서 다음 날 새벽 1시까지이니, 아마도 새벽까지 공부하는 이들이 꽤 많았던 모양이다.

가장 힘든 학업 과정을 거쳤던 이들은 청나라의 황자들이다. 청대 사학자인 조익趙翼은 "이 왕조는 법도가 엄격해서 황자의 학업 한 가지만 봐도 역사상 최고 수준이다"라고 탄식하기도 했다. 청나라 황자는 6세에 입학하여 15세에 작위를 받아 졸업할 때까지 매일 자금성 북쪽에 있는 정원 근처의 동궁에서 황제의 침소 근처에 자리한 서재로 등교했다. 대신들이 입궐하기 전, 스승보다 한 시간 먼저 나와서 전날 배운 내용을 복습하는 것으로 빡빡한 수업 일정을 소화했다. 1교시는 아침 5시에 시작되며, 요즘의 외국어 과목처럼 만주어와 몽골어를 배우고 선택과목으로 티베트어나 위구르어를 배우기도 한다. 2교시는 한문이다. 요즘의 국어와 역사에 해당하는데, 유교 경전과 관련 저작물뿐 아니라 『사기』나 『한서』같이 정부에서 편찬한 역사서, 청나라 선조들의 창업의 역사 그리고 선대 황제들의 조서도 공부해야 했다. 이 수업은 아침 7시쯤부터 오후 3시까지 길게 이어졌다. 마지막 수업은 체육이다. 말타기와 활쏘기를 오후 5시까지 연습한다. 이러한 수업 일정은 매일 계속되며 식사 시간을 제외하고는 15분씩 두 번의 쉬는 시간이 있을 뿐이었다. 가혹하게도 황자들에게는 주말이나 방학이 없다. 오직 음력 설, 단오, 추석, 황제의 생신, 본인 생일, 이렇게 닷새만 쉴 수 있다. 설 전날에도 하교 시간을 조금 앞당겨줄 뿐이었다. 이렇게 혹독한 수업 덕분에 청나라 황제는 명나라 황제들과는 비교도 안 될 만큼 높은 문화적 소양을 갖출 수 있었다. 그러니 황실에서 태어났다고 해서 빈둥빈둥 놀고먹는 인생을 구가하는 건 아니다. 특히 청나라에서 황자로 산다는 것은 호락호락한 게 아니었다.

15

과거 시험은
어떻게 치러졌을까?

과거제는 수나라 때 처음 실시된 이래로 지식인들이 벼슬을 얻어 이상을 실현시킬 수 있는 사다리였다. 따라서 글공부하는 서생들에게 과거 시험은 큰 관문이었다. 고대문학에도 과거를 치르기 위해 도성인 북경으로 떠나는 서생에 관한 이야기가 많이 담겨 있는데, 이야기 속에서 그들은 과거 시험으로 인생의 큰 전환점을 맞이하곤 한다. 과연 과거 시험은 어떤 과정으로 치러졌을까? 도성에 가서 과거를 보는 과정은 어떠했을까? 이 장에서는 명나라와 청나라 시대의 사례를 통해 옛사람들이 '도성에 가서 과거를 보는' 전 과정을 따라가보도록 하겠다.

오늘날 대학 입시를 옛날 과거 시험과 유사한 개념으로 생각하는 이가 많은데 사실 두 시험에는 차이가 있다. 우선 그 목적이 다르다. 오늘날의 대학 입시는 고등교육을 받을 자격을 얻기 위한 시험이고, 과거 시험은 관직을 얻을 자격을 얻기 위한 시험이다. 따라서 시험의 목적을 놓고 보면 과거 시험은 지금의 공무원 시험에 더 가깝다. 하지만 전국적으로 참가한다는 점에서, 즉 참가 규모나 사회적 영향력을 보자면 대학 입시에 더 가깝다고 할 수 있다. 그러므로 대학 입시 정도의 규모에 공무원 시험과 같은 목적을 더한 것이 과거라고 할 수 있다.

응시자가 도성에서 과거 시험을 치른다는 것은 회시會試와 전시殿試에 참가한다는 뜻이며, 이는 과거 시험의 여러 단계 중 마지막에 해당한다. 즉 도성으로 가기 전에 응시자는 몇 차례의 자격 시험과 초급 시험을 치러야 한다.

과거 시험의 절차

정식 과거 시험을 치르기 전에 응시생은 반드시 동시童試라고 하는 자격시험에 통과해야 한다. 즉 동시를 거쳐야만 과거 시험인 정시正試에 참가할 자격을 얻게 된다. 동시는 현시縣試, 부시府試, 원시院試의 3단계 시험으로 나뉜다. 우선 현시는 전국의 서생들을 대상으로 정부가 주최하는 첫 단계 시험으로, 자신의 거주지가 등록되어 있는 현에서 치러지며 지현知縣(오늘날의 현장縣長)이 주재한다. 시험은 매년 음력 2월 즈음에 실시되는데 한 달 전쯤 관청에서 구체적인 시험 일자를 공포하면 응

시자는 서류를 제출하고 등록해야 한다. 제출할 서류는 친공親供, 호결互結, 구결具結이다. 친공이란 응시생의 성명·나이·본적 등의 기본 인적 사항을 기재하는 것으로, 그 밖에도 체격이나 외형적 특징 그리고 응시생의 가문을 확인할 수 있는 증조부모·조부모·부모 3대의 성명과 이력까지 적어 넣어야 한다. 호결이란 응시생이 함께 시험을 치르는 다섯 명의 응시생에게서 받는 일종의 서약서로, 부정행위를 막기 위한 필수 절차다. 즉 이들 중 누군가 시험을 치를 때 부정행위를 하면 나머지 다섯 명이 연대 책임을 지기로 하는 것이다. 구결이란 응시생과 같은 현 출신의 늠생廩生(생원 중 가장 우수한 등급)이 응시생의 신원을 보증하는 보증서라 할 수 있다. 보증의 내용은 해당 응시생이 본적을 속이지 않았으며, 부모상을 당하지 않았고, 대리 응시나 가명이 아니며, 창기나 배우 또는 차역差役(관가의 노복)의 자손이 아니고, 응시생 본인 역시 희자戲子(경극 배우) 같은 '천한 직업'에 종사한 적이 없음을 입증하는 것이다. 이 절차는 오늘날 중국의 공무원 시험에서 거치는 '정치 심사'에 해당한다. 현시의 시험 과목은 대개 팔고문八股文, 시첩시試帖詩, 경론經論, 율부律賦, 책론策論 등 다섯 개로 나뉜다. 루쉰도 청 말기 현시에 응시한 적이 있다. 루쉰의 남동생인 저우쭤런周作人의 일기에 따르면 루쉰은 당시 500여 명 중 137등이었으며 이후 부시에 응시하지 않고 난징에 있는 신식 학교 광무鑛務학당에 들어갔다.

현시에 합격하면 두 번째 자격시험인 부시에 참가할 수 있다. 이 시험은 오늘날 시市에 해당하는 부성에서 음력 4월 무렵에 치러진다. 부시는 지부知府(오늘날의 시장에 해당)가 주재하며 3교시를 연달아 본다. 부시까지 합격한 자는 '동생童生'이라는 호칭이 따른다. '동童'이라는 글자 때문에 나이 어린 이가 많았을 거라 생각되겠지만 평생토록 동생이 되지 못한 서생이 대다수였다. 물론 열 두세 살 정도의 나이 어린 동생도 있었지만 60~70대의 노인도 적지 않았다. 그래서 할아버지와 손자가 나란히 동생인 집도 있었다.

부시에 합격한 동생은 동시의 마지막 관문인 원시에 참가한다. 원시는 3년에 두 번 열리며 2교시를 연달아 치르게 되어 있다. 원시를 주재하는 자는 오늘날 성省의 교육청장에 해당하는 학정學政으로, 관학과 원시를 주관한다. 학정은 일반적인 성 관료와 달리 황제가 직접 임명하여 지방에 파견하는 흠차대신과 비슷한 관리로, 직급과 지위가 꽤 높다. 학정의 임기는 3년이며 성 관할의 부·주에 가서 정해진 절차에 따라 원시를 주재한다.

원시에 통과하면 더 이상 동생이 아닌 생원 신분이 된다. 속칭 '수재'라 불린다. 수재는 일반 백성보다 사회적 지위가 높으며 일부 특권을 누렸다. 지현을 만날 때 무릎을 꿇지 않아도 되고 국가 노역과 요역이 면제되었다. 또한 관학에 다닐 수 있는 자격이 주어지며, 수재 중 성적이 가장 우수한 늠생은 매달 국가로부터 곡식을 지급받았다. 시험에 합격하여 수재가 되기까지는 쉽지 않다. 루쉰이 과거 시험에 참가했던 그해 현시에 응모한 인원은 500여 명이었는데 최종 합격한 자는 40명, 즉 수재에 도달한 자는 8퍼센트 이하였다.

수재만 되어도 사회적 지위가 높은 편이지만 사회생활에서 수재를 만나기 어려울 정도의 계급은 아니었다. 그리고 수재는 아직 관직에 나갈 자격이 주어지지 않은 단계이므로 관직을 가장 중시하던 중국 사회에서 수재는 대단한 계급은 아니었고, 높이 쳐줘야 존경 정도였다.『유

림외사儒林外史』에서 범진範進이 수재가 되었을 때 그의 장인인 호도호
胡屠户는 범진이 "못나고 탐욕스럽다"고 신랄하게 조롱하면서 대수롭지
않게 여겼다. 그러나 범진이 거인이 되자 바로 태도를 바꿔 굽실대면서
"사위 나리"라고 추켜세웠다. 그의 태도가 급변한 이유는 수재와 거인
이라는 신분의 현격한 차이 때문이다. 그렇다면 수재에서 거인이 될 수
있는 방법은 무엇일까? 시험을 계속 치르는 것이다.

수재가 되면 과거 시험의 두 번째 단계인 정시에 참가할 자격을 얻는
다. 정시는 향시, 회시, 전시의 세 단계로 나뉜다. 우선 향시는 3년마다
한 번 치르는데 보통 육십갑자 중 자子·묘卯·오午·유酉년에 개최했다.
대체로 시험은 가을 무렵인 음력 8월에 열렸으므로 추위秋闈, 즉 '가을
과거'라고도 불렀다. 향시를 치르는 장소는 각 성의 도성에 있는 공원貢
院이라는 곳이며, 책임관은 진사 출신으로 조정의 한림원翰林院 또는 각
부部나 원院의 관리가 맡았다. 향시는 9·12·15일에 3회 치르며 시험 시
간은 하루 종일이었다. 합격자 명단은 계화桂花(물푸레나무 꽃)가 피는
9월에 발표한다 하여 '계방桂榜'이라고 불렀다. 이 향시에 통과해야만 수
재에서 거인 신분으로 상승한다.

거인이 되었다는 것은 일반 평민 계층에서 벗어나 벼슬을 할 수 있
는 '사士' 계층에 정식 진입했음을 의미한다. 거인은 요역 면제와 더불어
세금도 면제받는다. 그래서 많은 지주가 자기 땅을 거인의 명의로 바꾸
어 탈세하는 꼼수를 썼다. 또한 지방 관청은 거인의 범법 행위에 대해
처벌할 수 없으며 중죄인 경우라도 조정에 보고하여 거인 자격을 박탈
한 후에야 형을 집행할 수 있었다. 당시의 거인은 오늘날 인민대표대회
의 대표와 비슷한 대우를 누렸다고 할 수 있다. 물론 향시에 합격할 확

률은 아주 낮았다. 어느 학자의 통계에 따르면 명나라 때 응천부應天府 (남경의 향시) 합격률은 7.26퍼센트였고, 청나라 때는 인구가 급증하면 서 향시 합격률이 1.68퍼센트까지 떨어졌다. 루쉰이 응시한 동시의 합 격률이 8퍼센트였다는 사실을 고려할 때 한 명의 서생이 첫 시험인 현 시부터 향시까지 거쳐 거인이 될 확률은 아무리 높게 잡아도 0.6퍼센 트를 넘지 않는다. 2015년 베이징의 수험생 중 칭화대학이나 베이징대 학에 합격한 비율이 0.8퍼센트 정도라고 하니 향시에 합격하는 건 그보 다 더 어려운 일이었다. 범진이 거인에 합격한 후 기뻐서 미쳐버린 것도 납득이 간다.

거인이 된 자는 기쁨을 누릴 새도 없이 곧 이어지는 회시를 준비해 야 한다. 회시는 보통 향시가 열린 이듬해 음력 3월에 열리는데, 봄에 치른다 하여 '춘위春闈'라는 별칭이 따랐다. 회시는 예부에서 주관하며 책임 시험관은 황제가 지명하는 인물이 맡는다. 시험은 북경에 있는 예 부의 고사장에서 치르기 때문에 대부분 북경에서 멀리 떨어진 지방에 사는 거인들은 향시를 치른 해 섣달에 진정한 '과거 시험을 위한 도성 길'에 올라야 한다.

거인들이 도성으로 향할 때 필요한 노잣돈은 나라에서 보조해준다. 청나라 순치順治 연간에 회시에 참가하는 거인들은 거리에 따라 1인당 10냥에서 최대 20냥까지 지원받았다. 순치 연간의 은화 가치는 강희제 나 건륭제 때보다 높았는데 여비를 요즘 돈으로 환산하면 1~2만 위안 에 달한다. 또한 같은 고향 출신의 향신鄕紳이나 지주의 후원을 받기도 했다. 이는 문文을 중시하는 풍토 때문이기도 하고 장차 관료가 될 인 물과 우호적인 관계를 맺어두기 위한 투자이기도 했다.

관아에서는 거인에게 통행증을 발급해줬다. 명나라 때 100리 이상 먼 길을 떠나려면 관아에서 발행한 통행증이 있어야 했다. 계획경제 시대의 소개장과 비슷하다. 전제군주 시대에 통행증 없이 먼 거리를 이동하다가 발각되면 법에 의해 처벌을 받았다. 거인은 출발하기 전 관아에 가서 화패火牌를 발급받을 수도 있었다. 화패란 도성까지 가는 길에 설치된 역참을 사용할 때 필요한 일종의 증표다. 역참은 관청의 업무용 시설이기 때문에 일반 백성은 사용할 수 없었으나 거인은 도성에 과거 시험을 보러 갈 때 역참에서 화패를 보이면 세 명의 하인을 지원받을 수 있다. 하인이 없을 때는 약간의 수수료를 떼고 은화로 환불받을 수도 있다. 거인이 과거를 보러 갈 때 타는 수레를 관용 수레라고 했는데, 이 수레에는 "봉지회시奉旨會試(황명을 받들어 회시를 치르다)" 또는 "예부회시禮部會試"라는 글자가 적힌 노란색(노란색은 황제의 색이다) 깃발을 매달아 위엄을 보였다. 검문소에 이 깃발을 단 수레가 나타나면 무조건 통과시켰으며 통행료도 받지 않았다. 가는 길에 산적이나 강도를 만날 위험도 적었다. 산적들이 문文을 숭상해서가 아니라 거인을 털어봐야 별 소득이 없기 때문이며, 과거 시험을 치르러 가는 거인을 약탈하는 범죄에 대해서는 관청이 매우 엄한 처벌을 내렸기 때문이다. '황명을 받들어' 시험을 치르는 위인을 건드리기에는 리스크가 크지 않았겠는가?

거인은 자신의 특권을 이용해 노잣돈을 벌기도 있다. 예를 들어 행상을 떠나는 상인과 동행하는 것이다. 상인들은 거인이 가진 면세 특권을 이용해 각 관문의 세금 징수를 피할 수 있으니 거인과 함께하기를 원했다. 덕분에 거인은 식비를 아낄 수 있고 마지막에 약간의 이문을 나눠 받기도 했다. 개중에는 자신의 특권을 이용해 금지된 물품을 가지고 다니면서 팔아 돈벌이를 하는 자도 있었다. 광서光緖 연간에 윈난 신평新平에 사는 거인은 도성으로 가는 길에 은밀히 아편을 팔아서 은화 300~400냥을 벌었다고 한다. 그러나 재물에 눈이 먼 이런 자들은 그리 많지 않았다.

북경에 도착한 거인은 어디에서 묵었을까? 신세를 질 친척이나 지인이 없는 경우에는 객잔을 이용하기도 했지만 대부분 '회관會館'에 묵었다. 회관은 오늘날 각 지역의 베이징 주재 사무소 같은 곳으로, 주로 공무를 보거나 시험을 치르기 위해 북경을 찾는 관료와 거인을 위한 숙소다. 따라서 북경에 도착한 거인들은 대부분 안전하고 편리하며 고향 음식을 맛볼 수 있는 자기 성省의 회관으로 달려갔다. 이곳에 있으면 종종 북경에서 황명을 기다리는 지방 관료들을 만날 기회가 있기 때문에 거인들에게는 관료 사회를 이해하고 인맥을 쌓을 수 있는 유익한 공간이었다.

예부에서 치르는 회시는 3교시로, 1교시 치르는 데 3일씩 걸리기 때문에 각자 먹을 음식과 유등을 준비해서 고사장에 들어가야 했다. 고사장 안에는 요즘 공중화장실 한 칸 정도 크기의 1인용 천막이 쳐져 있으며, 응시생은 책상 하나만 놓을 수 있는 천막 안에 들어가서 시험을 치러야 한다. 회시는 대단히 힘들고 어려운 시험으로, 이 시험에 응시하는 거인들은 대부분 각 성의 서생들 가운데 가장 뛰어난 인물이지만 잔인하게도 회시에서는 대다수가 고배를 맛볼 수밖에 없다. 명나라 만력 5년 동안 열린 회시 결과를 보면 총 4500여 명이 참가하여 최종 300명만 합격했다.

회시 합격자는 공사貢士라 불렸다. 공사란 '천자에게 바쳐진 선비'라는 뜻이다. 공사가 되면 한 달 안에 최종 관문인 전시를 치러야 했다. 전시는 황제가 직접 주재하며 청나라 때 전시 고사장은 자금성 내 태화전이었다가 건륭제 이후 보화전으로 바뀌었다. 전시는 단 하루 동안 치러지며 시험이 끝나면 황제가 지명한 채점관들이 시험지를 검토한다. 채점관들은 모든 시험지를 검토한 후 시험지 위에 등수를 나타내는 5가지 기호를 기입하여 채점한다. 등수가 가장 높은 부호는 동그라미로, 가장 많은 동그라미를 받은 시험지 10장을 추려서 황제에게 바치면 황제가 직접 심사하여 1, 2, 3등을 선발한다.

마지막으로 방榜을 내걸어 성적을 발표한다. 모든 응시자는 성적에 따라 1갑甲, 2갑, 3갑의 등급으로 나뉘며, 황제는 직접 1갑을 받을 세

합격자가 적힌 방을 보는 응시생들(구영仇英의 「관방도觀榜圖」)

명을 지명한다. 이들 가운데 1등은 장원壯元, 2등은 방안榜眼, 3등은 탐화探花라 한다. 나머지 2갑과 3갑은 각각 100명 남짓이다. 이쯤 되면 다들 눈치 챘을 것이다. 전시는 순위 싸움일 뿐 탈락자가 없다. 다시 말해 전시에 참가한 모든 공사는 시험을 통과하여 진사가 된다. 차이가 있다면 진사의 급수다. 1갑은 진사 급제, 2갑은 진사 출신, 3갑은 동同진사 출신으로 구분된다.

진사에 합격하면 정식으로 벼슬길이 시작된다. 명·청 시대에 진사가 된 사람에게는 대체로 세 가지 길이 놓였다. 가장 좋은 것은 한림원에 들어가는 것이다. 한림원은 고위 관료를 양성하는 곳이자 많은 고위 관료가 모여 있는 곳이기도 하다. 한림원에 들어간다는 것은 오늘날 중국 공산당 중앙당교6에서 연수를 받는 것만큼이나 앞길이 창창함을 뜻한다. 일반적으로 장원은 한림원 수찬修撰 자리를 받고 방안과 탐화는 한림원 편수編修 자리를 받는다. 각각 종6품과 정7품에 해당하는데, 오늘날의 부처장에 해당한다. 2갑 가운데 성적이 좋은 자도 한림원에 들어갈 수 있는데, 주로 서길사庶吉士에 봉해진다. 서길사는 정식 관직이 아닌 일종의 견습생으로, 한림원에서 고위 관료들로부터 관료의 도를 배운다. 그다음으로 좋은 지위는 북경 조정의 각 부처 관료, 즉 중앙관청의 공무원이 되는 것이다. 명·청 시대 관료 사회에는 이런 말이 있었다. "진사에 합격한 이들 중 가장 바라는 것은 한림이요, 다음이 급사給事요, 그 다음이 어사御史요, 그 다음이 주사主事다." 최고의 자리는 한림이지만 한림원에 들어갈 수 없다면 중앙 부처라도 들어가야 한다는 뜻이

---

6 중국 공산당의 고위 간부를 양성하는 국립 단기 교육기관.

다. 가장 인기가 덜한 자리는 지방 관직으로, 대부분 지현 자리를 맡는 다. 결론적으로 진사에 합격하면 최소한 현의 수장 자리를 얻을 수 있다는 뜻이다.

이렇게 명·청 시대를 예로 들어 과거 시험의 전 과정을 살펴보았다. 알고 나니 과거로 돌아가서 진사가 되어보는 상상을 하면 설레기도 할 것이다. 하지만 진사가 되기란 그리 만만치 않은 일이라는 점을 명심해야 한다. 여든 살이 되도록 시험에 합격하지 못할 수 있다. 청나라 때 산둥山東 지방에 사는 왕복경王服經이라는 서생은 84세 나이에 진사에 합격했고, 청나라 때 장쑤江蘇 지방에 사는 왕암王嵓이라는 서생은 86세에 회시에 통과했지만 전시는 치르지 못한 채 생을 마감했다. 이 두 서생은 '늙어 죽을 때까지 시험을 보는' 삶을 실천한 것이다.

16

옛날에도
신분증이 있었을까?

　신분증은 오늘날 중국인이 자신을 증명하는 중요한 것으로, 크든 작든 업무를 처리할 때 없어서는 안 될 필수품이다. 그렇다면 옛날 사람들은 자기 신분을 어떻게 증명했을까? 옛날에도 신분증이 있었을까? 물론 옛날에도 '신분증'은 있었다. 다만 누구나 가질 수는 없었다. 옛날에는 나랏일을 하는 관료들이 업무를 수행할 때 자신의 신분을 증명해야 하는 경우가 많았다. 그러므로 신분증은 관료들이 자신의 관직을 증명하기 위해 지니고 다니는 용도로 쓰였다.

　전국 시대 진秦나라 때 모든 백성이 신분증을 보유하는 제도가 시행된 적이 있었다. 진 효공이 상앙商鞅을 중용하여 진나라에서 변법變法을 추진할 때 상앙은 백성을 효과적으로 통제하기 위해 조신첩照身帖을 고안했다. 이것은 반들반들하게 윤을 낸 대나무 판에 소지자의 형상과 본적에 관한 정보를 새긴 것으로, 진나라 사람이라면 누구나 이 조신첩을 지니고 다녀야 했으며 이것이 없는 자는 호적이 없거나 외국인 불법 체류자로 취급되었다. 조신첩은 중국 최초의 신분증인 셈이다. 상앙은 백성이 먼 길을 떠나거나 여관에 묵을 때도 반드시 조신첩을 소지하는 법을 제정하여 초소를 지날 때 조신첩이 없는 자는 통행을 금지시키고 숙박업소 이용도 차단했다. 따라서 이 규율을 어기는 자는 엄벌에 처해졌다. 하지만 상앙은 자신이 발명한 신분증으로 인해 자승자박에 처한 인물이다. 변법으로 인해 많은 사람의 원망을 받던 그는 자신의 든든한 지지자였던 효공이 죽자 다급히 도망치는 처지가 되었다. 하지만 조신첩이 족쇄가 되어 그의 도주는 실패하고 말았다. 명나라 때 문인 여소어余劭魚가 쓴 『주조비사周朝秘史』(『열국지전列國志傳』이라고도 함)에 자세한 이야기가 나온다.

상앙이 함곡관函谷關에 이르렀을 때는 하늘이 어둑해지기 직전이었다. 행상으로 변장하여 여관에 묵으려 하자 여관 주인이 그의 신분을 증명할 조신첩을 요구했다. 상앙이 "나는 조신첩이 없소"라고 하자 여관 주인이 말했다. "우리나라 상군商君(상앙의 별칭)의 법은 첩이 없는 자를 재워주는 것을 허용하지 않소. 그를 손님으로 받은 이도 첩이 없는 자와 함께 참형에 처해지니 절대 받을 수 없소!"

상앙 이후의 역대 왕조에서는 정부 관료가 업무를 수행할 때만 신분을 증명하도록 했고, 신분증도 관료 계층에 한해 사용토록 했다. 어차피 신분이란 것도 그들만의 것 아니겠는가.

수·당 시대 관료의 신분증은 '어부魚符'였다. 어부는 관직의 품계에 따라 다른 재료를 써서 만들었는데, 친왕親王(황제 다음으로 높은 지위)과 3품 이상의 관료는 금, 3품 이하는 은, 6품 이하는 동으로 만든 어부를 지녔다. 어부에는 관료의 성명과 재직 부처 그리고 관직 품계가 새겨져 있었다. 관료는 공무를 수행하거나 황궁을 드나들 때 반드시 어부를 제시해야 했다. 오늘날 사원증이나 통행증과 같은 것이다. 어부의 진위를 가리기 위해 이것을 만들 때 좌우 두 쪽으로 분리시킨 뒤 좌부는 황궁의 궁정에 두고 우부만 휴대하도록 했다. 선진 시대의 호부虎符와 사용법이 비슷하지만 그 기능은 달랐다. 호부가 전근 발령장과 같이 인사이동을 증명하는 것이라면 어부는 모든 관료가 소지하는 직업 신분증이었다.

오늘날 딸을 둔 집안에 돈과 권력을 지닌 사위를 맞이하면 흔히 '황금거북이'를 낚았다고 한다. 이때 '황금거북이'라는 표현은 당나라의 어부 제도에서 기원한 것이다.

무측천武則天 이전까지만 해도 어부는 잉어 모양이었는데, 제위에 오른 무측천은 관료들이 잉어 모양의 어부를 보면서 '이씨李氏'가 집권하던 시대를 연상할 것을 염려했다.[7] 잉어를 뜻하는 한자 '리鯉'의 발음이 '이李'와 똑같기 때문이다. 그래서 어부의 형태를 거북 모양으로 바꾸었다. 거북은 고대 중국의 별자리 중에서 현무玄武를 상징하며, 현무의 '무'는 무측천의 성씨인 '무武'와 발음이 같다. 이런 사정으로 인해 3품 이상 관료의 어부는 '귀부龜符'로 바뀌었고, 오늘날 '황금거북이 사위'라는 표현의 기원이 되었다.

당나라는 어부 제도를 해외에 전파하기도 했다. 당시 외국의 사신도 당나라 정부가 발행한 어부를 수령할 수 있었던 것이다. 이 경우 자부

---

7 당나라는 이연李淵이 건국하여 황제가 된 후 무측천이 스스로 황위에 오를 때까지 이연의 후손이 다스렸다.

거란 문자가 새겨진 요나라 어부(라오닝遼寧박물관 소장)

雌符와 웅부雄符로 쪼개어 쓰였는데, 웅부는 당나라 조정에 두고 자부
(12개 정도)는 외국 사신에게 주어 귀국할 때 가져가도록 했다. 이후 해
당 국가에서 사신을 보낼 때 그가 가져온 웅부를 조정에 둔 자부와 맞
춰봄으로써 사신의 진위 여부를 확인했다.

송나라 때는 어부 제도가 점차 폐지되고 관료의 신분증은 '요패腰牌'
로 교체되었다. 명나라의 요패는 '아패牙牌'라고 불렀다. 명나라의 공식
아패는 훈勳, 친親, 문文, 무武, 악樂의 다섯 종류로 나뉜다. 『명사明史』에
"아패의 호칭은 다섯으로, 이를 패용하여 궁의 조회에 참석한다. 공작·

후작·백작은 '훈'이라 하고, 부마도위駙馬都尉는 '친'이라 하며, 문관은 '문', 무관은 '무', 교방사教坊司는 '악'이라 한다"는 기록이 있다. 명나라 때 아패는 금속 외에 상아, 동물 뼈, 목재 등 다양한 재료로 만들어졌으며 관료뿐만 아니라 대갓집의 식솔과 종복도 요패를 차고 다니며 신분을 밝혔다. 청나라의 요패는 성명과 직업, 관직 등의 기본 정보 외에 소지자의 특징적인 인상착의까지 기재하여 도용을 방지했다.

옛날에는 특별한 직업이나 일시적 업무 수행을 위한 특수 신분증도 있었다. 예컨대 승려가 지니고 다니는 계첩戒牒 또는 도첩度牒은 탁발과 종무 활동에 쓰이는 신분 증명서였다. 창기娼妓에게도 정규 창기임을 증명하는 신분증을 발급받아 지니게 했다. 몇 년 전 충청에서 청나라 창기의 요패로 추정되는 유물이 발견되어 적잖은 논쟁을 불러일으키기도 했다. 상인이 행상을 떠나거나 거인이 과거를 보러 갈 때 사용하던 통행증은 중국 계획경제 시대의 소개서처럼 일시적인 업무를 위해 발급된 신분증으로 그 효력은 한시적이었다.

명나라 황성皇城 교위校尉의 동패(중국국가박물관 소장)

금의위錦衣衛 지휘사指揮使의 요패(수도박물관 소장)

중국에서 근대적인 의미의 신분증 제도가 등장한 것은 중화민국 시기의 닝샤寧夏에서였다. 제2차 국공내전 시기에 공산당원을 마구잡이로 체포하여 처결하던 닝샤성의 주석 마훙쿠이馬鴻逵는 1936년 어느 날 『사기』「상군열전商君列傳」을 읽다가 상앙의 조신첩 대목에서 눈이 번쩍 뜨였다. 여기서 힌트를 얻은 그는 '거민증居民證'이라는 신분증을 제작하여 닝샤에서 신분증 제도를 실시하기 시작했다. 이 신분증은 길이 7센티미터, 폭 3센티미터의 하얀 천 위에 소지자의 성명과 나이, 본적, 직업, 신장, 외모, 손금과 지문의 형태 등 개인의 특징이 기록되었으며 '선량한 주민'을 선별하는 데 이용되었다. 마훙쿠이의 발명은 말 그대로 '역사를 거울로 삼은' 산물이다.

17

옛날에도
사회복지기관이 있었을까?

사회복지기관은 주로 고아나 독거노인 등의 취약 계층의 생활을 지원하는 기구로, 이러한 기관의 보급은 인간의 이웃 사랑과 문명의 진보를 나타낸다. 오늘날 중국은 근대 서양의 사회복지 시스템을 도입하고 있지만, 고대 중국에도 복지 정책은 있었다.

먼 옛날에는 주로 민간에서 사회복지를 담당했다. 예컨대 한나라 이후 형성된 명문가나 혈족 중심의 조직, 종교단체 등이 지역의 취약 계층을 구제하는 일을 맡았다. 불교가 유입된 후에는 사찰이 일정 정도 이러한 기능을 수행했다. 『서유기』에 나오는 삼장법사가 바로 사찰에서 자란 고아 출신이다.

경제와 사회가 발전하면서 문명의 전성기를 맞은 송나라 때 도시 문화는 이미 근대적 형태를 띠고 있었다. 잘 갖춰진 사회복지 체계가 이를 뒷받침한다. 그런 이유로 송나라가 중국 근대의 시초라고 주장하는 학자도 있다. 사실 송나라의 사회복지 체계는 당시로서도 창의적인 시스템이었다. 송나라의 무수한 사회복지기관 가운데 대표적인 기관은 시약국施藥局, 안제방安濟坊, 거양원居養院, 누택원漏澤園 등이다. 오늘날 영리를 목적으로 하는 푸톈莆田 계열의 병원[8]과는 달리 송나라의 시약국은 가난한 백성에게 의료 서비스를 제공하는 기관으로, 순수 진료비만 받았으며 형편이 어려운 자에게는 무료로 약을 지어주었다.

안제방과 거양원은 송 휘종徽宗 때 전국적으로 확산되고 정비된 사회구제 및 양로 기구다. 『송사宋史』에는 송 휘종이 "안제방을 설치하여 백성 중 가난하고 병든 자를 돌보고, 또한 이를 모든 군현에 설치하라"는 조서를 내렸다는 기록이 있다. 안제방은 병을 앓는 빈곤층에게 의료 서비스를 제공하는 무료 병원이었다. 당시 1000가구 이상인 도시에는 반드시 안제방을 설치해야 한다는 규정도 있었다. 반면 거양원은 독거노인, 가난한 자, 고아를 수용하여 보호하는 시설이다. 그중 독거노인을 돌보는 거양원은 나중에 안로방安老坊, 안회방安懷坊 등으로 명칭이 바뀌었지만 동일한 기능을 유지했다. 오늘날 정부에서 운영하는 양로원과 비슷하다. 송나라 때는 60세 이상의 독거노인은 누구나 거양원에 들어갈 수 있었다. 거양원 시설 중 고아를 대상으로 하는 자유국慈幼局이라는 시설은 오늘날의 보육원에 해당한다.

누택원은 그 이름만으로는 어떤 기관인지 알아맞히기 힘들다. 사실 이곳은 복지를 목적으로 한 장례기구로, 송나라 때 정부에서는 신원을 알 수 없는 시신 또는 가난해서 매장하지 못한 망자를 안장해주었는데, 그 묘지를 누택원이라고 했다. 누택원 덕분에 가난한 자들이 편안히 저승길에 오를 수 있었고, 거주환경을 개선하거나 전염병을 방지하

---

8 중국 푸젠성 푸톈 지역의 네 개 집안에서 세운 민영 병원을 시작으로 중국 전역에서 운영 중인 사립병원 네트워크.

는 데도 도움이 되었다.

타이완의 경제사학자인 허우자쥐侯家駒는 송나라의 사회복지 체계를 오늘날 서양 복지국가의 '요람에서 무덤까지'라는 사회복지 체계에 견주면서 "엄마 뱃속에서 제사까지"라고 평가했다. 송나라의 생활 수준과 문명 수준은 세계 여느 나라보다 높았다. 그것이 이 책 앞부분에서 송대가 가장 행복했던 시대라고 말한 배경이기도 하다.

송나라의 사회복지와 관련하여 한 가지 흥미로운 현상은 송나라의 사회복지 체계는 대부분 휘종 때 갖춰졌다는 점이다. 그 가운데 재상 채경蔡京이 시행한 거양원, 안제방, 누택원 제도는 "의심의 여지 없이 북송 사회구제 제도의 정점이었다. 그때까지의 중국 역사상 전례가 없었고 심지어 그 후의 원·명·청 3대에서도 유사한 제도를 찾아볼 수 없다." 그런데 이러한 사실은 다소 아이러니하다. 후대인의 시각에서 송 휘종 치세는 가장 부패한 시기였고 채경 역시 최악의 간신으로 알려져 있기 때문이다. 상식적으로 이 두 인물이 선행을 많이 베풀었을 리가 없지 않은가? 이것이 바로 역사학계에서 유명한 '채경의 역설'이다. 명·청 시대의 대학자인 고염무顧炎武는 이에 관해 이렇게 말했다. "누택원은 채경으로부터 시작되었으나 사람 때문에 그 법을 폐지해서는 안 된다."

이 문제에 대해서는 나도 고염무 선생과 견해가 같다. 역사를 대할 때는 사실을 바탕으로 진실을 추구하는 실사구시의 태도를 가져야 한다. 장점과 단점을 포함해 역사 속 인물의 전체적인 면모를 입체적으로 바라보는 게 마땅하며 한쪽 면만 강조하거나 함부로 프레임을 씌워서는 안 된다. 또 우리가 추구하는 가치관을 위해 역사적 진실을 회피하거나 없는 사실을 만들어내서도 안 된다. 후대인들이 보기에 송 휘종과 채경이 명군明君과 현신賢臣은 아닐지 모르나, 그렇다고 해서 그들이 사회복지 체계에 기여한 바를 부정하는 것은 옳지 못하다.

18

옛날 고아원은
어땠을까?

    앞서 옛날의 복지기관에 대해 살펴본 것에 이어서 상징성을 지닌 보육원에 대해 자세히 알아보자. '자유국慈幼局'이라 불린 송나라 시대의 보육원은 세계 최초의 국가 고아원이라고 할 수 있다. 자유국의 탄생은 중국 고대부터 이어진 악습, 즉 아기를 익사시키는 풍습과 관련이 있다. 갓 태어난 아기를 키울 수 없는 경우 물에 빠뜨려 죽이는 풍습은 선진 시대부터 있었으며 주된 희생자는 여자아기였다. 『한비자韓非子』에 "남자아이가 태어나면 서로 축하해주지만 여자아이가 태어나면 죽인다"라는 기록이 있다. 송나라에서도 영아 익사는 흔한 일이었다. 소식의 『동파지림東坡志林』에는 이와 관련한 다양한 언급이 나온다. "악저鄂渚(지금의 후베이성 우한武漢시 우창武昌현 근처) 지역의 서민은 2남 1녀만 키우며, 그 이상이 되면 바로 죽인다. 특히 여아 양육을 꺼린다." "근래 소문에 황주黃州의 서민과 가난한 이들은 대부분 아기를 낳으면 키우지 않고 태어나자마자 대야에 얼굴을 담가 죽인다고 한다."

    옛날 사람들이 영아를 익사시킨 이유는 주로 세 가지다. 피임에 미숙해서 계획에 없이 아이가 태어나면 육아를 포기하는 경우가 많았고, 뿌리 깊은 남존여비 사상으로 여자아이는 꺼려했고, 빈곤 계층에서는 아이를 키울 형편이 못되는 경우가 많았다. 이에 송나라 정부는 영아 익사라는 비인간적인 행위를 줄이기 위해 자유국을 설치하고 나라가 부양을 맡았다. 이후 원·명 시대에는 정부가 고아를 양육하는 제도가 중단되었다가 명대 말기에 부분적으로 부활되었다. 청나라 때는 자유국의 변형 시설인 육영당育嬰堂이 곳곳에 설립되기 시작했다. 청나라 육영당의 운영 방식을 통해 옛 중국의 고아원은 어떠했는지 살펴보자.

육영당에서는 버려진 아기에 관한 '영아 접수 수첩'을 작성했다. 즉 아기가 들어온 시간과 신체 상태를 기록하고 발견된 장소 및 발견 당시의 상황까지 빠짐없이 확인해서 기록했다. 이 영아들은 도시 안에 있는 영아 접수 시설, 즉 성문 근처에 설치된 커다란 나무함에서 데려온다. 아기를 맨 처음 발견한 사람이 나무함 속에 아기를 넣으면 관리인은 약간의 수고비를 받고 아기를 육영당으로 보내는 식이다. 이런 시스템은 오늘날 도시에 설치된 '베이비박스'와 매우 비슷하다. 처음부터 아기가 육영당으로 보내지기도 했다. 아기를 버리는 행위는 파렴치한 짓이기 때문에 육영당에서는 아이를 버리는 자의 신분이 노출되지 않도록 고아원 안에 비밀이 보장되는 영아 접수 시설을 설치했다. 육영당 담장의 일부를 헐어내고 수납함을 설치한 것이 바로 접수 시설이다. 이 수납함은 안과 밖 양쪽에서 열 수 있어 담장 밖에서 수납함을 열고 아기를 넣으면 육영당 직원이 아기의 울음소리를 듣고 안쪽에서 꺼내는 식이다. 중화민국 시기의 화가인 펑쯔카이丰子愷가 그린 작품 중에 육영당에 버려진 아이를 안아드는 「마지막 입맞춤」이라는 그림이 있는데, 이 그림

속에 특수한 '영아 접수 시설'이 등장한다.

육영당은 관과 민간이 합동으로 운영한 기관으로, 정부 보조금으로 민간의 활동이 유지될 수 있었다. 육영당은 아이들의 미래에 대해서도 신경을 썼다. 아들을 입양하고자 하는 집이나 일손이 필요한 집에는 아이를 보내주었지만 종으로 부리려는 집이나 기방에는 입양을 허가하지 않았다. 여자아이는 양녀나 양며느리로 삼으려는 집을 알아봐주었다. 소설 『홍루몽』에 나오는 진가경도 양부인 진방업이 양생당에서 데려온 고아였다. 이 양생당은 육영당과 비슷한 기관으로, 청나라 때는 육영당이라는 명칭을 가진 곳이 더 많았다. 육영당 사람들에게는 아이를 입양하는 자에게 돈을 요구하는 행위가 철저히 금지되었다.

인류 사회는 한 걸음씩 점진적으로 진보한다. 그러나 옛날이라 해서 모든 게 어둡고 낙후한 것은 아니다. 우리가 오늘날 일군 사회복지 체계를 살펴보면 옛날의 것을 밑그림으로 삼은 경우가 적지 않다. 그러고 보면 유구한 인류 역사에서 우리가 살고 있는 시대는 찰나일 뿐이다. 높은 곳에서 내려다보면 옛날은 우리보다 딱 1초 빠를 뿐이다.

저자 후기

역사란 무엇인가? 간단히 말하자면 지나간 일이다. 지나간 일은 다시 자연의 변화와 인류 사회의 발전으로 나뉜다. 즉 자연의 역사와 인류의 역사다. 그러나 역사를 바라보는 우리의 시선이 닿는 범위는 비교적 한정적이어서 인류의 역사, 그중에서도 왕조 교체와 같이 굵직한 정치적 사건에만 관심을 기울인다. 그러나 밥을 먹으면서 또는 차를 마시면서 제왕들에 관한 기이한 일화 몇 가지를 주고받는 정도로 역사의 신비를 탐구하는 양 여기는 것은 역사에 대한 편협한 자세다.

프랑스의 역사학자 페르낭 브로델은 1958년에 유명한 '역사의 세 층위설'을 주장했다. 역사는 시간에 따라 단기, 중기, 장기의 세 가지 범주로 나누어 이해해야 한다는 것이다. 단기의 역사란 주로 왕후장상의 일과 같은 정치적 사건을 가리킨다. 중기의 역사는 사회·경제·문화 그리고 인구의 역사, 장기의 역사는 지리·기후·생태환경 등 사람과 지리적 환경의 관계를 반영한다. 단기의 역사, 즉 정치의 역사는 역사의 표면적 차원에 해당하기 때문에 역사 전체에 끼치는 영향은 미미하다. 중기의 역사, 즉 사회의 역사는 역사의 진행에 직접적이고 중요한 역할을 한다. 장기의 역사, 즉 자연의 역사는 전체 역사가 발전하는 토대가 된다. 따라서 역사 연구는 단기에만 국한되어서는 안 되며 중장기적 관점에서 고찰해야 한다. 그래야 역사의 총체를 근본적으로 파악할 수 있다.

오랫동안 역사에 대한 대중적 관심은 단기적 차원에 집중되어 있었다. 이 책은 역사의 중기적 관점에서, 즉 왕후장상이나 왕조의 흥망성쇠에 대한 관심을 거두어 역사 속 평범한 사람들의 일상생활에 초점을 두었다. 왕후장상은 평범한 우리로부터 너무 멀리 있고, 왕조의 흥망성쇠도 평범한 백성이 결정할 수 있는 게 아니다. 게다가 이런 사건들은 역사의 흐름에 표면적인 역할을 할 뿐 중국 문명의 성립과 발전에 큰 영향을 끼치지 않는다. 그에 비해 일반 대중의 일상생활은 우리가 피부로 느낄 수 있는 것으로, 우리를 중국인으로 만드는 사소하고도 근본적인 요소이자 가장 중요한 문화적 유전자이기도 하다.

나는 고등학교 역사 교사다. 2009년에 둥베이사범대학 역사학과를 졸업한 후 고등학교 교단에 선 지도 어느새 10년이 넘었다. 역사를 가르치는 동안 학생들이 옛날 사람들의 일상생활에 대해 관심이 많으며 특히 사소한 부분을 궁금해한다는 사실을 알게 되었다. 그래서 2018년 틱톡에 '역사 가르치는 왕쌤'이라는 계정을 만들어 옛사람들의 생활에 대한 짤막한 지식을 정리하여 올렸다. 이 영상들은 예상치 못한 사랑을 받았고, 보름 만에 팔로워 수가 100만 명까지 늘어났다. 그 후에는 바쁜 업무와 더불어 심각한 '미루기 병'이 도져서 동영상 업로드 주기가 일정하지 못했다. 지금까지 약 100여 편을 게시했고, 누적 조회수는 1억 회가 넘는다. 그 사이 몇몇 출판사에서 책을 내보자는 제안을 받았고, 나는 최종적으로 두커讀客문화주식회사를 선택했다. 이 출판사가 그간 이룬 실적을 신뢰할 수 있었고, 내가 개인적으로 좋아하는 통속 역사 작가이자 선배인 '얼훈쯔二混子' 천레이陳磊 선생 역시 이 출판사와 계약했기 때문이다. 이러한 과정을 거쳐 지금 여러분 앞에 10만 자 남 짓의 작은 책이 놓이게 되었다.

나는 재능이 부족하고 학식도 얕다. 반면 사회사나 생활사에 관한 자료는 방대하다. 아마도 다시 검토하고 바로잡아야 할 오류도 많을 테 고 고증이 부족한 부분도 있을 것이다. 독자 여러분과 역사를 사랑하 는 분들께 지적해주고 바로잡아주실 것을 부탁드린다.

마지막으로, 관심을 가지고 읽어주신 모든 분께 감사드린다.

2019년 5월 16일
둥베이사범대학 부속고등학교에서

기묘한 중국사

초판인쇄   2021년 11월 30일
초판발행   2021년 12월 13일

지은이   왕레이
옮긴이   고상희
펴낸이   강성민
편집장   이은혜
기획   노만수
마케팅   정민호 김도윤
홍보   김희숙 함유지 이소정 이미희

펴낸곳   (주)글항아리│출판등록 2009년 1월 19일 제406-2009-000002호

주소   10881 경기도 파주시 회동길 210
전자우편   bookpot@hanmail.net
전화번호   031-955-2696(마케팅) 031-955-1903(편집부)
팩스   031-955-2557

ISBN   978-89-6735-979-9 03910

잘못된 책은 구입하신 서점에서 교환해드립니다.
기타 교환 문의 031-955-2661, 3580

geulhangari.com